Au régiment des cuirassiers de la Reyne, mort devant le désert des Tartares

NICOLAS SAVY

LA VILLE FORTIFIÉE DE LA GUERRE DE CENT ANS
(v. 1345 - v. 1395)

ARMEMENT ET TACTIQUE

ARCHEODROM

Du même auteur :

-*Cahors pendant la guerre de Cent Ans*, Cahors, Colorys, 2005.

-*Les femmes courage*, Cahors, Colorys, 2007.

-*Les villes du Quercy en guerre*, Pradines, Savy A.E., 2009.

-*De la terre, des pierres et des hommes*, Pradines, Archeodrom, 2012.

-*Ô mon pays*, Pradines, Archeodrom, 2013.

-*Bertrucat d'Albret*, Pradines, Archeodrom, 2015.

© Archeodrom 2017. Tous droits réservés.

614, rue du Bout du Mas
Flottes
46090 Pradines
France

contact.archeodrom@gmail.com

Remerciements

A tout seigneur, tout honneur, je remercie donc mon fils Vladimir qui, du haut de ses huit ans, me donna l'idée de cet ouvrage. Sur un plan plus technique et historique, je suis reconnaissant envers Serge Adrover de m'avoir fait partager ses connaissances étendues et pointues dans le domaine des arbalètes. Enfin, j'ai pu une fois de plus profiter des facilités offertes par le musée de la Guerre au Moyen Age du château de Castelnaud-la-Chapelle en utilisant de nombreuses photos de pièces qui y sont exposées ; merci donc à Patricia Fruchon, sa directrice, de me l'avoir permis.

<u>Nota : abréviations utilisées dans les notes.</u>

AM : Archives Municipales.
AD : Archives Départementales.
BNF : Bibliothèque Nationale de France.

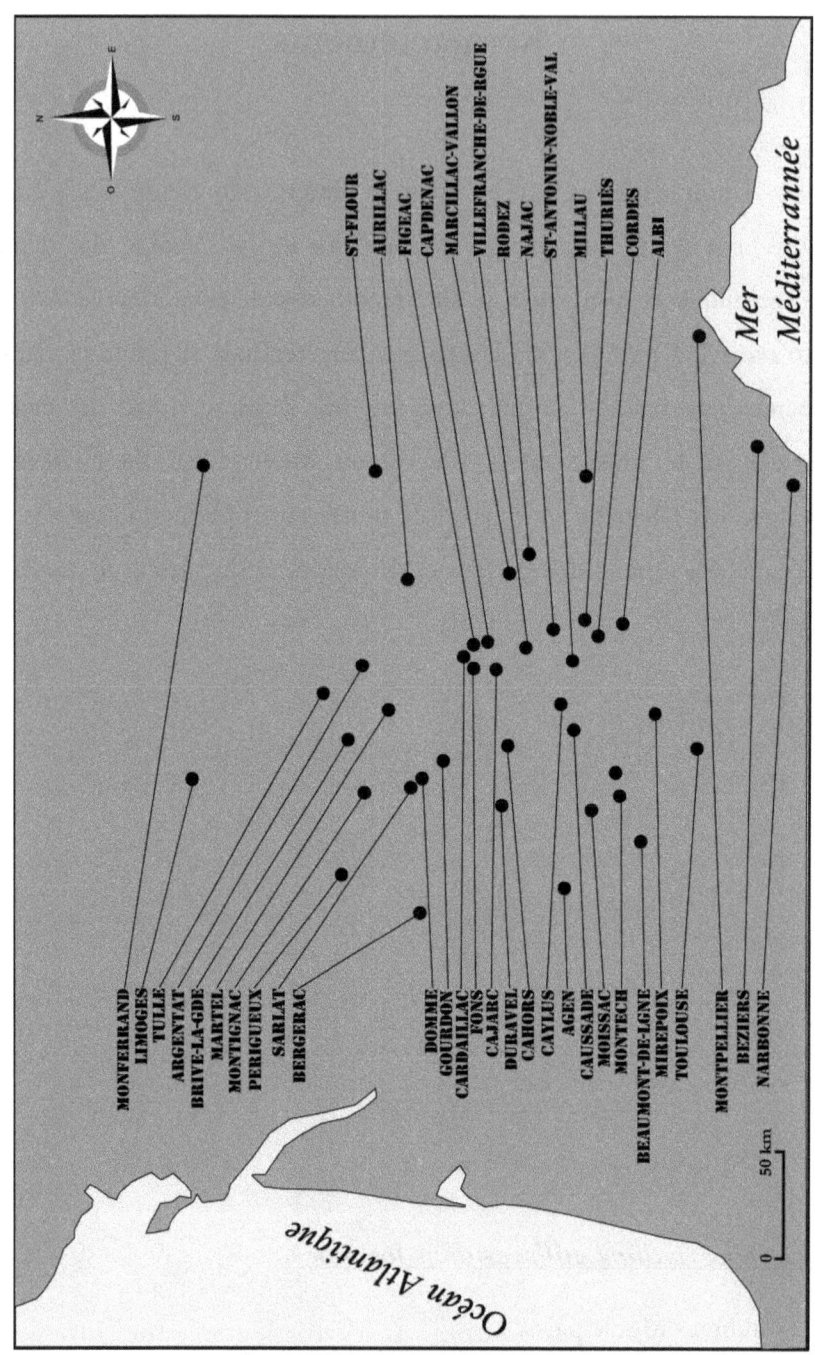

Carte 1. Principales localités citées

Introduction

On a beaucoup écrit sur les fortifications des centres urbains médiévaux et sur la guerre de siège. On retiendra notamment le panorama complet présenté dans *The Medieval City under Siege*[1] ou des articles de fonds publiés dans *Medieval Warfare : a History*[2], avec « Fortifications and sieges in Western Europe (c. 800-1450) », de R. L. C. Jones ou, tout particulièrement en rapport avec la période étudiée dans le présent ouvrage, « The Age of the Hundred Years War » de Clifford J. Rogers. Pour les travaux francophones, Philippe Contamine a fait la part belle aux fortifications urbaines, aux procédés d'attaque et de défense dans sa somme incontournable *La guerre au Moyen Age*[3], tandis que, parmi l'immense corpus des études monographiques, il faut avant tout retenir l'ouvrage d'Alain Salamagne *Construire au Moyen Age, les chantiers de fortification de Douai*[4]. Sur le plan des études architecturales, on se tournera naturellement vers les nombreux travaux faisant autorité de Jean Mesqui et de Nicolas Faucherre.

L'armement, qu'il soit individuel ou collectif, a lui aussi fait l'objet de nombreuses recherches. Il serait fastidieux de toutes les citer, mais l'on

---

[1] Corvis (Ivy A.), éd., Wolfe (Michael), éd., *The Medieval city under Siege*, Woddbridge, Boydell, 1995 & 1999.
[2] Keen (Maurice), éd., *Medieval Warfare : a History*, New-York, Oxford University Press, 1999.
[3] Contamine (Philippe), *La guerre au Moyen Age*, Paris, PUF, 1999 (5ᵉ édition corrigée), p. 166-167.
[4] Salamagne (Alain), *Construire au Moyen Age, les chantiers de fortification de Douai*, Lille, Septentrion, 2001.

peut mettre en exergue, eut égard à l'importance primordiale de l'arbalète dans les conflits médiévaux, l'ouvrage d'Eric Roth *With a Bended Bow : Archery in Medieval and Renaissance Europe*[5], ou *Armes du diable : arcs et arbalètes au Moyen Age* de Valérie Serdon[6]. En ce qui concerne les pièces d'artillerie mécanique, il est indispensable de se tourner vers les travaux de Renaud Beffeyte qui, avec les nombreuses reproductions fonctionnelles qu'il a réalisées, a permis de mieux connaître ces machines de guerre, entre conception et effets en passant par la construction, les matériaux utilisés ou l'usage tactique[7].

En fait, tous les éléments constitutifs des défenses fortifiées, castrales ou urbaines, ont fait l'objet d'études spécifiques. L'artillerie à poudre n'échappe naturellement pas à la règle car, apparue au début du XIVe siècle et devenue un outil de combat incontournable cent ans plus tard, elle fut à l'origine de la plus grande partie des changements qui touchèrent l'art militaire durant cette période. Toutefois, si les grandes évolutions des éléments constitutifs des ensembles fortifiés et de leurs armements sont connues, la pensée tactique qui présidait à leur utilisation reste totalement dans l'ombre.

Dans l'optique d'éclairer cet aspect, nous avons choisi de dresser un état des systèmes défensifs urbains au moment où l'artillerie n'en était qu'à ses balbutiements et n'avait pas encore fondamentalement transformé l'art de la fortification ; elle n'en était pas moins présente mais

---

[5] Roth (Eric), *With a Bended Bow : Archery in Medieval and Renaissance Europe*, Brimscombe Port Stroud, The History Press, 2011.
[6] Serdon (Valérie), *Armes du Diable : arcs et arbalètes au Moyen Age*, Rennes, Presses Universitaires de Rennes, 2005.
[7] Par exemple : Beffeyte (Renaud), *L'art de la guerre au Moyen Age*, Rennes, Ouest-France, 2005.

son utilisation se faisait encore en fonction de schémas tactiques anciens. En fait, on peut considérer que la protection d'une ville ou d'un bourg entre 1345 et 1395 représentait la forme la plus aboutie des systèmes fortifiés médiévaux avant les grands bouleversements du XVe siècle : hormis cette artillerie à poudre encore élémentaire, toutes les armes, tous les dispositifs existaient auparavant. C'est dans leurs combinaisons et leurs utilisations qu'il faut chercher des spécificités.

Afin de dresser ce panorama, nous nous sommes concentrés sur les localités d'une grande aire géographique présentant une certaine cohérence sur les plans de l'organisation politique, de la langue, de la culture, mais aussi des événements vécus dans le cadre de la guerre de Cent Ans : des frontières de l'Aquitaine Plantagenêt à la Haute-Auvergne, la ligne délimitant cette zone passe par Périgueux, Brive-la-Gaillarde, Saint-Flour, Millau, Montauban et Agen, formant un polygone d'environ 125 km de hauteur pour 193 de long. Les municipalités des villes et des bourgs de ce secteur nous ont livré de très nombreuses archives comptables qui, grâce à la précision des mentions qu'elles contiennent, permettent de réellement cerner les détails des tactiques employées pour leurs défenses.

De manière logique, cet ouvrage s'intéresse en premier lieu à l'armement en lui-même, en détaillant toutes les catégories en usage, leurs capacités et les effets sur l'ennemi que l'on pouvait en obtenir. Dans un second temps est exposée l'activité économique liée, qui livre de nombreux renseignements sur les axes d'efforts qui existaient en matière de production et, de là, indique quelles étaient les priorités des municipalités dans ce domaine crucial pour la défense des localités dont elles avaient la charge. Enfin, couronnant le tout, l'étude des aspects tactiques, mettant en évidence les rapports existant entre commandement, effectifs, armement et fortifications, permet de dresser un état complet de ce qu'était, concrètement, le combat défensif des localités, avec ses postulats théoriques et son idée directrice.

I. L'armement

L'armement que l'on trouvait dans les villes de la région entre 1345 et 1400 ne présentait pas de différence fondamentale avec celui que l'on aurait pu y trouver un ou deux siècles auparavant, à l'exception notable de l'artillerie à poudre, qui venait de faire son apparition. L'équipement défensif du combattant reprenait, bien qu'améliorés, la plupart des standards en vigueur depuis le XIe siècle, de la même façon que pour les armes blanches. En ce qui regardait les armes de trait en revanche, l'arbalète avait presque atteint son développement ultime et les différents modèles étaient tous capables de très bonnes performances. Il en allait de même avec l'artillerie, qu'il s'agisse des pièces à tension ou à contrepoids, tandis que les bouches à feu, bien que n'en étant qu'à leur balbutiements, apportaient néanmoins de nouvelles possibilités. Enfin, des dispositifs qui avaient fait preuve de leur efficacité depuis des temps immémoriaux, comme les chausse-trappes, étaient toujours utilisés en l'absence de nouveaux systèmes pouvant les remplacer avantageusement.

1/ L'équipement défensif du combattant.

A l'exception des casques aux formes fuyantes, aucun vêtement défensif n'était en mesure d'offrir une protection significative face aux carreaux d'arbalète et, à plus forte raison, aux boulets des machines à balancier, trébuchets et mangonneaux. Certaines pièces en plates pouvaient parfois protéger contre les flèches d'arcs, mais il fallait pour cela que ces dernières arrivent suivant une trajectoire oblique pour riper sur le métal[8]. Ainsi, seuls les boucliers étaient vraiment en mesure d'y faire face et, pour le reste, les protections du haut du corps et des membres supérieurs que l'on trouvait dans les villes de la région étaient avant tout destinées au combat rapproché.

Bouclier (*bloquier*), taloche (*taulacho*), targe (*targa, targeta*), pavois (*paves*).

Les mentions concernant les boucliers, tous types confondus, sont assez peu fréquentes. En 1340, les consuls de Gourdon équipèrent une soixantaine de sergents d'armes pour les envoyer aux guerres de Gascogne et, sur ce nombre, seuls vingt-sept furent équipés de boucliers appelés *bloquiers*, *targas* et *taulachos*[9]. A Millau en 1345, lorsque le consulat envoya un contingent de vingt hommes à l'armée du sénéchal de Rouergue, qui se rassemblait à Villefranche-de-Rouergue, il n'acheta que six *targas ho bloquiers*[10]. On note une proportion plus grande à Albi en 1360, lorsque la municipalité dépêcha une vingtaine de sergents au comte de Foix en vue de participer aux opérations contre le comte d'Armagnac et que tous furent équipés[11]. Ces fournitures de boucliers sont logiques, car elles correspondaient à la spécificité de ces combattants destinés à participer à des actions offensives en rase-campagne : ces ustensiles étaient indispensables pour s'abriter, par exemple, des tirs des archers ennemis.

---

[8] Roth (Eric), *With a Bended Bow... Op. cit.*
[9] Aussel (Max), *Transcriptions et traductions des Archives Municipales de Gourdon*, se., sd., registre BB 7, p. 168, 172, 178.
[10] AM Millau, CC 347, f° 4v.
[11] Vidal (Auguste), *Comptes consulaires d'Albi (1359-1360)*, Toulouse, Privat, 1900, p. 57-62.

La situation était différente pour la pratique militaire habituelle des citadins, qui se déroulait essentiellement sur les fortifications de leurs localités. En effet, en mode défensif, ils combattaient à l'abri des merlons, des hourds et des autres dispositifs statiques tout en circulant par des cheminements généralement étroits : tout ceci rendait l'utilisation des boucliers non seulement inutile, mais aussi inappropriée. C'est sans doute ce qui explique les faibles quantités détenues par les municipalités. En 1376 par exemple, alors qu'il se préparait à aller poser le siège devant Brantôme, le connétable Bertrand du Guesclin demanda aux consuls de Périgueux de lui fournir tous les boucliers dont ils disposaient ; ils ne purent lui en donner que huit[12] : bien qu'il soit évident qu'ils ne firent pas diligence à sa demande, ce nombre permet cependant d'avoir un ordre d'idée de la quantité de ces matériels détenus par une ville comptant au moins 4000 habitants[13].

L'utilisation de quelques boucliers était cependant prévue dans les défenses fortifiées, mais elle était limitée à certaines fonctions particulières au niveau de la garde quotidienne. En 1344, les consuls de Brive-la-Gaillarde achetèrent ainsi six taloches pour les besoins du guet[14] ; deux ans plus tard, leurs homologues et voisins de Martel remboursèrent un homme pour le bouclier qu'il avait perdu en montant la garde à la porte de la ville[15]. En février 1356, ils obligèrent les individus qui

---

[12] AM Périgueux, CC 67, f° 42v.
[13] Sans vouloir donner une évaluation approximative sujette à caution sur le plan des études démographiques, nous avons appliqué un coefficient multiplicateur minimum de 3 au nombre des feux réels de 1366-1367, qui se montait à 1320 selon Arlette Higounet-Nadal, dans *Les comptes de la taille et les sources de l'histoire démographique de Périgueux au XIVe siècle*, Paris, SEVPEN, 1965, p. 71-72.
[14] Lalande (Julien), « Remparts de Brive », dans *Bulletin de la Société Scientifique, Historique et Archéologique de la Corrèze*, T. XXX (1908), p. 354.
[15] AM Martel, BB 5, f° 29r.

exerçaient cette fonction à s'équiper d'un bouclier[16], alors que ceux qui montaient le guet sur les enceintes n'étaient pas astreints à cette obligation[17] ; il en allait de même à Gourdon[18]. En ce qui concerne les gardiens des portes, il est aisé de comprendre l'utilité d'un tel outil : assurant le filtrage des entrées et des sorties, au contact direct des usagers et donc, éventuellement, d'ennemis qui auraient pu se dissimuler au milieu d'eux pour tenter quelque action, ils n'avaient pas d'autre moyen pour se protéger rapidement en cas de combat inopiné.

Figure 1. Arbalétrier portant un bouclier (fin XIVᵉ siècle).
Viollet-le-Duc (Eugène), *Dictionnaire raisonné du mobilier français*, T. V, Paris, Vve Morel & Cie, 1874, p.24.

---

[16] *Ibid.*, f° 94r.
[17] *Ibid.*, f° 129v.
[18] Aussel (Max), *Transcriptions… Op. cit.*, registre BB 4, p. 20.

Nonobstant leur type, on pouvait acheter des boucliers à tous les prix : on trouve ainsi, à Gourdon en 1340, une targe coûtant l'équivalent des trois-quarts du salaire quotidien d'un manœuvre[19] ou, seize ans plus tard, un pavois acquis pour la valeur de six d'entre elles[20]. A la vue de ces sommes, on peut penser que les simples *bloquiers* acquis pour moins d'une journée de travail de manœuvre étaient de grossières protections rapidement réalisées en bois ; en revanche, des objets comme la *targeta* offerte par le consulat de Martel au puissant seigneur Guihem Vassal et acquise pour l'équivalent de vingt-deux journées de salaire de manœuvre[21], étaient sans doute largement renforcés de métal et finement ouvrés. Dans tous les cas, il reste qu'à l'exception de la garde des portes, ces équipements étaient d'une utilité très secondaire pour la défense des fortifications.

Figure 2. Homme d'armes portant un petit bouclier sur l'épaule,
Viollet-le-Duc (Eugène), *Dictionnaire... Op. cit.*, T. V, p. 435.

---

[19] Aussel (Max), *Transcriptions… Op. cit.*, reg. BB 7, p. 176 ; reg. BB2, p. 236.
[20] *Ibid.*, reg. CC 18, p. 302.
[21] AM Martel, CC 3-4, f° 64r.

Casques : bacinet (*bacinet*), cervelière (*serveliera*), barbute (*barbuda*).

La cervelière était sans doute la coiffe de combat la plus répandue au début du conflit : en 1340, sur les vingt sergents d'armes que les consuls gourdonnais équipèrent et envoyèrent à l'Ost royal, seize furent pourvus d'une cervelière[22], tandis qu'au moins neuf le furent sur les vingt autres que leurs homologues de Millau dépêchèrent au sénéchal de Rouergue cinq ans plus tard[23] ; Dans cette ville, en 1352, la cervelière était d'ailleurs le type de casque le plus courant[24]. En 1360, on pouvait même trouver des individus en ayant plusieurs, à l'exemple de ce bourgeois de Capdenac, Ratier de Morlhon, qui en possédait trois, ici appelées coiffures de fer (*coyffieyras de fer*)[25].

Figure 3. Individu portant une cervelière.
Pierpont Morgan Library, New-York, MS M. 638, *Bible de Maciejowski*.

---

[22] Aussel (Max), *Transcriptions… Op. cit.*, reg. BB 7, p. 158.
[23] AM Millau, CC 347, f° 3v.
[24] *Ibid.*, CC 348, f° 27r.
[25] AD Lot, Fonds d'Alauzier, 31 J 59, cité dans Laforge (Fabien), *Les armées des trois premiers Valois, entre héritage et modernisation progressive*, 2 volumes (texte et annexes), mémoire de maîtrise soutenu en 2009 à l'Université de Nantes, vol. 2 (annexes), p. 127-128.

Composée d'une simple calotte en fer, la cervelière était relativement peu onéreuse, ce qui explique sans doute pourquoi on en trouvait un peu partout. Le roi Jean II, par ailleurs, préconisait son emploi dans l'équipement des arbalétriers[26].

Figure 4. Bacinet "à bec de passereau" du début du XVe siècle.
Musée de la Guerre au Moyen Age du château de Castelnaud-la-Chapelle (dpt. 24).

Evolution de la cervelière et généralement pourvu d'un ventail relevable pour protéger la face du combattant, le bacinet était un type de casque très commun. En 1338 par exemple, les consuls de Cajarc fournirent des bacinets aux vingt sergents d'armes qu'ils envoyèrent à l'Ost royal pour les besoins de la guerre en Gascogne[27]. Ils ne furent pas les seuls à procéder de la sorte car on trouve des achats de bacinets par les municipalités de Gourdon en 1351[28] et de Martel en 1355[29] ; de même,

---

[26] Laforge (Fabien), *Les armées des trois premiers Valois, entre héritage et modernisation progressive*, 2 volumes (texte et annexes), mémoire de maîtrise soutenu en 2009 à l'Université de Nantes, vol. 1 (textes), p. 134-135.
[27] Combarieu (Louis), « Analyse de quelques actes concernant Cajarc », dans *BSEL*, T. XXXIX (1914), p. 179.
[28] Aussel (Max), *Transcriptions... Op. cit.*, reg. CC 17, p. 87.

en juin de l'année suivante, sur les quatorze casques achetés par les édiles cajarcois pour équiper la compagnie envoyée à la reprise du village de Fons occupé par les Anglais, douze étaient des bacinets[30]. C'est aussi avec ce type de protection que les consuls d'Albi équipèrent les vingt sergents d'armes qu'ils envoyèrent au secours de Mirepoix en 1359[31].

Figure 5. Barbute du XVe siècle.
Musée de la Guerre au Moyen Age du château de Castelnaud-la-Chapelle (dpt. 24).

Le terme barbute désignait une certaine variété de casques : en 1340 à Gourdon, on trouvait ainsi des couvre-chefs désignés « bacinet de barbute » (*bacinet de barbuda*) pour l'un et « barbute de mailles » (*barbuda de malha*) pour l'autre[32] ; cette dernière était-elle entièrement faite de mailles ou en était-elle simplement garnie, comme celle mentionnée dans les

---

[29] AM Martel, CC 3-4, f° 65r.
[30] AD Lot, Fonds d'Alauzier, 31 J 58, f°13-43, cité dans Laforge (Fabien), *Les armées… Op. cit.*, vol. 2, p.123-126.
[31] Vidal (Auguste), *Comptes consulaires… Op. cit.*, p. 58-61.
[32] Aussel (Max), *Transcriptions… Op. cit.*, reg. BB 7, p. 174.

comptes des frères Bonis, de Montauban, en 1345 (*barbuda guarnida de malha*)[33] ? Le point commun de toutes ces barbutes devait être l'ouverture laissant voir le visage tout en descendant bien le long des joues.

Figure 6. Salade du XVe siècle.
Musée de la Guerre au Moyen Age du château de Castelnaud-la-Chapelle (dpt. 24).

Les mentions de chapel génois (*capel genoes*), génois (*ginoes, genoes*), génoises (*genoeza, ginoeza*) ou capelines de fer génoises (*capelinas de fer genoeza*)[34] que l'on trouve dans les textes font sans aucun doute référence à des casques de type barbute ou salade. Malheureusement, il n'est pas possible de préciser plus avant ; en effet, la forme des casques n'était pas standardisée et certains tenaient de différents types. Il est cependant à noter que nous n'avons pas trouvé de texte parlant clairement de salades.

---

[33] Forestié (Edouard), *Les livres de comptes des frères Bonis, marchands montalbanais du XIVe siècle*, T. I, Paris, Champion & Auch, Cocharaux, 1890, p. 236.
[34] AM Martel, BB5, f°69r ; CC3-4, f° 72r ; AD Lot, Fonds d'Alauzier, 31 J 58, f°13-43, cité dans Laforge (Fabien), *Les armées... Op. cit.*, vol. 2, p. 123-126 ; Vidal (Auguste), *Comptes consulaires... Op. cit.*, p.58-61 ; Forestié (Edouard), *Les livres de comptes... Op. cit.*, p.190 ; Vidal (Auguste), « Les délibérations du conseil communal d'Albi de 1372 à 1388 », dans *Revue des Langues Romanes*, 5e série, T. VIII (1905), p. 259.

Au début du conflit, les hommes des contingents envoyés par les différents consulats aux armées royales semblent tous avoir été pourvus de protections de tête : c'est notamment vrai à Cajarc en 1338[35], à Gourdon[36] et à Millau[37] en 1340, ou encore à Albi en 1359[38]. Il s'agissait cependant de troupes peu nombreuses que les communes avaient l'obligation d'équiper correctement. Il en allait autrement pour les habitants participant à la défense habituelle de leurs localités, dont les municipalités n'avaient pas vocation à financer l'équipement défensif, au moins en totalité. En 1352 à Millau par exemple, la situation dans ce domaine n'était pas particulièrement bonne étant donné que si les 206 contribuables les plus aisés disposaient tous du nécessaire, seuls quelques uns des 1182 les plus pauvres avaient pu se procurer un casque[39]. La chose est aisée à comprendre lorsque l'on sait qu'en 1359 à Albi par exemple, un bacinet coûtait l'équivalent de huit à dix jours de salaire de manœuvre[40].

Prenant en compte les lacunes de l'équipement des particuliers, les municipalités veillèrent à toujours disposer d'un nombre minimum de protections de tête dans leurs propres arsenaux de manière à pouvoir faire face à un besoin urgent : en 1355, les consuls de la cité de Rodez en achetèrent ainsi cinq[41] et ceux de Martel quatre[42], tandis que ceux d'Albi

---

[35] Combarieu (Louis), « Analyse… *Op. cit.*, p.179.
[36] Aussel (Max), *Transcriptions… Op. cit.*, reg. BB 7, p. 174-180.
[37] *Ibid.*, p. 158.
[38] Vidal (Auguste), *Comptes consulaires… Op. cit.*, p. 58-61.
[39] Noël (R.P.R), *Town Defenses in the French Midi during The Hundred Years War (1337-1453)*, PhD thesis, University of Edinburgh, 1977, p. 278-279.
[40] Vidal (Auguste), *Comptes consulaires… Op. cit.*, p. 58-61, 87.
[41] Noël (R.P.R), *Town Defenses… Op. cit.*, p.285.
[42] AM Martel, CC 3-4, f° 65r.

en gardaient autant dans le dépôt de leur maison communale en 1373[43]. Ces quantités particulièrement faibles ne doivent pas masquer le fait que, lorsqu'ils le jugeaient nécessaire, les édiles pouvaient faire des efforts significatifs dans ce domaine, à l'exemple des Martelais qui acquirent vingt-quatre bacinets d'un coup en 1359[44].

Les municipalités n'eurent cependant de cesse de fortement inciter, sinon d'obliger, leurs habitants à acheter le nécessaire. Toutefois, étant donné les prix pratiqués, elles ne pouvaient prendre des mesures strictes qui n'auraient pu être appliquées par la plupart des citoyens les moins aisés. C'est ce qui explique pourquoi, début 1356 par exemple, les magistrats martelais n'obligèrent à disposer d'un bacinet que les bourgeois désignés pour garder la porte de la ville[45]. Il est ensuite probable qu'à force d'incitations municipales, de récupérations et d'héritages, une partie de plus en plus grande de la population masculine fut, avec le temps, en mesure de disposer d'un couvre-chef de combat, à l'exemple de ce qui se passa à Manosque, en Provence ; bien que située dans une autre aire géographique, cette ville fut en effet longtemps placée dans une situation défensive similaire à celle des localités de la région[46].

Gantelet (gantelet, gan de fer).

Le gantelet était une pièce d'armure protégeant la main du combattant. De maille ou de plates, on en trouve quelques mentions

---

[43] Vidal (Auguste), « Les délibérations… *Op. cit.*, T. VIII, p. 259.
[44] AM Martel, BB 5, f° 131r.
[45] *Ibid.*, f° 94r.
[46] Hébert (Michel), « Une population en armes : Manosque au XIVe siècle », dans *Le combattant au Moyen Age*, Paris, 1991, p. 215-226.

éparses qui renseignent peu sur la diffusion de cet objet dans la zone et à l'époque qui nous intéressent.

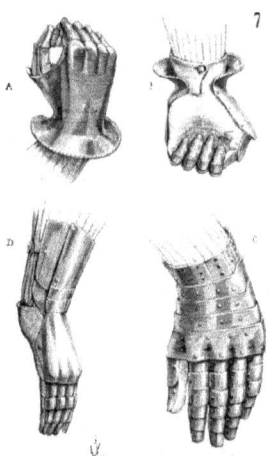

Figure 7. Gantelets.
Viollet-le-Duc (Eugène), *Dictionnaire... Op. cit.*, T. V, p. 454.

En 1324, les consuls de Martel équipèrent quelques hommes destinés à participer à la guerre de Saint-Sardos, mais parmi eux un seul, sans doute leur capitaine, reçut une paire de gantelets « allemands »[47] ; seize ans plus tard, il en fut de même avec le chef des vingt sergents d'armes que la municipalité gourdonnaise dépêcha aux armées du roi[48]. A Albi en 1359, les édiles procédèrent de manière presque identique avec celui placé à la tête des combattants envoyés renforcer la défense de Mirepoix, car il ne reçut qu'un seul gantelet[49] destiné à couvrir la main tenant l'épée ; il s'agissait sans doute là de la manifestation d'un souci d'économie, équiper celle tenant le bouclier pouvait paraître accessoire.

---

[47] AM Martel, CC 2, f° 144r-145v, cité dans Laforge (Fabien), *Les armées... Op. cit.*, vol. 2, p. 130-132.
[48] Aussel (Max), *Transcriptions... Op. cit.*, registre BB 7, p. 174.
[49] Vidal (Auguste), *Comptes consulaires... Op. cit.*, p. 58.

On retrouve des mentions d'achats de gantelets seuls, souvent associés à une manche de mailles, dans les registres de comptes des frères Bonis, de Montauban, en 1345[50] : l'important était alors, ici aussi, de protéger le membre tenant l'arme, le plus exposé durant les combats.

Le faible nombre de mentions laisse penser que les gantelets étaient assez peu utilisés par les combattants urbains. Ce constat a été a été mis en évidence de manière plus large chez les fantassins de l'époque par Fabien Laforge ; selon lui, en revanche, des gants de cuir étaient souvent portés par les personnes équipées d'armes d'hast[51].

Protection du cou : gorgerin (*gorgiera, guolar*), camail (*cap malh*).

Comme son nom l'indique, le gorgerin était une pièce d'armure destinée à couvrir la gorge et le cou en faisant éventuellement la jonction entre la protection du torse et celle de la tête. Elle pouvait être de plates, de mailles métalliques ou en tissu et rembourrée de coton[52]. Les textes ne donnent pas toujours les précisions nécessaires pour identifier l'un ou l'autre type, et il semble que le mot languedocien *guolar* était générique pour les désigner[53], même si l'on trouve quelques rares mentions de *gorgeiras*[54]. A Albi en 1359, la seule ligne de compte isolant le prix d'un gorgerin – sans cependant nous renseigner sur son type – nous permet d'estimer celui-ci à l'équivalent de six jours de salaire de manœuvre[55].

---

[50] Forestié (Edouard), *Les livres de comptes… Op. cit.*, T. I, p. 168, 179.
[51] Laforge (Fabien), *Les armées… Op. cit.*, vol. 1, p. 127-128.
[52] *Ibid.*, p. 127, 132, 134.
[53] Forestié (Edouard), *Les livres de comptes… Op. cit.*, T. I, p. 154, 179, 190.
[54] Aussel (Max), *Transcriptions… Op. cit.*, reg. BB 7, p. 166-174.
[55] Vidal (Auguste), *Comptes consulaires… Op. cit.*, p. 60-87.

Les camails avaient globalement la même utilité que les gorgerins. Ils étaient constitués de mailles et leur spécificité résidait dans ce qu'ils étaient fixés au bacinet. On trouve ainsi des mentions d'achats concernant « un bacinet et son camail »[56] ou un « bacinet avec cuvette et camail »[57].

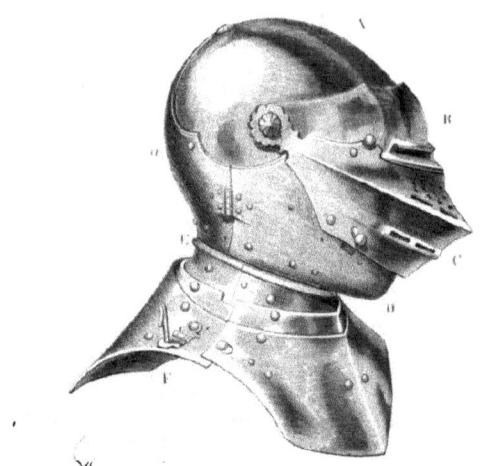

Figure 8. Gorgerin et casque du XVe siècle.
Viollet-le-Duc (Eugène), *Dictionnaire... Op. cit.*, T. V, p. 59.

Le fait que les comptabilités consulaires ne fassent état que d'un nombre infime de gorgerins et de camails ne signifie pas que ce type de matériel était rare : les marchands en vendaient et les particuliers en achetaient, à l'exemple de ce bourgeois moissaguais qui en possédait deux en 1348[58]. On notera cependant que les inventaires des pièces d'armement du bourgeois capdenacois Ratier de Morlhon en 1360 et du noble caylusien Guilhem Ath junior en 1397 n'en mentionnent aucun[59].

---

[56] AD Lot, III E, 1/3, f° 165r : *unum bassinetum cum suo capmalh* (1395).
[57] *Ibid.*, 1/4, f° 121r : *bassineto cum cuveta et capmalh* (1393).
[58] Forestié (Edouard), *Les livres de comptes... Op. cit.*, T. I, p. CX.
[59] Laforge (Fabien), *Les armées... Op. cit.*, vol. 2, p. 122, 127.

Protections du tronc en mailles (*malhas*).

Les mentions concernant les haubert, ou *cotas de malhas*, sont moins nombreuses que celles concernant les plates dans la zone et la période qui nous intéressent. L'ordonnance matelaise de février 1355, en faisant état de l'obligation faite aux gardiens des portes de disposer de plates ou d'une cotte de mailles[60], autorise cependant à penser que cet équipement était assez courant, autant au moins que les plates et probablement beaucoup plus. On trouve ensuite quelques mentions de haubert possédés par des bourgeois, à Capdenac en 1360[61] ou à Caylus en 1397[62], mais cela reste trop maigre pour développer plus avant.

Figure 9. Haubert du XVe siècle.
Musée de la Guerre au Moyen Age du château de Castelnaud-la-Chapelle (dpt. 24).

---

[60] AM Martel, BB 5, f° 94r.
[61] AD Lot, Fonds d'Alauzier, 31 J 59, cité dans Laforge (Fabien), *Les armées… Op. cit.*, vol. 2, p. 127.
[62] *Ibid.*, 31 J 57, cité dans Laforge (Fabien), *Les armées… Op. cit.*, vol. 2, p. 122.

En revanche, les textes livrent des traces un peu plus nombreuses de braconnières de mailles, comme celles que vendirent les frères Bonis de Montauban en 1344 et 1345[63], ou celle que possédait un bourgeois moissaguais en 1348[64]. Les autres mentions concernant ces *faudas* ne précisent généralement pas si elles étaient de mailles ou de plates[65] ; certaines renseignent sur la couleur de la toile utilisée pour leur doublure, mais c'est à peu près tout.

Nombreux étaient ceux qui n'avaient pas les moyens nécessaires pour s'acheter un haubert ou même une simple braconnière. A défaut, il restait possible pour certains d'entre eux d'acquérir une manche de mailles pour couvrir le bras avec lequel ils tenaient leur arme[66].

Figure 10. Haubert du XVe siècle : détail de la maille.
Musée de la Guerre au Moyen Age du château de Castelnaud-la-Chapelle (dpt. 24).

---

[63] Forestié (Edouard), *Les livres de comptes… Op. cit.*, T. I, p. 84, 179.
[64] *Ibid.*, p. CX.
[65] AM Périgueux, CC 59, f° 18 ; Aussel (Max), *Transcriptions… Op. cit.*, reg. BB 7, p. 174.
[66] Forestié (Edouard), *Les livres de comptes… Op. cit.*, T. I, p. 168, 179.

Protections du tronc en plates (*platas*).

D'emblée, il faut avouer qu'il est impossible de dire exactement quel type d'équipement le terme *platas* recouvrait lorsqu'il est employé seul dans les documents, c'est-à-dire la plupart du temps. Suivant l'acceptation courante, issue des données archéologiques, on sait qu'il s'agissait de plaques de métal fixées sur un haubert, ou directement sur un gambison, pour en augmenter la résistance aux coups.

Figure 11. Homme équipé d'un plastron de plates posé sur son haubert.
Viollet-le-Duc (Eugène), *Dictionnaire... Op. cit.*, T. V, p. 115.

Les détails techniques sont peu fréquents. Il est souvent mention de « paires de plates » (*parelhs de platas*)[67], ce qui laisse penser que certaines d'entre elles étaient constituées de deux parties, sans doute plastron et dossière destinés à la protection du buste. D'autres n'étaient sans doute rien d'autre que des brigantines, comme ces plates « s'attachant par

---

[67] Forestié (Edouard), *Les livres de comptes... Op. cit.*, T. I, p. CX, parmi de nombreux exemples.

devant » dont il est fait état dans le compte des frères Bonis pour 1349[68], ainsi que, probablement, ces *platas* couvertes de velours rouge, de cuir blanc ou de futaine appartenant à un bourgeois de Capdenac en 1360[69]. Elles ne concernaient cependant pas le seul torse, car certaines pièces assuraient spécifiquement la protection des bras[70] avec des « manches garnies » (*margas*[71] ou *mangas garnidas*[72]), tandis que des braconnières (*faudas*[73]) préservaient les hanches et le haut des cuisses.

Au tout début du conflit, en 1340, parmi la vingtaine de sergents d'armes équipés par le consulat gourdonnais pour aller combattre avec l'Ost royal, seul le porteur de bannière fut équipé de plates[74]. Il s'agissait encore d'un équipement onéreux relativement peu répandu dans les localités de la région et seuls quelques bourgeois en possédaient, à l'exemple de ce Moissaguais qui, en 1348, en avait cinq[75], ou de ces Périgourdins qui en fournirent deux au sénéchal de Périgord et de Quercy pour les besoins du siège de Montanceix[76]. Leur usage se répandit très rapidement ensuite car, en juin 1353, les consuls de Millau furent en mesure d'aligner quatre-vingt hommes équipés de plates pour les envoyer au siège de Saint-Antonin-Noble-Val[77].

---

[68] *Ibid.*, p. 2.
[69] AD Lot, Fonds d'Alauzier, 31 J 59, cité dans Laforge (Fabien), *Les armées… Op. cit.*, vol. 2, p. 127-128.
[70] Forestié (Edouard), *Les livres de comptes… Op. cit.*, T. I, p. 121 ; AD Lot, Fonds d'Alauzier, 31 J 58, f°13-43, cité dans Laforge (Fabien), *Les armées… Op. cit.*, vol. 2, p. 123-126.
[71] Aussel (Max), *Transcriptions… Op. cit.*, reg. BB 7, p. 174.
[72] AM Périgueux, CC 59, f° 18.
[73] Aussel (Max), *Transcriptions… Op. cit.*, reg. BB 7, p. 174 ; AM Périgueux, CC 59, f° 18 ; AD Lot, Fonds d'Alauzier, 31 J 57, f°13-43, cité dans Laforge (Fabien), *Les armées… Op. cit.*, vol. 2, p. 122.
[74] Aussel (Max), *Transcriptions… Op. cit.*, reg. BB 7, p. 172.
[75] Forestié (Edouard), *Les livres de comptes… Op. cit.*, T. I, p. CX.
[76] AM Périgueux, CC 59, f° 18.
[77] AM Millau, CC 348, f°2r.

Le port de plates représentait une avancée significative dans la protection du combattant et, de là, ces matériels étaient considérés comme un gage d'efficacité supplémentaire important pour la défense de certains points névralgiques. C'est pourquoi, dès le mois d'avril 1353, les consuls de Gourdon édictèrent que les gardiens des portes de la ville devaient porter des plates, sous peine d'une forte amende[78]. Ils furent bientôt imités par leurs homologues martelais qui, en juillet 1355, ordonnèrent que les issues de leur localité devaient être gardées par « des gens bien armés avec des plates et autres harnois, en la meilleure manière possible »[79] ; cet ordre demandait à être précisé et il le fut en février suivant, lorsque l'on spécifia que quatre hommes armés devaient s'y trouver en permanence pourvus de plates ou d'une cotte de mailles (*am platas o am cota de malha*)[80]. Le choix ainsi laissé montre cependant que de nombreux habitants ne disposaient pas de plates. Ceci mis à part, cette mention indique que l'on jugeait nécessaire d'équiper les gardiens des portes de bonnes protections de buste ; comme pour les boucliers, cela s'expliquait par leur tâche, qui s'effectuait au contact direct des usagers qui allaient et venaient et les mettait en première ligne en cas de tentative d'attaque surprise ennemie.

Pour le reste, il est probable que les municipalités continuèrent à emprunter des plates aux bourgeois qui en possédaient lorsque le besoin s'en faisait sentir : celles du Martelais Gaubert Dan Johani lui furent par exemple prises sur ordre du capitaine de la ville alors que les Anglais, qui avaient pris la localité voisine de Souillac en 1351, menaçaient en

---

[78] Aussel (Max), *Transcriptions… Op. cit.*, reg. BB 4, p. 20, 30.
[79] AM Martel, BB 5, f° 88r.
[80] *Ibid.*, f° 94r.

permanence ; il fut indemnisé après leur départ, courant 1353, pour les détériorations qu'elles avaient subies[81]. A la même époque à Millau, si les *platas* constituaient aussi des pièces d'équipement habituelles pour les plus aisés, elles restaient en revanche peu fréquentes chez les plus modestes[82].

Figure 12. Braconnière de plates du XVe siècle fixée sous un plastron.
Musée de la Guerre au Moyen Age du château de Castelnaud-la-Chapelle (dpt. 24).

Quelque soit son type, une protection de plates valait particulièrement cher : les comptes des frères Bonis montrent qu'en 1345 le prix d'un ensemble de plates, sans doute plastron et dossière, représentait l'équivalent de dix-huit à vingt-et-un jours de salaire d'un ouvrier bien payé[83] ; à Albi, en 1359, ceux achetés par le consulat coûtaient, à l'unité, l'équivalent de vingt à trente jours de salaire de manœuvre, à l'exception d'un seul dont la valeur était deux fois

---

[81] AM Martel, CC 3-4, f° 49v.
[82] Noël (R.P.R), *Town Defenses… Op. cit.*, p. 278-279.
[83] Forestié (Edouard), *Les livres de comptes… Op. cit.*, T. I, p. 150, 176, 186, 199.

moindre[84]. La question du coût était ainsi centrale et explique pourquoi les classes populaires ne furent jamais bien équipées de ce genre de matériel.

Protections du haut du corps en tissu : pourpoint (*perponcha*), jupon (*jupo*), jaque (*jaqueta*).

Le pourpoint était un vêtement rembourré couvrant le haut du corps et destiné à être porté tel quel ou comme support de protections de mailles ou de plates. On en trouve de nombreuses mentions au début du conflit : à Gourdon[85] et à Périgueux[86] en 1340, à Brive-la-Gaillarde quatre ans plus tard[87], à Martel en 1345[88], mais assez peu ensuite.

Le jupon avait un usage similaire à celui du pourpoint. On en trouve mention en 1344-1345 à Montauban, avec quelques détails sur les toiles de couleur, le coton simple ou ouatiné, la soie, la futaine *de Givat*, le fil enluminé de soie ou de couleur utilisés pour la réalisation de certains exemplaires[89]. Ces textes laissent entendre qu'il s'agissait d'objets de qualité[90] et, de fait, on en trouve possédés par des bourgeois millavois[91] et gourdonnais[92] durant les années 1350. Les mentions permettant de donner un ordre d'idée sur le prix d'un jupon sont extrêmement rares

---

[84] Vidal (Auguste), *Comptes consulaires… Op. cit.*, p. 58-60, 87, 104.
[85] Aussel (Max), *Transcriptions… Op. cit.*, reg. BB 7, p. 164, 166, 172, 176, 178.
[86] AM Périgueux, CC 58, f° 6r.
[87] Lalande (Julien), « Remparts de Brive… *Op. cit.*, p. 353.
[88] AM Martel, BB 5, f° 16r.
[89] Forestié (Edouard), *Les livres de comptes… Op. cit.*, T. I, p. 74, 80, 84, 107, 162, 174, 191, 192.
[90] *Ibid.*, p. LXXXIII.
[91] AM Millau, CC 348, f° 27r.
[92] Aussel (Max), *Transcriptions… Op. cit.*, reg. CC 19, p. 178-179.

mais, en 1386 à Gourdon, une ligne de compte permet d'estimer la valeur de l'un d'eux à l'équivalent d'environ huit jours de travail de manœuvre[93].

Figure 13. Homme portant un jaque (XIIIe siècle).
Pierpont Morgan Library, New-York, MS M. 638, *Bible de Maciejowski*, f° 10r.

Tout comme les pourpoints et les jupons, on trouve assez peu de traces de jaques, vêtements de protection similaires, dans les documents de la région. Ils sont cependant attestés à Albi en 1373[94], à Najac[95] et à Saint-Flour[96] en 1376, à Gourdon en 1381[97], ainsi qu'à Cajarc en 1387[98], mais ces mentions éparses laissent penser que ce genre d'équipement était lui aussi relativement peu répandu.

---

[93] *Ibid.*, reg. BB 6, p. 18.
[94] Vidal (Auguste), « « Les délibérations… *Op. cit.*, T. VIII, p. 259.
[95] AD Aveyron, 2 E 178 – 8 – Najac, comptes consulaires 1375 (NDA : en fait 1376), f° 26v.
[96] Boudet (Marcellin), *Registres consulaires de Saint-Flour (1376-1405)*, Paris, Champion & Riom, Jouvet, 1900, p. 39.
[97] Aussel (Max), *Transcriptions… Op. cit.*, reg. BB 5, p. 46, 96, 106, 110.
[98] AM Cajarc, CC année 1387, reg. I, f° 10r, 15r, 31r, 32v.

**

Si l'équipement défensif des hommes envoyés par les localités de la région aux armées royales paraît avoir été relativement complet, on ne peut le prendre comme standard de ce qui se faisait pour la défense des villes elles-mêmes : ces hommes étaient en effet destinés à se battre comme fantassins en rase campagne et les municipalités étaient tenues de les équiper en conséquence. Pour le combat mené sur les murailles, l'armement défensif des combattants urbains était avant tout représenté par le casque, qui semble avoir été la pièce d'équipement la plus répandue ; il était en effet tout aussi utile au combat rapproché, pour protéger des coups d'armes blanches, que pour la défense des fortifications où il pouvait éventuellement dévier les flèches d'arc ou d'arbalète, ainsi que les projectiles de fronde : pour les défenseurs, la tête était la partie du corps la plus exposée, celle qui dépassait des créneaux ou se positionnait derrière les fentes de visées, tandis que le reste du corps restait plus ou moins abrité. Ainsi, à l'exception des gardiens des portes, qui étaient ceux qui avaient le plus de risques d'engager des combats rapprochés, il apparaît que l'achat de protections couvrant la partie supérieure du corps était surtout le fait de la partie la plus aisée de la population. Il s'agissait en effet de biens particulièrement coûteux dont l'acquisition apparaissait aux gens des classes modestes comme superflue ou relevant du luxe car d'une utilité accessoire pour le combat qu'ils étaient destinés à mener en priorité.

2/ Les armes blanches.

Les mentions documentaires issues des villes de la région permettent d'isoler trois grandes catégories d'armes blanches : les armes d'hast, les couteaux et les épées. On trouve aussi quelques rares traces d'autres instruments de combat, comme des marteaux par exemple, mais cela ne signifie pas qu'il n'y en avait pas en nombre assez importants : il est probable que, dérivés d'outils professionnels du quotidien, certains étaient transformés en armes par leurs propriétaires ; de ce fait, ils ne faisaient que peu ou pas l'objet d'un commerce intéressant les municipalités et, de là, n'apparaissent pas ou peu dans la documentation.

Armes d'hast : lance (*lansa*), glaive (*glavi*), guisarme (*gazarma*), dard (*darda, dart*).

Au début du conflit, les armes d'hast présentaient une certaine variété si l'on en croit quelques textes des années 1339-1340 : à Périgueux et à Gourdon par exemple, on trouvait des lances (*lansas*), des dards (*darts ou dardas*)[99] et des guisarmes (*gazarmas*)[100]. Si cette diversité perdura plusieurs années, comme le montre encore en 1348 l'inventaire des armes d'un bourgeois de Montauban mentionnant quatre guisarmes et cinq lances[101], il semble qu'elle disparut progressivement : plus on avance dans le temps et moins on trouve de mentions de guisarmes et de dards ; à l'opposé, celles de lances restent relativement constantes tandis que celles de glaives augmentent significativement. Cette augmentation est encore

---

[99] AM Périgueux, CC 58, f° 6r.
[100] Aussel (Max), *Transcriptions… Op. cit.*, reg. BB 7, p. 158-161.
[101] Forestié (Edouard), *Les livres de comptes… Op. cit.*, T. I, p. CX.

accentuée lorsque l'on sait qu'à la fin du XIVᵉ siècle, comme l'indique un document cajarcois des années 1396-1404[102], le terme *lansa* pouvait alors être utilisé pour désigner une lance proprement dite ou un glaive ; à la même époque, en 1397, un inventaire après décès d'un noble de Caylus fait même état de deux *lansas glavis*[103].

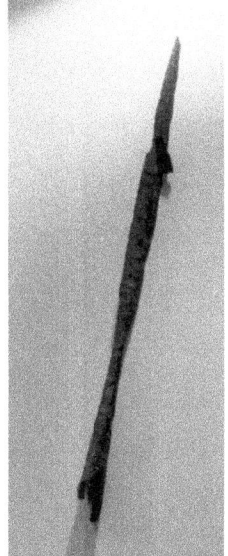

Figure 14. Pointe de lance du XIVᵉ siècle.
Musée de la Guerre au Moyen Age du château de Castelnaud-la-Chapelle (dpt. 24).
Longueur : 35 cm env.

Le succès du glaive est sans doute dû à son rapport simplicité de fabrication / coût / efficacité. La documentation ne permet pas les comparaisons idoines, mais on peut toutefois noter qu'en 1340 une guisarme valait à Gourdon l'équivalent de trois à quatre jours de salaire de manœuvre, tandis qu'un glaive n'en valait qu'environ deux et demi à Albi

---

[102] AM Cajarc, CC années 1396-1405, f° 47 r.
[103] AD Lot, Fonds d'Alauzier, 31 J 58, f°13-43, cité dans Laforge (Fabien), *Les armées... Op. cit.*, vol. 2, p. 122.

dix-neuf ans plus tard[104]. En 1382-1383, des mentions font état du prix équivalent d'un glaive et d'une lance[105], ce qui renforce l'idée, évoquée *supra*, que les mots *glavi* et *lansa* désignaient des armes similaires. Leur prix se répartissait ainsi : deux tiers pour le fer et un tiers pour la hampe en bois[106] ; le moindre coût du glaive par rapport à la guisarme venait ainsi sans aucun doute de son fer moins élaboré.

La vitesse à laquelle le glaive s'imposa dans les localités de la région est assez remarquable. Avant le début du conflit, cette arme était très peu présente dans les arsenaux urbains : en 1324 par exemple, il n'y en avait aucune au sein de l'armement acheté par le consulat de Martel pour équiper les sergents envoyés à l'Ost royal durant la guerre de Saint-Sardos ; la préférence semblait alors aller aux guisarmes plutôt qu'aux lances et dards[107], mais cela n'était déjà plus vrai en 1338 à Cajarc, où l'on trouve mention de *lanceys, pilis sive jaculis*[108] à l'exclusion de toute autre armes d'hast[109]. Cela est confirmé par un document gourdonnais postérieur de deux ans, dans lequel il est fait état de quarante-quatre lances et dix guisarmes achetées pour équiper une soixantaine de sergents envoyés opérer en Agenais ; bien qu'aucun glaive ne figure à l'inventaire[110], on voit cependant déjà se profiler la préférence pour les armes d'hast simples, comme les lances, par rapport aux instruments un

---

[104] Aussel (Max), *Transcriptions… Op. cit.*, reg. BB 7, p. 160-180 ; reg. BB 2, p. 236 ; Vidal (Auguste), *Comptes consulaires… Op. cit.* p. 47-48, 87.
[105] Boudet (Marcellin), *Registres consulaires… Op. cit.*, p. 182 ; AD Aveyron, 2 E 178-8, Najac, comptes consulaires 1382 ; AD Aveyron, 2 E 212, Bourg, CC 128, f° 16r, 18r.
[106] Vidal (Auguste), *Comptes consulaires… Op. cit.*, p. 47-48.
[107] AM Martel, CC 2, f° 144r-145v, cité dans Laforge (Fabien), *Les armées… Op. cit.*, vol. 2, p. 130-132.
[108] Lances, pilums ou javelots.
[109] Combarieu (Louis), « Analyse… *Op. cit.*, p.179.
[110] Aussel (Max), *Transcriptions… Op. cit.*, reg. BB 7, p. 159-183.

peu plus élaborés comme les guisarmes. La lance de base, frappant principalement d'estoc, étant insuffisante, la venue du glaive est ainsi, sans doute, à mettre en rapport avec le besoin de disposer en grandes quantité d'une arme frappant à la fois d'estoc et de taille.

Le rôle joué par les municipalités dans la diffusion du glaive fut important : d'une part en obligeant leurs habitants à s'armer et d'autre part en achetant des glaives en quantités. A Gourdon par exemple, le consulat ordonna en avril 1353 à tous les hommes de la ville de s'équiper d'un dard, et réitéra cet ordre à plusieurs reprises durant l'année[111] ; il ne fut cependant plus question de dards ensuite et, six ans plus tard, ils ne parlaient plus que de glaives en citant leurs citoyens équipés d'armes d'hast[112]. A Martel en juillet 1355, les consuls prirent une ordonnance stipulant que tout citoyen devait avoir un glaive dans sa maison, ainsi que son ou ses fils s'ils étaient en âge de porter les armes[113] ; l'artisanat local n'étant cependant pas en mesure de fournir, ils en firent acheter quatre douzaines à Sarlat[114]. En février suivant, ils insistèrent sur le fait que le glaive faisait partie de l'équipement obligatoire de ceux chargés de garder les portes de la ville[115] tandis que, quatre mois plus tard, ils ordonnèrent que chaque travailleur sortant de l'enceinte le fasse « le glaive à la main pour pouvoir se défendre »[116].

Toutefois, bien plus que l'application stricte et à la lettre des règlements concernant l'armement individuel, le souci des consuls

---

[111] Aussel (Max), *Transcriptions… Op. cit.*, reg. BB 4, p. 20, 30, 78, 86.
[112] *Ibid.*, reg. CC 19, p. 154.
[113] AM Martel, BB 5, f° 89v.
[114] *Ibid.*, CC 3-4, f° 72r.
[115] *Ibid.*, BB 5, f° 94r.
[116] *Ibid.*, f° 99r.

martelais était avant tout que leurs habitants disposent du minimum leur permettant de se battre : pour eux, la possession d'un glaive par chaque homme représentait un idéal qu'ils savaient difficile, sinon impossible, à atteindre ; c'est ce qui explique, par exemple, la formulation employée dans une autre de leurs ordonnances, de janvier 1357 celle-ci, où il était précisé que « tout homme de guet ou d'arrière-guet devait porter son glaive ou toute autre arme suffisante »[117]. L'année suivante à Brive-la-Gaillarde, les magistrats locaux ne pensaient sans doute pas autrement en édictant que chaque homme « porte l'épée ou le glaive » en permanence[118]. La panacée représentée par la possession d'un glaive par chaque combattant urbain ne fut en effet jamais atteinte : en 1381, les consuls de Gourdon ne demandaient plus à leurs concitoyens que d'être équipés d'un harnois convenable, sans évoquer les glaives[119], pourtant détenus en nombre[120], tandis que leurs homologues bergeracois ordonnaient aux leurs de porter « leur épée, ou leur hache, ou leur glaive ou toute autre arme défensive »[121].

On ne possède pas de documents aussi explicites pour Cajarc, toutefois on peut noter qu'en juin 1356, pour l'attaque du village de Fons tenu par les Anglais, les consuls avaient loué cinq *glavis* et une *lansa*[122]. L'importance de disposer de glaives en nombre suffisant apparaît ensuite assez régulièrement un peu partout dans la région : début avril 1359, la

---

[117] AM Martel, BB 5, f° 104r.
[118] Lalande (Julien), « Remparts de Brive… *Op. cit.*, p. 362.
[119] Aussel (Max), *Transcriptions… Op. cit.*, reg. BB 5, p. 2, 32, 40, 44, 78.
[120] Par exemple : Aussel (Max), *Transcriptions… Op. cit.*, reg. CC 20 p. 172.
[121] Charrier (Gustave), *Les jurades de la ville de Bergerac tirées des registres de l'hôtel de ville*, T. I, Bergerac, Editions du Sud-Ouest, 1892, p. 67.
[122] AD Lot, Fonds d'Alauzier, 31 J 58, f°13-43, cité dans Laforge (Fabien), *Les armées… Op. cit.*, vol. 2, p. 123-126.

ville manquant de forgerons, les édiles de Martel offrirent des conditions d'installation particulièrement avantageuses à un artisan originaire de Cuzorn et ne lui demandèrent qu'une seule chose en échange, à savoir réaliser à ses frais six fers de glaives destinés aux gardes des portes[123]. La même année à Albi, la municipalité acheta plus de deux-cents glaives[124] à l'exclusion de toute autre arme d'hast.

Figure 15. Faisceau d'armes d'hast présentant la variété des fers. (XVe-XVIe siècles)
Musée de la Guerre au Moyen Age du château de Castelnaud-la-Chapelle (dpt. 24).

Plus tard, en mars 1376, les consuls de Millau en firent faire plus d'une cinquantaine[125] qui furent, ici aussi, les seules armes d'hast acquises durant l'année. Un peu plus tard, en 1378, on retrouve à Saint-Flour le souci manifesté à Martel en 1359 de disposer de glaives à la garde des portes, car le consulat de cette ville en acheta six dans ce but[126] ; une autre

---

[123] AM Martel, BB 5, f° 127r.
[124] Vidal (Auguste), *Comptes consulaires… Op. cit.*, p. 47.
[125] AM Millau, CC 371, f° 31v-32r.
[126] Boudet (Marcellin), *Registres consulaires… Op. cit.*, p. 60.

mention, en évoquant « les glaives des compagnons » envoyés au siège de Chaliers en 1380, laisse penser que ce type d'arme d'hast y fut le principal utilisé par les troupes de la ville[127].

Figure 16. Guisarme du XVᵉ siècle.
Musée de la Guerre au Moyen Age du château de Castelnaud-la-Chapelle (dpt. 24).
Longueur : 2 m env.

---

[127] Boudet (Marcellin), *Registres consulaires... Op. cit.*, p. 89.

Couteau (*cotel*, *penart*), dague (*dagua*) et coutelas (*cotela*).

Contrairement à l'épée, dont l'usage dans les villes de la région se répandit avec l'arrivée du conflit, le couteau était un ustensile tout à fait commun avant celui-ci. Utile à la guerre bien sûr, mais aussi à la chasse, à table, à l'atelier ou à l'ouvroir, il avait un statut à part parmi l'ensemble des armes portées à l'époque.

Le couteau constituait cependant un accessoire indispensable pour qui voulait un équipement militaire complet : à Gourdon en 1340, le consulat n'oublia pas d'en acheter à chacun des vingt sergent d'armes qu'il équipa de pied en cap pour les expédier aux armées royales en Agenais[128] ; cinq ans plus tard, la municipalité millavoise en acquit pour quinze des vingt hommes qu'elle équipa entièrement, elle aussi, pour les envoyer combattre avec le sénéchal de Rouergue[129], tandis qu'en 1360 la commune d'Albi en acquit vingt pour les vingt-deux hommes qu'elle dépêcha à Mirepoix pour venir en aide au comte de Foix[130].

Il faisait aussi partie de l'armement minimum que tout homme appartenant aux milices urbaines devait posséder : en 1356, sur les seize couteaux perdus par les Cajarcois lors de l'attaque de Fons tenu par les Anglais, treize le furent par leurs propriétaires, les autres étant du matériel loué pour l'occasion[131]. De fait, hormis pour les cas particuliers constitués par les envois d'hommes sur des théâtres d'opérations extérieurs, le fait que l'on ne trouve que très peu de mentions d'achats publics de couteaux

---

[128] Aussel (Max), *Transcriptions… Op. cit.*, reg. BB 7 (1340-1341), p. 160-161, 168-169.
[129] AM Millau, CC 347, f° 2v-12r.
[130] Vidal (Auguste), *Comptes consulaires… Op. cit.*, p. 57-62.
[131] AD Lot, Fonds d'Alauzier, 31 J 58, f°13-43, cité dans Laforge (Fabien), *Les armées… Op. cit.*, vol. 2, p. 123-126.

pour l'équipement des combattants urbains laisse penser que la plupart des particuliers devaient en posséder. Cet ustensile commun, dont l'usage n'était pas exclusivement dédié au combat, n'était d'ailleurs pas toujours considéré comme une arme à part entière : en juillet 1350 à Gourdon par exemple, les consuls ordonnèrent que toutes les personnes étrangères voulant rentrer en ville devaient le faire sans arme, à l'exception du couteau[132] ; en octobre 1360 à Capdenac, l'inventaire après décès de l'armement de l'ancien consul Ratier de Morlhon fait état, entre autres, d'épées, de casques et de pièces d'armure mais n'évoque pas un seul couteau[133], alors qu'il est évident que ce riche individu en possédait. En revanche, il est probable qu'ils auraient été mentionnés s'il y en avait eu de prix et plus spécifiquement destinés au combat, comme la dague que les Rouergats offrirent en 1380 au capitaine anglais du Castel d'Ozon pour l'engager à négocier[134], ou celles que les consuls de Saint-Flour remettaient en récompense aux meilleurs arbalétriers de leur ville[135].

Il existait naturellement une grande variété de couteaux et si les textes font généralement mention de *cotels* (couteaux), on trouve aussi des *penarts* (couteaux à deux tranchants), des *ponhals* ou *cotels ponhals* (poignards), ainsi que des *daguas* (dagues) ; leurs prix dépendaient de leurs styles et de leur qualité. Une arme simple et très rapidement fabriquée, comme celles qui équipaient les sergents d'armes de Gourdon et de Millau vers 1340-1345, valait par exemple l'équivalent d'environ sept

---

[132] Aussel (Max), *Transcriptions… Op. cit.*, reg. BB 3, p. 46
[133] AD Lot, Fonds d'Alauzier, 31 J 59, cité dans Laforge (Fabien), *Les armées… Op. cit.*, vol. 2, p. 127-128.
[134] Rouquette (Joseph), *Le Rouergue sous les Anglais*, Millau, Artières et Maury, 1887, p. 304.
[135] Boudet (Marcellin), *Registres consulaires… Op. cit.*, p. 172.

dixièmes du salaire d'une journée de manœuvre du bâtiment[136]. Il ne s'agissait cependant là, sans doute, que d'armes très grossières car, à la même époque, on pouvait trouver à Gourdon des coutelas mieux finis dont la valeur à l'unité correspondait à plus de deux jours et demi de travail de manœuvre[137] ; bien plus, en 1356 à Cajarc, certains couteaux perdus lors du combat de Fons furent remboursés à leurs propriétaires par l'équivalent de cinq jours de salaire de manœuvre[138]. Sans doute plus proches de la moyenne, les prix de la plupart des *cotels* achetés par le consulat d'Albi en 1359 variaient entre trois et trois jours et demi de salaire de manœuvre[139].

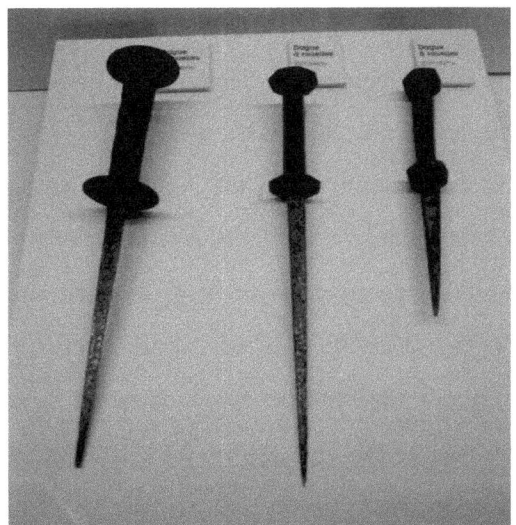

Figure 17. Dagues du XIVe siècle.
Musée de la Guerre au Moyen Age du château de Castelnaud-la-Chapelle (dpt. 24).
Longueur de celle du milieu : 35 cm. env.

---

[136] Aussel (Max), *Transcriptions… Op. cit.*, reg. BB 7, p. 160, 168 ; reg. BB 2, p. 236.
[137] *Ibid.*, reg. BB 7, p. 144; reg. BB 2, p. 236.
[138] AD Lot, Fonds d'Alauzier, 31 J 58, f°13-43, cité dans Laforge (Fabien), *Les armées… Op. cit.*, vol. 2, p. 123-126 ; AM Cajarc, CC 6, f° 153v.
[139] Vidal (Auguste), *Comptes consulaires… Op. cit.*, p. 60-61, 113.

Le port permanent du couteau était déjà, bien avant la guerre de Cent Ans, une source potentielle de troubles à l'ordre public bien identifiée par les autorités. Depuis le XIIIe siècle, de nombreuses chartes de coutumes prévoyaient non seulement de condamner ceux qui frappaient quelqu'un avec un couteau[140], mais aussi ceux qui ne faisaient que « tirer leur couteau » pour menacer un tiers[141]. Il ne faut cependant pas imaginer que les rixes de ce genre étaient très fréquentes : à Gourdon, sur soixante-cinq affaires criminelles jugées par les consuls et les viguiers seigneuriaux entre 1311 et 1313, seules deux impliquaient l'usage de couteaux[142].

Par manque de documents permettant des comparaisons idoines, il est difficile d'évaluer dans quelle mesure l'usage délictueux du couteau évolua une fois le conflit centenaire déclenché. Les comptes de la famille d'Armagnac pour le comté de Rodez de 1378 à 1381 nous éclairent cependant sur la façon dont on s'en servait dans les rixes privées : couteau collé « à la gueule » de la personne avec qui l'on avait un différend, poursuite couteau à la main d'un contradicteur, coups de couteau à la main et à la jambe d'un adversaire[143], etc. ; il est à noter que ce genre de bagarres n'impliquaient pas uniquement des hommes, étant donné qu'à Montrosier, en décembre 1380, une certaine Astruga fut

---

[140] Albe (Edmond), *Monographie de Lentillac*, se., sd.
[141] Compayré (Clément), *Etudes Historiques et documents inédits sur l'Albigeois, le Castrais et l'ancien diocèse de Lavaur*, Albi, Maurice Papailhiau, 1841, p. 456 ; Péchal (abbé), « Corn et ses environs (suite), chapitre IV : la commune de Corn au Moyen-Age », dans *BSEL*, T. XXXIX (1914), p. 61.
[142] Arbelet, (François), « *Justice et société urbaine à Gourdon au temps de Philippe le Bel* », dans BSEL, T. CXXXV (2014).
[143] AD Aveyron, C 1335, f° 7v, 8r, 8v.

blessée à coups de couteau par un dénommé Gui de Monmato[144]. Les mentions de *cotels* dégainés mais non utilisés sont beaucoup plus nombreuses[145] ; comme le montre l'exemple de Guilhem *lo* Alaman, qui avait sorti le sien après avoir fait un scandale dans une taverne ruthénoise mais ne s'en était pas servi, il est probable que le fait de dégainer un couteau après un échange d'insultes, l'esprit éventuellement échauffé par l'alcool, tenait plus de la tartarinade que d'une réelle volonté de l'utiliser pour faire mal. Ces situations n'avaient ainsi rien de spécifique à la période de guerre. Quoi qu'il en soit, il ressort des documents que tous les hommes, ou presque, devaient posséder un couteau et que la plupart le portaient continuellement sur eux, sans toutefois que ce soit dans un but spécifiquement militaire.

Epées (espazas, espasas).

Les épées furent parmi les armes les plus courantes utilisées par toutes les catégories de personnes. Au début du conflit cependant, les citadins qui en possédaient n'étaient sans doute pas très nombreux : en 1340, à Périgueux, c'est la municipalité qui paya l'épée nécessaire à un sergent d'armes qu'elle venait de recruter[146], tout comme à Gourdon où le consulat acheta celles nécessaires aux vingt habitants qu'il envoya comme fantassins participer aux opérations en Agenais[147] ; cinq ans plus tard, les magistrats de Millau procédèrent de même, mais pour quinze seulement

---

[144] AD Aveyron, C 1335, f° 97r.
[145] *Ibid.*, f° 11v-12r, 55r, 95v, 96v, 97r.
[146] AM Périgueux, CC 58, f° 6r.
[147] Aussel (Max), *Transcriptions… Op. cit.*, reg. BB 7, p. 160-161, 168-169.

des vingt hommes qu'ils dépêchèrent au sénéchal de Rouergue[148]. L'équipement de la population se fit cependant progressivement et, encore au début de 1353, nombreux étaient les Millavois à ne pas en avoir[149].

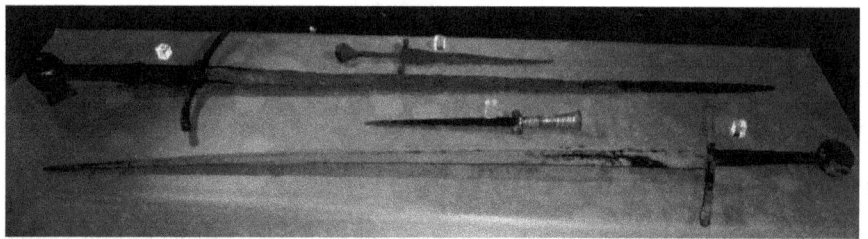

Figure 18. Epées et dagues du XIVe siècle.
*Musée de la Guerre au Moyen Âge du château de Castelnaud-la-Chapelle (dpt. 24).
Longueur des épées : 110 cm env.*

A Gourdon, le 9 avril 1353, les consuls prirent une ordonnance obligeant tous les membres du conseil consulaire, soit un peu moins d'une cinquantaine de personne, à porter leur épée en permanence[150] ; il s'agissait sans doute de montrer l'exemple pour préparer l'opinion à cette obligation car, deux semaines plus tard, ils l'étendirent à l'ensemble de la population masculine[151]. Ce faisant, ils pensaient sans doute régler le problème de l'insuffisance de l'armement de leurs concitoyens, mais il faut croire que l'ordre fut mal suivi, car il fut réitéré le 16 décembre[152]. Les prix étaient-ils trop élevés ou l'offre des marchands locaux trop faible pour satisfaire cette demande ? Toujours est-il que, le 17 janvier suivant, ils réaffirmèrent cette obligation mais en la nuançant, chaque homme

---

[148] AM Millau, CC 347, f° 2v-12r.
[149] *Ibid.*, CC 348, f° 27r.
[150] Aussel (Max), *Transcriptions… Op. cit.*, reg. BB 4, p. 20-21.
[151] *Ibid.*, p. 30-31.
[152] *Ibid.*, p. 78-79.

devant porter en permanence son épée *ou* son dard[153]. Courant 1358, leurs homologues de Brive-la-Gaillarde ordonnèrent sensiblement la même chose en demandant à leurs habitants masculins d'être tous armés en permanence d'une épée *ou* d'un glaive[154].

Il est impossible d'évaluer précisément la proportion des habitants qui, dans chaque localité, possédaient une épée. A Cajarc, on note qu'en juin 1356, 70 % environ des citoyens qui participèrent au combat de Fons en possédaient une[155]. Ils n'étaient cependant qu'aux alentours d'une vingtaine[156], aussi serait-il hasardeux d'extrapoler et d'établir que 70 % des Cajarcois en âge de porter les armes possédaient une épée.

Tenant à ce qu'une grande partie de leurs habitants soient armés d'épées, les municipalités montraient l'exemple dans ce domaine : en 1360, le consulat d'Albi en fit ainsi l'acquisition de dix-neuf pour équiper les vingt-deux hommes envoyés à Mirepoix renforcer l'armée du comte de Foix[157]. Toutefois, malgré les ordonnances et les incitations consulaires, il resta fréquent que des hommes n'en possèdent pas : à Cajarc en 1369 notamment, la municipalité en acheta afin d'équiper les habitants qui en étaient dépourvus[158]. Quelques décennies plus tard, malgré le fait que l'on était habitué à vivre en pleine zone de combats depuis plusieurs décennies, la possession d'une épée n'était toujours pas

---

[153] Aussel (Max), *Transcriptions… Op. cit.*, reg. BB 4, p. 86-87.
[154] Lalande (Julien), « Remparts de Brive… *Op. cit.*, p. 362.
[155] Savy (Nicolas), « La prise de Fons en 1356. Cajarc face à la menace anglaise », dans *BSEL*, T. CXXVII (2006), p. 23-42 ; AD Lot, Fonds d'Alauzier, 31 J 58, f°13-43, cité dans Laforge (Fabien), *Les armées… Op. cit.*, vol. 2, p. 123-126 : sur les treize épées perdues durant le combat, neuf le furent par leurs propriétaires.
[156] Laforge (Fabien), *Les armées… Op. cit.*, vol. 1, p. 126.
[157] Vidal (Auguste), *Comptes consulaires… Op. cit.*, p. 57-62.
[158] AM Cajarc, CC 6 f° 146v.

systématique : en février 1382, alors que les compagnies anglo-gasconnes intensifiaient leurs activités, les consuls ordonnèrent que chacun porte son épée « ou tout autre armement avec lequel il pourrait se défendre si besoin était »[159].

Naturellement, durant cette période de crise, la capacité à s'équiper d'une épée dépendait de la richesse de chaque individu. En 1348 par exemple, alors que la plus grande partie de la population masculine en âge de porter les armes n'en avait pas, un bourgeois de Moissac en possédait déjà deux[160].

Dans les documents que nous ont légués les municipalités, les achats d'épées sont la plupart du temps intégrés à des acquisitions globales d'armement, aussi est-il assez difficile de les étudier par rapport à leurs prix ; les données techniques sont quant à elles totalement absentes. Quelques mentions permettent néanmoins de dégager quelques éléments généraux concernant leurs valeurs. Ainsi, au début du conflit, entre 1340 et 1345, le prix d'une de ces armes restait raisonnable étant donné qu'il oscillait entre un et demi et six jours de salaire d'ouvrier[161], l'écart entre les deux valeurs correspondant sans doute à la qualité, la finition et l'âge de l'objet. Sachant que la rémunération d'un ouvrier était habituellement de l'ordre du double de celle d'un simple manœuvre[162], force est donc de constater que moins d'une semaine de travail suffisait aux salariés les plus modestes pour acquérir une épée, même si celle-ci était sans doute de qualité très médiocre.

---

[159] Aussel (Max), *Transcriptions… Op. cit.*, reg. BB 5, p. 78-79.
[160] Forestié (Edouard), éd., *Les livres de comptes… Op. cit.*, T. I, p. CX.
[161] Aussel (Max), *Transcriptions… Op. cit.*, reg. BB 2, p. 236; reg. BB 7, p. 160, 168 ; AM Millau, CC 347, f° 3r, 3v, 12r ; AM Cajarc, CC 8, f° 153v, 155v.
[162] Savy (Nicolas), « Un chantier de fortification à Martel en 1355-1356 », dans *BSEL*, T. CXXV (2005), p. 253-272.

L'état de la documentation nous oblige à faire un bon d'une quarantaine d'années pour constater que le prix des épées de valeur était tout autre que celui des barres de métal grossièrement forgées utilisées par le commun : en 1387, les consuls de Cajarc devaient une épée au célèbre capitaine anglo-gascon Perrot le Béarnais, peut-être au titre d'un *pati* ; ils en achetèrent une pour la somme de vingt-deux sous et six deniers tournois, soit l'équivalent d'environ vingt à vingt-cinq jours de salaire de manœuvre. Naturellement, il ne s'agissait pas d'un maximum et le chef routier avait d'ailleurs l'habitude d'utiliser des armes plus luxueuses : il refusa l'épée que lui proposèrent les Cajarcois, qui la lui renvoyèrent ensuite accompagnée d'une somme d'argent pour qu'il l'accepte[163].

La multiplication du nombre d'épées en circulation n'a pas entraîné, si l'on se fit aux sources subsistantes, de recrudescence des rixes impliquant ce genre d'arme. La comptabilité du comte d'Armagnac pour le comté de Rodez, par exemple, n'en a conservé que très peu de traces : parmi les rares témoignages, on trouve notamment cette affaire de 1380 où un forgeron de Rodez fut condamné pour avoir injurié l'un de ses compatriotes et l'avoir fait attaquer à l'épée par son fils ; il y a aussi ce cas où, à Marcillac-Vallon, un officier du comte en colère tira la barbe d'un notaire avant de dégainer son épée et de l'en frapper avec le plat ; enfin, la même année, un certain Peyre Alazart, de Rodez, afin de « connaître charnellement » sa dulcinée, alla la chercher l'épée tirée à la main pour impressionner le maître chez qui elle logeait[164]. L'impression qui ressort

---

[163] AM Cajarc, CC année 1387, reg. I, f° 30v.
[164] AD Aveyron, C 1335, f° 5r, 94v. 98v.

de la documentation est pourtant qu'une grande partie des hommes avaient une épée personnelle à disposition : le faible nombre de problèmes liés à leur port est à rapprocher de celui des couteaux, tout aussi bas.

**

Chaque combattant urbain se devait de posséder au moins une arme blanche en plus de son couteau, qui était considéré autant comme une arme que comme un ustensile indispensable du quotidien. Le prix de la plupart des épées semble avoir été assez peu élevé : celles détenues par les gens du commun devaient être de qualité particulièrement médiocre. Il en allait probablement de même avec les armes d'hast et, derrière la prédominance de l'appellation glaive, se cachait sans doute la désignation générique d'armes bon marché présentant des caractéristiques plus ou moins identiques : long manche de bois, fer simple et solide formant une pointe et une lame à double-tranchant. Enfin, il manque à l'inventaire tous les outils détournés de leur fonction première, marteaux, faucilles, etc., qui ne figurent pas dans les comptes étant donné qu'ils n'étaient pas concernés par les achats publics ; il reste que leur proportion devait être importante au sein de l'ensemble des armes blanches détenues par la population.

3/ Armes de trait individuelles.

A l'exception du javelot, dont les quelques rares mentions sont trop imprécises pour certifier son utilisation en tant qu'arme de jet, les armes de trait étaient les seules qui permettaient aux combattants individuels de se battre à distance. Toutes existaient en deux versions, de chasse et de guerre, les premières pouvant d'ailleurs servir pour le combat anti-personnel normalement dévolu aux secondes : il était sans doute peu fréquent de trouver un citadin qui ne soit capable de se servir soit d'une arbalète, soit d'un arc ou d'une fronde. Or, il se trouve que ces trois genres d'armes étaient ceux qui équipaient la plupart des défenses urbaines.

Arbalète (*balesta*).

Connue depuis l'Antiquité, l'arbalète était une arme largement répandue et ce depuis bien avant la guerre de Cent Ans. Son usage militaire pour la défense des places fortes était en effet prépondérant depuis le début du XIIIe siècle[165], où l'on trouvait déjà les principaux types encore en usage au suivant[166]. Certes, avec une moyenne oscillant entre un et trois coups par minute suivant son type et les conditions d'emploi, sa cadence de tir était particulièrement lente ; toutefois, si cette lenteur constituait un grave handicap en rase campagne, elle n'était pas vraiment un problème pour la défense des fortifications, où les

---
[165] Mesqui (Jean), *Provins, la fortification d'une ville au Moyen Age*, Genève, Droz, 1979, p. 92-94.
[166] Contamine (Philippe), *La guerre au Moyen Age*, Paris, PUF, 1999 (5e édition corrigée), p. 166-167.

arbalétriers pouvaient s'abriter pendant le rechargement ; là, sa puissance largement supérieure à celle de l'arc pouvait jouer à plein[167].

Dans la région, au début du XIVe siècle, on l'utilisait principalement pour la chasse et son usage était tellement commun que, comme à Gourdon en 1313, on pouvait témoigner devant un tribunal en utilisant la notion de « tirs d'arbalète » pour évoquer une distance[168]. En tant qu'arme de guerre, il est probable qu'elle fit un retour progressif dans les localités de la région au fur et à mesure que les tensions franco-anglaises augmentaient et que municipalités envoyaient des contingents aux armées royales. En 1324 par exemple, le consulat de Martel en acheta plusieurs pour équiper une partie des sergents qu'il dépêcha vers le théâtre des opérations de la guerre de Saint-Sardos[169] ; leurs homologues de Périgueux firent de même sept ans plus tard pour les besoins des hommes destinés à rejoindre une armée royale[170].

Une fois leurs missions accomplies, tous ces sergents rentraient chez eux et rendaient à leurs consulats les armes qu'ils leur avaient confiées, ce qui avait pour conséquence de progressivement augmenter les stocks municipaux. Ainsi, en 1330, les consuls de Gourdon disposaient déjà dans leur arsenal de quoi immédiatement armer et équiper de pied en cap au moins dix arbalétriers[171] ; quant à leurs confrères périgourdins, ils en possédaient un certain nombre qu'ils

---

[167] Mesqui (Jean), *Provins... Op. cit.*, p. 94.
[168] Arbelet, (François), « *Justice et société... Op. cit.*, p. 23 : mention d'une « chèvre perdue à 4 traits d'arbalète ou environ de la ferme de las Gotas».
[169] AM Martel, CC 2, f° 144r -145v, cité dans Laforge (Fabien), *Les armées... Op. cit.*, vol. 2, p. 130-132.
[170] AM Périgueux, CC 51, f° 18r.
[171] Aussel (Max), *Transcriptions... Op. cit.*, reg. BB 1, p. 64-65.

prenaient soin de faire entretenir et réparer[172]. Après 1340, les incitations et ordres royaux visant à amener les municipalités à renforcer les défenses de leurs villes commencèrent à porter leurs fruits et contribuèrent à faire croître le nombre d'armes détenues : en 1342, les édiles du bourg de Rodez firent ainsi acheter 17 arbalètes et 1600 carreaux pour s'y conformer[173].

Après 1345 et l'arrivée de la guerre dans la région, les acquisitions d'arbalètes et de carreaux se firent de plus en plus nombreuses : en 1345, plutôt que de puiser dans leurs stocks, dont ils avaient besoin pour la protection de leur ville, les consuls de Millau préférèrent acheter les cinq arbalètes nécessaires pour armer ceux de leurs sergents qui devaient rejoindre le sénéchal à Villefranche-de-Rouergue[174]. La même année, leurs homologues martelais acquirent 2000 carreaux[175] et, quelques mois plus tard, en firent distribuer 266 à dix-neuf bourgeois, à raison de 10 à 20 chacun[176], sans doute pour être sûr de pouvoir disposer en permanence d'hommes en mesure de riposter immédiatement en cas d'attaque. A la même époque, les frères Bonis, de Montauban, achetaient des carreaux et des accessoires pour arbalètes à Toulouse, probablement pour les revendre dans leur ville[177]. En 1348, les magistrats cajarcois firent aussi d'importants achats de carreaux, ce qui laisse penser qu'ils possédaient déjà un nombre conséquent d'arbalètes[178]. Toutefois, c'est sans doute à Cahors que l'effort fut le plus important car, durant la seule année 1346,

---

[172] AM Périgueux, CC 55, f° 7v.
[173] AD Aveyron, 2 E 212 Bourg CC 125, f° 83r.
[174] AM Millau, CC 347, f° 3v-4r.
[175] AM Martel, BB 5, f° 16r.
[176] AM Martel, BB 5, f° 25r.
[177] Forestié (Edouard), *Les livres de comptes… Op. cit.*, T. I, p. 228, 237.
[178] AM Cajarc, CC 4, f° 154 r.

les consuls firent fabriquer 790 arbalètes et 28 000 carreaux, dont la plupart étaient cependant destinés aux armées royales[179].

Figure 19. Ceinture d'arbalétrier avec croc de rechargement.
*Musée de la Guerre au Moyen Age du château de Castelnaud-la-Chapelle (dpt. 24).
Largeur de la ceinture : 8 cm. env.*

Les textes permettent de distinguer les différents types d'arbalètes utilisées (nommées principalement *balestas* dans la zone étudiée mais aussi, sur ses limites occidentales, *arcs* à Agen et *albarestas* à Périgueux), ainsi que leurs accessoires et munitions. En 1350 à Cahors par exemple, l'arsenal consulaire comprenait 100 *balestas grossas* et 200 *de I pe*[180]. Le nom de ces dernières pouvait être traduit par « arbalètes de 1 pied » ; elles étaient appelées *arbaletes a pié* dans le nord de la France, ce nom faisant référence au pied que le tireur passait dans un étrier fixé au bout de l'arme et qu'il poussait afin de tendre la corde pour recharger ; il réalisait aussi cette opération à l'aide d'un crochet, ou *croc*, attaché à sa ceinture et avec lequel

---

[179] Lacoste (Guillaume), *Histoire générale de la province de Quercy*, T. III, Cahors, Girma, 1885, p. 113.
[180] AM Cahors, *Livre Tanné*, f° 30r.

il maintenait la corde de l'arc : ce dernier étant particulièrement puissant, il pouvait ainsi utiliser toute la force de sa jambe pour le tendre (cf. figure 20). On trouve naturellement de nombreuses mentions de ces *crocs*, en particulier dans les achats faits par le consulat d'Albi en 1359-1360, qui à cette époque possédait au moins 500 arbalètes[181].

L'arbalète à pied était donc équipée d'un étrier, mais il convient toutefois, semble-t-il, de distinguer deux types d'arbalètes à étrier suivant leurs appellations, ainsi que nous l'indique très clairement un document daté de 1346 et relatif aux défenses du château de Bioule : il fait en effet mention de vingt-trois *balestas de I pe*, chacune pourvue de son *croc*, et de deux *balestas d'estrop* (littéralement « arbalète d'étrier »)[182]. Ces dernières étaient des armes moins puissantes dont la corde était tendue à la main et dont l'étrier servait surtout à maintenir l'arme avec le pied pendant l'opération de rechargement : la dénomination faisait donc référence à la caractéristique principale de l'arme. En revanche, sur la *balesta de I pe*, l'étrier n'était, avec le *croc*, qu'un élément technique du rechargement dont l'action principale était réalisée par le pied du tireur : ainsi, ici aussi, la désignation indiquait la caractéristique principale de l'arme. On trouve assez peu de mention de *balestas d'estrop*, mais il reste que, même moins efficaces que les modèles à pied, ces armes simples et facile d'entretien furent sans doute utilisées en permanence : à Périgueux, on en trouve mention de 1339[183] à 1371[184].

---

[181] Vidal (Auguste), *Comptes consulaires… Op. cit.*, p. 58-60, 99-100.
[182] Favé (Ildefonse), *Etudes sur le passé et l'avenir de l'artillerie*, T. IV, Paris, Dumaine, 1863, p. IX-XIV.
[183] AM Périgueux, CC 58, f° 18v. On note qu'à Périgueux arbalète est souvent traduit par *albaresta*.
[184] *Ibid.*, BB 13, *Petit livre Noir*, f° 17r.

Il existait un type d'arbalète encore plus simple que la *balestas d'estrop* : la *balestas de dos pes*, ou « arbalète à deux pieds ». Le nom de cette arme, dépourvue d'étrier, faisait référence à la façon dont le tireur plaçait ses deux pieds sur l'arc, de part et d'autre de l'arbrier, pour la maintenir pendant qu'il tirait avec ses bras sur la corde pour la recharger ; l'opération se faisait en position couchée sur le dos[185]. Type le plus ancien, il était techniquement dépassé et les seules mentions claires que nous avons trouvées pour la période et la région qui nous intéressent sont, d'une part, celle qui fait état de cinq *balestas de dos pes* en 1346 au château de Bioule[186] et, d'autre part, celles qui en évoquent plusieurs dans les jurades d'Agen pour les années 1345-1346 et 1353-1354[187] ; ceci autorise à penser qu'elles furent encore utilisées ensuite, mais en nombre plutôt restreint. Certaines de ces armes pouvaient cependant disposer d'arcs plus puissants nécessitant l'emploi de leviers pour le rechargement : on trouve aussi mention de ces leviers (*aussaprems*[188]) à Bioule en 1346[189], ainsi qu'à Martel dix ans plus tard[190]. Quant à la portée pratique des arbalètes à pied, à étrier et à deux pieds, elle devait se situer entre une trentaine, pour les dernières, et une soixantaine de mètres, pour les premières[191].

---

[185] Information donnée par Serge Adrover, facteur d'arbalètes médiévales ; ses reproductions sont basés sur des modèles entreposés dans des musées, ainsi que sur des recherches iconographiques et archivistiques. Les armes qu'il a réalisé ainsi sont toutes fonctionnelles, ce qui lui a permis de les tester dans toutes les configurations et d'emmagasiner une large expérience en ce qui concerne leur utilisation.
[186] Favé (Ildefonse), *Etudes… Op. cit.*, p. IX-XIV.
[187] Magen (Adolphe), éd., *Jurades de la ville d'Agen (1345-1355)*, Auch, 1894, p. 42, 43, 327, 328.
[188] Thomas (Antoine), « Nouvèles variétés étimologiqes », dans *Romania*, T. 44 (1916), p. 328-329.
[189] Favé (Ildefonse), *Etudes… Op. cit.*, p. IX-XIV.
[190] AM Martel, CC 3-4, f° 76v.
[191] Hanley (Catherine), *War and combats, 1150-1270 : The Evidence from Old French Literature*, Cambridge, Brewer, 2003, p. 34-35 ; Kersuzan (Alain), *Défendre la Bresse et le Bugey, les*

Figure 20. Chargement d'une arbalète à pied avec crochet et étrier.
Viollet-le-Duc (Eugène), *Dictionnaire... Op. cit.*, T. V, p. 22.

A l'opposé, la *balestas de torn*, que l'on peut traduire par « arbalète à tour », représentait le modèle le plus performant. Equipée d'un puissant arc d'acier lui donnant une portée pratique d'environ 200[192] à 250 mètres à pleine puissance[193], une telle arme nécessitait en effet un système de moufle pour pouvoir être mise en tension. Il est assez difficile de savoir exactement quels étaient les types exacts de mécanismes utilisés, car les textes sont assez peu diserts à ce sujet : ainsi, si on trouve une mention de

châteaux savoyards dans la guerre contre le Dauphiné (1282-1355), Lyon, Presses Universitaires de Lyon, 2005, p. 226. Ainsi que les informations données par Serge Adrover (voir note 185).
[192] Payne-Gallway (Ralph), *The book of the Crossbow*, New-York, Dover Publications, 1995, p. 20-30.
[193] Information donnée par Serge Adrover (voir note 185).

polelha (poulie) à Périgueux en 1371[194], la totalité des autres textes fait état de *torns* (*tours*) sans beaucoup plus de précisions ; le fait de savoir qu'ils étaient constitués de ferrures et de sangles, que certains étaient qualifiés d'ânes (*azes*) ou de chevaux (*cavals*)[195], n'est en effet pas d'un grand secours pour détailler leur fonctionnement[196]. Celui-ci est cependant connu grâce aux pièces conservées dans les musées.

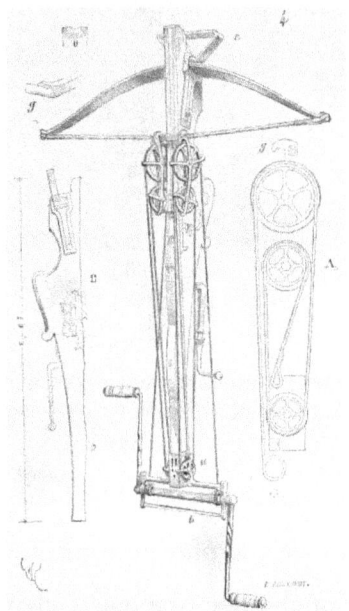

Figure 21. Arbalète individuelle à tour et son moufle de rechargement.
Viollet-le-Duc (Eugène), *Dictionnaire... Op. cit.*, T. V, p. 29.

Toutes catégories d'arbalètes confondues, les détails techniques sont peu nombreux mais permettent néanmoins quelques éclaircissements. Tout d'abord, en ce qui concerne les arcs, on peut constater que les arcs en bois (*fust*) des arbalètes les plus basiques

---
[194] AM Périgueux, BB 13, *Petit livre Noir*, f° 17r.
[195] Vidal (Auguste), « Les délibérations… *Op. cit.*, T. VIII, p. 259.
[196] AM Martel, CC 3-4, f° 74r.

côtoyaient ceux en acier des modèles à tour[197] dans les arsenaux, mais il est difficile d'en dire plus.

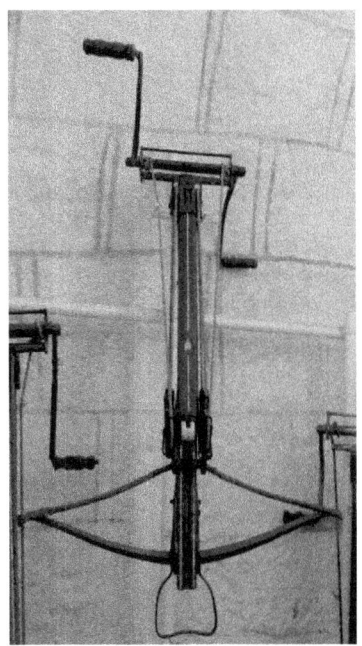

Figure 22. Arbalète individuelle à tour et son moufle de rechargement.
Musée de la Guerre au Moyen Age du château de Castelnaud-la-Chapelle (dpt. 24).

On apprend ensuite qu'une arme pouvait être « garnie » (*garnida*) ou non lors de son achat ou après une utilisation prolongée. En 1342, les consuls du bourg de Rodez achetèrent ainsi dix-sept arbalètes dont huit seulement étaient garnies ; les autres ne le furent qu'ensuite par un artisan local[198]. Les documents ne permettent pas de savoir si l'arbrier était considéré comme faisant partie d'une arbalète non-garnie ou si celle-ci était constituée par le seul arc ; il reste que garnir une arme consistait principalement à fixer l'arc sur l'arbrier avec les « avant-cordes », à placer

---

[197] Lalande (Julien), « Remparts de Brive… *Op. cit.*, p. 357-358.
[198] AD Aveyron, 2 E 212, Bourg, CC 125, f° 83r.

la corde de tir sur l'arc et à vérifier, sinon mettre en place, la noix de déclanchement[199]. L'opération qui consistait à fixer l'arc sur l'arbrier avec les avant-cordes était appelée « lier l'arbalète » (*liar la balesta*), ou relier l'arbalète (*reliar la balesta*)[200] s'il s'agissait d'une réparation, tandis qu'installer la corde de tir se disait « encorder l'arbalète » (*encordar la balesta*)[201]. Pour terminer, leurs points de fixation étaient vraisemblablement enduits de résine pour les renforcer[202].

Contrairement à ce que l'on pouvait voir dans le nord de la France, où l'on en trouvait faites de crin[203], avant-cordes et cordes d'arbalètes de la région étaient exclusivement composées de chanvre (appelé suivant les localités *carbe*[204], *canep*[205], *cambe*[206], *charbe*[207]) produit localement ou importé, comme l'indique cette mention faisant état de chanvre de Bourgogne[208] ; elles étaient spécialement filées et tressées[209], consolidées par du fil[210], du ligneul et même, parfois, des tranchefiles (*trenchafilas*)[211] ; elles étaient ensuite enduites de cire[212], celle-ci étant parfois gommée[213].

---

[199] AM Périgueux, CC 69, f° 4r, 56r, 74r.
[200] AM Millau, CC 347, f°3v.
[201] Aussel (Max), *Transcriptions… Op. cit.*, reg. CC 18, p. 146 ; AM Millau, CC 350, f° 32v ; CC 367, f° 51v ; CC 368, f° 41v ; Vidal (Auguste), *Comptes consulaires… Op. cit.*, p. 100.
[202] AM Périgueux, CC 69, f° 4r.
[203] De la Fons (Alphonse), *De l'artillerie de la ville de Lille aux XIVe, XVe et XVIe siècles*, Paris, Victor Didron, 1855, p. 6-7.
[204] Aussel (Max), *Transcriptions… Op. cit.*, reg. CC 18, p. 146.
[205] AM Cajarc, CC12, reg. III, f° 76r.
[206] AD Aveyron, 2 E 212, Bourg, CC 125, f° 83r.
[207] AM Périgueux, CC 59, f° 24v.
[208] AM Cajarc, CC 12, reg. III, f° 76v.
[209] Aussel (Max), *Transcriptions… Op. cit.*, reg. CC 18, p. 426 ; reg. CC 20, p. 114 ; AM Périgueux, CC 59, f° 24v ; AM Périgueux, CC 63, f° 3v.
[210] AM Périgueux, CC 63, f° 18v.
[211] AM Périgueux, CC 66, f° 14r ; AM Martel, EE 1, n° 67.

Figure 23. Arbalète à étrier.
Collection Serge Adrover, facteur d'arbalètes à Neuvicq-le-Château (17).

Comme pour les autres types d'armes, le prix des arbalètes variait parfois considérablement d'un modèle à l'autre : il n'y avait pas de comparaison possible entre une arbalète à tour et un modèle à deux pieds, ou entre une arme équipée d'un arc de bonne qualité et une autre pourvue d'un médiocre, mais les mentions documentaires ne permettent généralement pas de distinguer toutes ces différences ; elles nous indiquent cependant quelques valeurs de prix. En 1340 à Gourdon, les coûts d'engins analogues mais de capacités sans doute différentes pouvaient ainsi varier du simple au double[214] ; il en était de même à Millau cinq ans plus tard, la moins chère coûtant, avec son croc, l'équivalent de 2,6 journée de solde d'un ouvrier bien payé, la plus onéreuse en valant, elle aussi avec son croc, environ 5,3[215]. A Albi, en 1359, on retrouvait des valeurs similaires, bien qu'avec des écarts moins marqués, le prix variant

---

[212] AM Cajarc, CC 12, reg. III, f° 76r.
[213] AM Périgueux, CC 63, f° 13v.
[214] Aussel (Max), *Transcriptions… Op. cit.*, reg. BB 7, p. 176, 180.
[215] AM Millau CC347, f°4r et v.

entre 8,5 et 13,3 jours de salaire de manœuvre[216]. Quelques années plus tard, les tarifs n'avaient pas beaucoup évolué car on pouvait en acquérir une pour un prix allant de l'équivalent de 9,6 journées de salaire de manœuvre[217] à 30 de domestique[218]. L'arbalète était ainsi une arme particulièrement onéreuse et n'était pas à la portée de toutes les bourses ; de plus, lorsque les accessoires n'étaient pas fournis lors de l'achat, il fallait aussi acquérir un croc, pour le prix d'une demi-journée de salaire de manœuvre[219], ainsi qu'un carquois (*carcais, carcaisse*), contenant entre dix et vingt carreaux[220], pour un coût similaire[221] ; il est cependant à noter que cet équipement n'était pas toujours indispensable : placé sur un poste fixe sur les fortifications, un arbalétrier pouvait entreposer verticalement ses munitions dans une cruche en terre[222], ce qui rendait leur prise plus aisée. Enfin, pour être complet, l'équipement d'un arbalétrier devait comprendre un baudrier (*baudrie*)[223], qui servait notamment à tenir le croc de rechargement.

En ce qui concerne les munitions, on note l'utilisation de plusieurs appellations : carreau (*cayrel*[224]) ou garrot (*guarot*), vireton (*virato*[225]), flèche (*vira*[226]) et dondaine (*dondayna*) ; les spécificités d'un autre type, la *mosqueta*, restent malheureusement inconnues bien qu'il ait été

---

[216] Vidal (Auguste), *Comptes consulaires… Op. cit.*, p. 58-61, 87.
[217] AM Cajarc, CC 14, f° 13v.
[218] AM Martel, CC 6, f° 6r.
[219] AD Aveyron, 2 E 212, Bourg, CC 125, f° 83r, 86v.
[220] AM Martel, BB 5, f° 25r.
[221] Vidal (Auguste), *Comptes consulaires… Op. cit.*, p. 61, 87.
[222] Favé (Ildefonse), *Etudes… Op. cit.*, p. XI.
[223] AM Martel, CC 3-4, f° 74r ; AD Lot, Fonds d'Alauzier, 31 J 58, f° 13-43, cité dans Laforge (Fabien), *Les armées… Op. cit.*, vol. 2, p. 123-126.
[224] Aussel (Max), *Transcriptions… Op. cit.*, reg. CC 20, p. 138.
[225] AM Périgueux, BB 13, *Petit livre Noir*, f° 17r.
[226] AM Martel, BB 5, f° 25r.

largement répandu : à la même époque, on le trouvait appelé *mousquette* à Lille[227]. La variété allait encore au-delà, car les projectiles étaient naturellement adaptés à l'arme à laquelle ils étaient destinés : on trouvait, par exemple, des *cayrels petits* distingués des *guarotz*[228], des *cayrels de I pe* ou *de II pes*[229], des *cairels d'estrop*[230] et, bien sûr, des *cairels de torn*[231]. Il est communément admis que les carreaux avaient une pointe pyramidale ou triangulaire, tandis que les viretons avaient un empennage légèrement oblique de façon à leur donner un mouvement hélicoïdal pour renforcer leur pouvoir de pénétration[232] ; quand à *vira*, aussi utilisé pour désigner les flèches d'arcs, ce mot semble générique pour nommer tant les traits d'arbalète de tous types que leur seule partie avant : on trouve ainsi évoqués des *astas de viras de balestas* (hampes de flèches d'arbalètes)[233], ou un artisan payé pour *far de las viras al guarotz* (faire des flèches aux garrots)[234]. Les dondaines étaient en revanche des projectiles bien spécifiques, comme le montre par exemple cette mention issue des comptes du comté de Rodez pour 1378 en distinguant « *cayrels et dondaynas* »[235] ; de fait, une dondaine était un carreau dont la hampe présentait une forme bombée, ce qui augmentait son poids et donc sa capacité de pénétration. Tous ces traits pouvaient être enduits d'un

---

[227] De la Fons (Alphonse), *De l'artillerie… Op. cit.*, p. 7.
[228] AM Cajarc, CC 12, reg. III, f° 78r.
[229] Magen (Adolphe), éd., *Jurades… Op. cit.*, p. 24
[230] *Ibid.*, p. 42.
[231] *Ibid.*, p. 44.
[232] Rousset (Pierre), « par le fer et par le feu, elles ont fait l'Histoire », dans *L'Histoire et les historiens au XVIe siècle, études réunies et présentées par Marie Viallon-Schoneveld*, Saint-Etienne, Publications de l'Université de Saint-Etienne, 2001, p. 85.
[233] AM Millau, CC 395, f° 32r.
[234] AM Cajarc, CC 12, reg. III, f° 76v.
[235] AD Aveyron, C 1335, f° 43r.

mélange à base de poix, ou plus simplement de soufre, puis enflammés dans le but d'incendier des objectifs ennemis[236].

Figure 24. Fers de carreaux d'arbalètes.
Musée de la Guerre au Moyen Age du château de Castelnaud-la-Chapelle (dpt. 24).
Longueur : 4 cm. env.

Un carreau comprenait trois parties : la première était la hampe (*asta*), réalisée en bois de frêne (*fraiche*) ou de hêtre (*faicha*)[237] par un tourneur sur bois[238] ; la seconde était constituée par l'empennage[239], fait de plumes d'oiseaux[240] ou de pièces en laiton[241] ; la troisième, enfin, n'était autre que le fer en forme de pointe pyramidale à quatre pans[242]. Assembler les différentes parties d'un carreau se disait « lier le carreau » (*liar lo cayrel*) et se faisait, en particulier, à l'aide de ligneul[243] ; parmi les différentes opérations que cela nécessitait, celle consistant à enfoncer la

---

[236] Boudet (Marcellin), *Registres consulaires… Op. cit.*, p. 86-87.
[237] AM Cajarc, CC 8, f° 163v.
[238] AD Aveyron, 2 E 212, Bourg, CC 125, f° 82v.
[239] AM Périgueux, CC 58, f° 9r.
[240] *Ibid.*, f° 18v.
[241] *Ibid.*, CC 61, f° 35r.
[242] *Ibid.*, CC 58, f° 9r.
[243] AD Aveyron, 2 E 212, Bourg, CC 126, f° 46v.

douille du fer sur la hampe s'appeler « endouiller » (*endolhar*)[244]. Travaillés et aiguisés pour leur donner un meilleur pouvoir de pénétration[245], ces fers pouvaient être recuits et réutilisé, éventuellement en changeant la taille des douilles[246]. Les municipalités achetaient les carreaux soit prêts à l'emploi, soit en pièces détachées : une hampe seule coûtant cinq fois moins cher qu'un carreau complet[247], on parvenait sans doute à faire de substantielles économies en faisant assembler les munitions en régie.

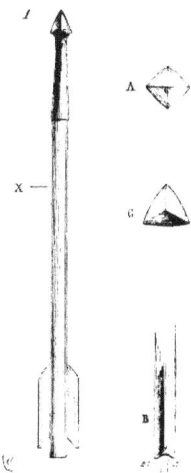

Figure 25. Carreau d'arbalète.
Viollet-le-Duc (Eugène), *Dictionnaire… Op. cit.*, T. V, p. 252.

La valeur des carreaux semble avoir été relativement constante durant toute la période car on retrouve généralement un prix moyen à l'unité équivalent à 0,06 journée de salaire de manœuvre[248] ; ces prix assez

---

[244] AM Martel, CC 3-4, f° 73v.
[245] Aussel (Max), *Transcriptions… Op. cit.*, reg. BB 6, p. 16.
[246] AD Aveyron, 2 E 212, Bourg, CC 126, f° 46v..
[247] *Ibid.*, CC 125, f° 82v, 83r.
[248] AM Cajarc, CC 8, f° 147r-148r, 153v, 160r, 163v ; CC 12, reg. III, f° 78r ; AM Périgueux, CC 66 f° 27r, 30v.

bas, issus de comptes communaux, étaient sans doute obtenus grâce aux quantités acquises, comme l'indique un document ruthénois mentionnant un prix à la centaine[249]. De tels achats étaient naturellement hors de portée pour la majeure partie de la population et c'est sans doute ce qui explique pourquoi les consulats en achetèrent d'aussi grands nombres : c'était le seul moyen d'être sûr que les défenses seraient suffisamment pourvues en munitions.

Après les armes blanches et de hast, l'arbalète était l'arme la plus courante des arsenaux urbains. En 1350 à Cahors par exemple, il est connu que le consulat en détenait 300[250], mais ce chiffre ne donne qu'une vision imparfaite de la quantité de ces armes que l'on pouvait y trouver, car les particuliers étaient nombreux à s'être équipés à leurs frais ; certains en possédaient même plusieurs, à l'image de ce bourgeois moissaguais qui, en 1348, en avait deux[251]. Le fait que ces armes aient été des objets privés ne signifiait pas qu'elles ne comptaient pas pour la défense commune : en août 1356, les consuls de Cajarc demandèrent par exemple à cinq de leurs concitoyens de se rendre avec leurs propres arbalètes à la tour de Gaillac[252] pour en renforcer la défense[253] ; deux d'entre eux reçurent la même mission en février suivant[254]. Trente ans plus tard, le Gourdonnais Guilhem Andenos fut, de la même façon, envoyé par sa municipalité garder la tour d'un moulin de la vallée du Bléou avec sa *balesta* personnelle[255].

---

[249] AD Aveyron, 2 E 212, Bourg, CC 125, f° 83r.
[250] AM Cahors, *Livre Tanné*, f° 30r.
[251] Forestié (Edouard), *Les livres de comptes… Op. cit.*, T. I, p. CX.
[252] Gaillac, com. Cajarc, arr. Figeac, dpt. Lot.
[253] AM Cajarc, CC 8, f° 157v.
[254] *Ibid.*, f° 165v.
[255] Aussel (Max), *Transcriptions… Op. cit.*, reg. BB 6, p. 12.

Figure 26. Arbalète à deux pieds.
Collection Serge Adrover, facteur d'arbalètes à Neuvicq-le-Château (17).

Qu'ils utilisent leurs propres armes ou celles que leur commune mettait à leur disposition, les arbalétriers devaient être entraînés pour être efficace. Certes, la pratique nécessaire pour devenir un bon tireur était moins intense que pour le tir à l'arc, mais elle n'était pas insignifiante pour autant. Les autorités prirent en compte ce besoin et facilitèrent l'exercice de leurs citoyens en leur donnant des champs de tir adéquats : en février 1377 par exemple, les consuls de Gourdon firent aménager les abords de la porte du Majou (*le portal Major*) pour que l'on puisse y « jouer » de la *balesta*[256]. L'existence seule d'un lieu d'entraînement était cependant insuffisante pour inciter fortement les arbalétriers à s'entraîner pour s'améliorer, c'est pourquoi, à Saint-Flour par exemple, les magistrats municipaux instituèrent des concours de tir dont les vainqueurs pouvaient gagner des dagues ou des couteaux[257].

---

[256] Aussel (Max), *Transcriptions… Op. cit.*, reg. CC 20, p. 186.
[257] Boudet (Marcellin), *Registres consulaires… Op. cit.*, p. 108, 172-173.

On ne sait qui fournissait les munitions pour l'entraînement et les concours, mais il est probable que, comme pour les carreaux destinés au combat, c'était les municipalités qui s'en chargeaient. Les quantités de projectiles achetés étaient toujours relativement importantes, ainsi que le montrent quelques exemples : 1600 à Rodez au printemps 1347[258], 2550 à Cajarc entre l'été et Noël 1356[259] ; 960 à Millau en juillet 1363[260] ; à Saint-Flour, 1000 en avril 1378 et autant en juin 1380[261]. Toutefois, même si l'on peut imaginer la constitution de stocks non négligeables au fil des années, il reste que les quantités de projectiles détenues par les municipalités de la région n'étaient pas comparables à celles des arsenaux royaux : vers 1380, pour les approvisionner, les officiers du roi pouvaient acheter plus de 75 000 unités en un seul marché[262]. On est loin, aussi, des 180 000 achetés par une grande métropole comme Gand en 1344, ou comme Ypres qui, en 1383, fit l'acquisition de 92 996 traits garnis, 147 987 fers et 35 300 hampes ; il est vrai que, celle année-là, cette ville fut au cœur de violents combats[263].

Une partie des carreaux achetés était distribuée aux arbalétriers de la localité afin qu'ils puissent disposer en permanence de quoi riposter immédiatement en cas d'attaque : à Martel en 1346, la dotation en période courante était de 10 à 20 unités par arme[264], tandis qu'à Gourdon, trente ans plus tard, elle était de 36 pour un combattant quasiment sûr d'avoir à

---

[258] AD Aveyron, 2 E 212, Bourg, CC 125, f° 83r.
[259] Savy (Nicolas), *Les villes du Quercy en guerre*, Pradines, Savy AE, 2009, p. 392-393.
[260] AM Millau CC 358, f° 10r, 12r.
[261] Boudet (Marcellin), *Registres consulaires… Op. cit.*, p. 69, 84.
[262] Gaier (Claude), *L'industrie et le commerce des armes dans les anciennes principautés belges du XIIIe à la fin du XVe siècle*, Paris, Droz, 1973, p. 143.
[263] Gaier (Claude), *L'industrie… Op. cit.*, p. 100-101.
[264] AM Martel, BB 5, f° 25r.

utiliser sa *balesta*[265]. L'autre partie des projectiles achetés était stockée afin de constituer des réserves destinées à être utilisées en cas de combat prolongé : comme à Agen au début du conflit (1345-1352), il est probable que ces réserves étaient réparties entre un arsenal central et plusieurs points névralgiques de la localité pour être aisément accessibles[266].

Figure 27. Arbalétriers au combat en rase-campagne.
BNF, Français, FR 2643, *Chroniques de Jehan Froissart*, représentation de la bataille de Crécy (1346).

Il est difficile de se faire une idée de l'usure des arbalètes résultant de leur utilisation : une grande partie de leurs composants étant en effet en matériaux périssables, leur érosion tenait aussi à leur vétusté et aux conditions climatiques. Il reste que ces armes se détérioraient à l'usage, comme le montre une mention datant de fin 1373 : alors que les Anglais redoublaient d'effort en bas-Limousin, le capitaine de Puy-d'Arnac, inquiet de l'arrivée de nouvelles troupes ennemies dans son secteur,

[265] Aussel (Max), *Transcriptions… Op. cit.*, reg. CC 20, p. 138.
[266] Magen (Adolphe), éd., *Jurades… Op. cit.*, p. 16, 41-45, 188-191, 308-310.

demanda aux consuls de Martel de lui envoyer en urgence du ligneul, du chanvre, même non filé, car « il y avait grande nécessité de garnir les arbalètes » de sa garnison[267].

D'une manière générale, les très nombreuses mentions relatives aux arbalètes dans les documents indiquent deux choses : d'une part qu'il s'agissait d'armes tout à fait communes et très répandues, d'autre part qu'elles étaient utilisées régulièrement.

Arc (*arc*).

Très utile sur les champs de bataille en rase campagne, l'arc n'était pas très prisé pour la défense des localités. Cette désaffection était sans doute à mettre en rapport avec l'entraînement nécessaire à un archer pour obtenir des performances acceptables avec cette arme qui, dans tous les cas, ne pouvait égaler l'arbalète en termes de puissance et de pouvoir de pénétration. Cette situation n'avait rien de spécifique à la région : à la même époque en Haut-Dauphiné par exemple, les inventaires d'armement des châteaux ne font pas apparaître d'arcs, tandis que pour la défense des places fortes en général, les archers étaient toujours moins nombreux que les arbalétriers[268] ; cela semble par ailleurs se vérifier dans l'iconographie de l'époque[269].

Déjà, au moment de la guerre de Saint-Sardos, il y avait sans doute assez peu d'archers compétents car les consuls de Martel n'en

---

[267] AM Martel, EE 1, n° 67.
[268] Nicolas (Nathalie), *La guerre et les fortifications du Haut-Dauphiné, étude archéologique des travaux des châteaux et des villes à la fin du Moyen Age*, Aix-en-Provence, Presses Universitaires de Provence, 2005, p. 132-134.
[269] Mesqui (Jean), *Provins… Op. cit.*, p. 93.

avaient fourni aux armées royales qu'un seul contre plusieurs arbalétriers[270]. Deux décennies plus tard, alors que la guerre battait son plein dans la région, il n'était plus vraiment possible d'en former : les habitants devaient non seulement travailler à leurs occupations professionnelles, mais aussi participer aux exigeantes et intensives activités de garde et de guet[271], dont la charge ne fit qu'augmenter avec l'allongement du conflit ; le temps libre qu'il leur restait était trop réduit pour leur permettre de s'exercer régulièrement de manière suffisante.

Figure 28. Archers au combat en rase-campagne.
BNF, Français, FR 2643, *Chroniques de Jehan Froissart*, représentation de la bataille de Najera (1367).

Des mentions éparses montre néanmoins la présence d'arcs dans les arsenaux municipaux : durant l'été 1345, les consuls de Martel en firent acheter plusieurs[272], tandis que, dix ans plus tard, une ligne de compte nous indique qu'ils envoyèrent des archers au siège de

---

[270] AM Martel, CC 2, f° 144r -145v, cité dans Laforge (Fabien), *Les armées… Op. cit.*, vol. 2, p. 130-132.
[271] Savy (Nicolas), *Les villes… Op. cit.*, p. 319-356.
[272] AM Martel, BB 5, f° 16r.

Lostanges ; les six douzaines de flèches seulement qu'ils leurs fournirent autorisent cependant à penser qu'ils étaient très peu nombreux[273]. On note aussi qu'en 1355 le consulat de la cité de Rodez avait dans son arsenal 13 arcs et 100 flèches ; ces chiffres sont à mettre en relation non seulement avec les 24 arbalètes et 2915 traits dont il disposait à ce moment là, mais aussi avec les 10 000 carreaux qu'il fit fabriquer l'année suivante[274].

L'impression que l'arc occupait un place marginale dans l'armement de guerre urbain est encore renforcé par le fait qu'il n'est même pas évoqué dans certaines occasions : à Brive-la-Gaillarde, les édiles n'en faisaient pas un cas exceptionnel étant donné que, se plaignant de la cherté des choses nécessaires à la défense, ils ne les mentionnaient pas alors qu'ils le faisaient pour les arbalètes et les canons[275]. Plus au sud, à Cahors, les documents en donnent une image incertaine en tant qu'arme de guerre : le contrat du maître arbalétrier recruté en 1350 ne mentionne aucune obligation en matière d'entretien d'arc[276], contrairement à ceux de ses homologues engagés en 1369[277] et 1370[278] où ils sont notés avec le reste de « l'artillerie du consulat » à maintenir en condition ; à Périgueux à la même époque, on trouve seulement trace de quelques douzaines de flèches[279]. En revanche, à Albi, la situation était plus tranchée car l'inventaire de l'arsenal entreposé en 1374 dans la maison consulaire n'en fait apparaître aucun[280].

---

[273] *Ibid.*, CC 3-4, f° 65r.
[274] Noël (R.P.R), *Town Defenses… Op. cit.*, p. 284-285.
[275] Lalande (Julien), « Remparts de Brive… *Op. cit.*, p. 337.
[276] AM Cahors, *Livre Tanné*, f° 30r.
[277] *Ibid.*, f° 83r, 83v.
[278] *Ibid.*, f° 84 r.
[279] AM Périgueux, CC 66, f° 12v, 14r.
[280] Vidal (Auguste), « Les délibérations… *Op. cit.*, T. VIII, p. 259.

Les mentions d'arcs dans les documents municipaux sont si peu nombreuses que l'on peut en conclure qu'il ne s'agissait que de simples armes d'appoint. La plupart devaient être possédés par des particuliers qui les utilisaient pour la chasse et, en ayant le goût, s'entraînaient suffisamment pour être efficace à l'instar de ces quelques habitants de Millau[281] ou de Martel[282] notés ici ou là. Leur usage pouvait parfois s'avérer utile, comme lorsqu'en mars 1355 une compagnie anglaise réussit à pénétrer dans un faubourg de Gourdon et qu'il fallut faire feu de tout bois pour l'empêcher d'aborder l'enceinte principale[283] : un bourgeois donna deux arcs et vingt flèches pour aider à la repousser[284].

Fronde (*fonda*), fustibale (*flagelada*).

Type d'arme très ancien, facile à fabriquer et à mettre en œuvre, la fronde était simplement constituée d'une petite poche en cuir prolongée à chaque extrémité par des lanières faites de cordelettes de chanvre[285]. Le projectile, souvent une petite pierre ronde, était placé dans la poche en cuir que le tireur faisait tournoyer en tenant les lanières dans sa main afin de lui donner de la vitesse ; au moment clé correspondant à sa visée, il lâchait l'une des lanières, libérant ainsi le caillou qui filait vers

---

[281] AM Millau, CC 348, f° 27r.
[282] AM Martel, CC 3-4, f° 76v.
[283] Savy (Nicolas), « Les procédés tactiques des compagnies anglo-gasconnes entre Garonne et Loire (1350-1400) », dans Pépin (Guilhem), éd., Lainé (Françoise), éd., Boutoulle (Frédéric), éd., *Routiers et mercenaires pendant la guerre de Cent Ans*, Bordeaux, Ausonius, 2016, p. 122-123.
[284] Aussel (Max), *Transcriptions… Op. cit.*, reg. CC 18 p. 300.
[285] Vignoles (André), éd., *Comptes consulaires de Saint-Antonin-Noble-Val*, T. I, Saint-Antonin-Noble-Val, Société des Amis de Saint-Antonin-Noble-Val, 2003, p. 39.

sa cible. Le fustibale était une variante de la fronde équipée d'un manche qui, faisant office de bras de levier, permettait de donner une vélocité encore plus grande au projectile. Selon Végèce, la portée pratique d'un fustibale utilisé par un légionnaire romain entraîné se situait autour de 170 mètres[286], mais il est probable qu'elle était bien moindre pour des gens du commun moins familiers de son usage.

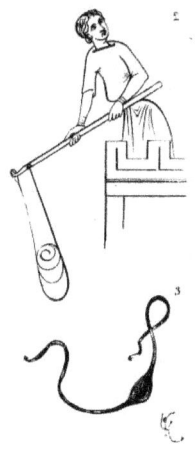

Figure 29. Fustibale (en haut) et fronde (en bas),
Viollet-le-Duc (Eugène), *Dictionnaire... Op. cit.*, T. V, p. 435.

On ne trouve que peu de mentions concernant les frondes et les fustibales dans les documents de la région. Cela s'explique sans doute par le fait que ces armes, pouvant être fabriquées par tout un chacun pour un coût modique, apparaissaient sans doute comme quantités négligeables dans les achats et les inventaires. Il reste qu'elles étaient présentes, comme l'atteste par exemple un document de Cahors daté de 1346[287], ainsi qu'un autre qui, issu de la même ville mais plus récent de presque 70

---

[286] Végèce, *Traité de l'art militaire, traduction nouvelle par Victor Develay*, Paris, Corréard, 1859, p. 79.
[287] Lacoste (Guillaume), *Histoire générale... Op. cit.*, p. 112.

ans, montre que l'usage de la fronde resta constant durant toute cette période : en effet, en 1411, les consuls ordonnèrent à tous les habitants qui travaillaient à l'extérieur des murailles d'être toujours armés d'un couteau et d'une fronde[288]. Les fustibales étaient aussi particulièrement répandus : pour la défense du château de Bioule en 1346, il y en avait autant que d'arbalètes[289]. Nous n'avons trouvé que deux mentions d'achats de fronde et de fustibales, effectués par le consulat de Millau en décembre 1356 et mars 1357 : la première concerne 200 frondes[290], tandis que la seconde fait état de « 200 manches faits à 200 frondes »[291] ; il est possible que les manches achetés en mars aient été destinés aux frondes acquises en décembre, mais il est impossible de l'affirmer. Il reste que les sommes en jeu étaient peu importantes : une fronde coûtait moins d'un tiers de journée de salaire de manœuvre, un manche moins d'un dixième[292]. Suivant ces éléments et la simplicité de fabrication de ces armes, il est probable que l'on en trouvait partout en grand nombre, ce que semble confirmer l'iconographie d'une manière plus générale[293].

**

L'arbalète, tous types confondus, était de loin l'arme donnant la plus longue et efficace allonge aux combattants individuels. Contrairement aux épées et autre glaives de qualités plus ou moins

---

[288] *Ibid.*, p. 343.
[289] Favé (Ildefonse), *Etudes… Op. cit.*, p. IX-XIV.
[290] AM Millau, CC 350, f° 37r.
[291] *Ibid.*, f° 47r.
[292] Salaire de référence : manœuvre de Cajarc dans AM Cajarc, CC 8, f° 153v.
[293] Mesqui (Jean), *Provins… Op. cit.*, p. 93.

médiocres, les arbalètes faisaient l'objet des plus grands soins, tant dans leur fabrication que pour leur entretien, tandis que l'entraînement à leur utilisation était largement encouragé. A leur côté, les arcs font figures de parents pauvres et, à peine mentionnés dans les documents, on peut se demander si leur présence dans les arsenaux avait une réelle importance pour les décideurs municipaux. La fronde et les fustibales, en revanche, simples à élaborer, très peu onéreux et faciles à utiliser, étaient probablement beaucoup plus répandus que ne le laissent penser les documents comptables municipaux.

4/ L'armement collectif.

Nous inspirant de la définition contemporaine, nous avons classé comme armes collectives celles dont la mise en œuvre et l'utilisation nécessitaient plusieurs individus. Les canons étaient la grande nouveauté de cette catégorie et ils ne constituaient encore qu'une petite partie des arsenaux urbains, loin derrière les imposantes machines à balancier et les grandes arbalètes à tour.

Canon (*cano*).

L'artillerie à poudre est apparue vers la fin du XIIIe siècle en Occident, mais elle n'y fut semble-t-il utilisée pour la première fois de manière opérationnelle qu'en 1324 lors du siège de la Réole[294] et, peut-

---

[294] Beffeyte (R.), *L'art… Op. cit.*, p.114.

être aussi, de celui de Metz[295]. En ce qui concerne la région, les premières mentions la concernant datent de 1336 à Périgueux[296], 1349 à Brive-la-Gaillarde[297], 1346 à Cahors[298], Agen[299] et Bioule[300], 1352 à Martel[301], 1356 à Gourdon[302], Cajarc[303] et Millau[304], 1358 à Saint-Antonin-Noble-Val[305] ; en fait, celles d'après 1349 montrent clairement que les canons dont il est question étaient déjà en place depuis quelques temps : une grosse dizaine d'années avait ainsi suffi à la diffusion élargie de cette nouveauté technologique. Elle ne fit ensuite que se renforcer.

Les canons du XIVe siècle étaient principalement fabriqués en fer forgé, un peu à la façon d'un tonneau : des barres de fer allongées dans le sens du tube étaient soudées entre elles et renforcées par des cercles de fer, appelés frettes en français[306] et *secles* en auvergnat ; ceci explique les achats de barres de fer dont on trouve mention, par exemple, afin de fabriquer des *bombarras sive canos* pour le comte d'Armagnac en novembre 1378[307]. Cette technique, avec la multiplication des soudures qu'elle entraînait, augmentait le risque de fuites de gaz[308] et peut-être faut-il voir dans l'achat de plomb destiné à faire *las plombadas als canos* à Cajarc en

---

[295] Benoit (Paul), « Artisans ou combattants ? Les canonniers dans le royaume de France à la fin du Moyen Age », dans *Le combattant au Moyen Age, Actes du colloque de la Société des historiens médiévistes de l'enseignement supérieur public* (Montpellier, 1987), p. 288.
[296] AM Périgueux, CC 55, f° 7v.
[297] Lalande (Julien), « Remparts de Brive… *Op. cit.*, p. 353, 484.
[298] Lacoste (Guillaume), *Histoire générale… Op. cit.*, p. 112-113.
[299] Magen (Adolphe), éd., *Jurades… Op. cit.*, p. 9, 25-27, 42-43.
[300] Favé (Ildefonse), *Etudes… Op. cit.*, p. IX-XIV.
[301] AM Martel, CC 3-4, f° 42v.
[302] AM Gourdon (M.A.), CC 18, f° 95r.
[303] AM Cajarc, CC 8, f° 147v.
[304] AM Millau, CC 350, f° 27r.
[305] Vignoles (André), éd., *Comptes consulaires… Op. cit*, p. 41.
[306] Benoit (Paul), « Artisans… *Op. cit.*, p. 289.
[307] AD Aveyron, C 1335, f° 36r.
[308] Benoit (Paul), « Artisans… *Op. cit.*, p. 289.

1356[309], à Périgueux vingt ans plus tard[310] et à Saint-Flour en 1380[311], l'indication d'une technique visant à le réduire. D'autre part, il était quasiment impossible de recourber uniformément et hermétiquement les barres de fer pour former la culasse ; afin de résoudre ce problème, on imagina la confection de boites-culasses séparées destinées à recevoir la poudre ; ce système nécessitait l'utilisation de tampons et de coins en bois pour assurer l'étanchéité de l'ensemble[312], dont on trouve notamment mention à Périgueux en 1397[313]. Il pouvait arriver que les soudures ne tiennent pas, comme l'indique cette ligne de compte du consulat de Saint-Flour faisant état, en 1380, du recerclage de certains canons[314]. Enfin, on trouve trace à plusieurs reprises d'une « clé » (*clau*) faite à certaines pièces, mais nous n'avons pas trouvé à quoi elle correspondait[315]. Par ailleurs, une mention périgourdine isolée mérite d'être relevée : en 1339, un compte mentionne deux canons en bronze ; il est en effet à noter que tous les autres documents de la région ne font état que de canons de fer.

---

[309] AM Cajarc, CC 8, f° 148r.
[310] AM Périgueux, CC 67, f° 40v.
[311] Boudet (Marcellin), *Registres consulaires… Op. cit.*, p. 84.
[312] Benoit (Paul), « Artisans… *Op. cit.*, p. 289, 291 ; Contamine (Philippe), *La guerre… Op. cit.*, p. 267.
[313] AM Périgueux, CC 69, f° 54r.
[314] Boudet (Marcellin), *Registres consulaires… Op. cit.*, p. 84.
[315] AM Périgueux, CC 68, f° 28r, entre autres.

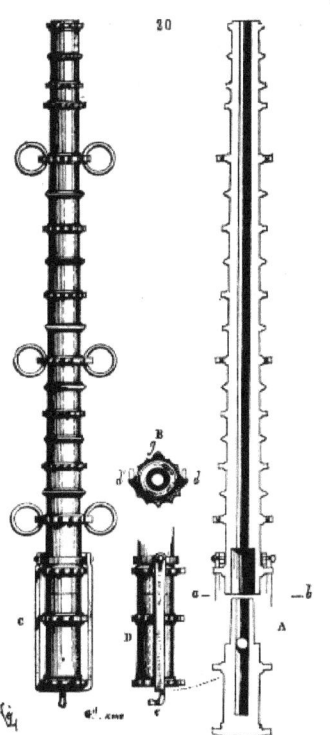

Figure 30. Canon de la seconde moitié du XIVᵉ siècle.
Viollet-le-Duc (Eugène), *Dictionnaire... Op. cit.*, T. V, p. 247.

Les bouches à feu en usage étaient de plusieurs types, sans toutefois qu'il y ait eu de distinctions claires et tranchées entre eux, comme le montrent d'un côté la mention de *bombarras sive canos*[316] et, de l'autre, l'inventaire faisant état de deux *bombarras* et deux *canos*[317]. Rajoutant un peu à la confusion, on trouve à Saint-Flour la fabrication de *bonbarras de fusta* (bombardes de charpente) destinées à des canons[318]. Le *Chronicon Tarvisinum*, texte italien de 1376, nous éclaire un peu en faisant état de « ces bombardes qui auparavant n'avaient jamais été vues et dont

---

[316] AD Aveyron C 1335, f° 36r.
[317] Boudet (Marcellin), *Registres consulaires... Op. cit.*, p. 111.
[318] *Ibid.*, p. 264.

on n'avait jamais entendu parler en Italie, telles que les Vénitiens les ont faites merveilleusement. La bombarde est en effet un instrument de fer très robuste, avec à l'avant un large conduit dans lequel on place une pierre ronde ayant la même forme que le conduit, et à l'arrière un canon deux fois plus long que le conduit auquel il est lié mais plus étroit, dans lequel on met de la poudre noire (...) »[319] : les bombardes étaient ainsi des pièces composée de deux sections de diamètres différents (une pour le projectile, une pour la poudre), description correspondant à des bombardes du XIVe siècle visibles de nos jours dans des musées, comme celle du château de Bodiam, en Angleterre, ou celle du Kindermuseum Adlerturm à Dortmund, en Allemagne , tandis que les canons l'étaient d'une seule. Il convient cependant de garder à l'esprit que, durant le XIVe siècle, bombarde et canon furent les deux seuls termes utilisés pour désigner les bouches à feu[320] et que, comme les mentions citées supra l'indiquent, il régnait un certain flou autour du type précis des pièces correspondantes à ces appellations. Dans la région, en l'absence de données archéologiques exploitables, il faut ainsi se contenter de quelques mentions permettant de distinguer les canons-pierriers[321] tirant, comme leur nom l'indique, des boulets de pierre, des pièces projetant des garrots[322]. Dans tous les cas, les engins utilisés étaient de calibres relativement modestes, ce qui correspondait aux standards de l'époque[323], et il existait dans ce domaine une certaine diversité malheureusement impossible à préciser : à Saint-Flour en 1380, les cinq canons que la

---

[319] Contamine (Philippe), *La guerre… Op. cit.*, p. 262.
[320] *Ibid.*, p. 264.
[321] Boudet (Marcellin), *Registres consulaires… Op. cit.*, p. 84-85.
[322] AM Périgueux, CC 69, f° 51v.
[323] Contamine (Philippe), *La guerre… Op. cit.*, p. 262.

municipalité envoya au siège de Chaliers étaient de calibres différents[324], tandis qu'en 1397, à Périgueux, on distinguait grands et petits canons[325].

Figure 31. Bombarde du XVᵉ siècle.
Musée de la Guerre au Moyen Age du château de Castelnaud-la-Chapelle (dpt. 24). Bien que du XVᵉ siècle, cette pièce correspond à la description donnée dans le Chronicon Tarvisinum.

Un document cajarcois daté de 1376 nous indique que les canons devaient être « garnis »[326], c'est-à-dire, sans doute, équipés de châssis ou tout au moins de pièces en bois de charpente permettant leur mise en batterie[327] ; il n'étaient toutefois pas montés sur des affuts à roues[328] : en 1380, les pièces fournis par Saint-Flour au connétable du Guesclin durent être sanglés sur des charrettes pour être transportés jusqu'à Chaliers, où ils devaient servir au siège de la localité[329] ; à Périgueux à la même époque,

---

[324] Boudet (Marcellin), *Registres consulaires... Op. cit.*, p. 85.
[325] AM Périgueux, CC 69, f° 67r, 77v.
[326] AM Cajarc, CC12, reg. III, f°77v.
[327] Boudet (Marcellin), *Registres consulaires... Op. cit.*, p. 85, 111.
[328] Contamine (Philippe), *La guerre... Op. cit.*, p. 266.
[329] Boudet (Marcellin), *Registres consulaires... Op. cit.*, p. 88.

il est fait mention de la fabrication d'un « pied de charpente pour les besoins des canons » (*I pe de fusta a eps dels canos*)[330] ; on pouvait aussi les équiper d'anneaux afin de mieux pouvoir les manœuvrer, comme cela se faisait à Saint-Flour en 1380[331]. Une mention de 1397 nous indique que certaines pièces étaient pourvues de *desseras* et que ces dispositifs étaient fabriqués par des forgerons[332], mais nous n'avons pas trouvé à quoi ils correspondaient ; l'étymologie semble indiquer qu'il s'agissait d'un système de desserrage et, sans élément plus probant, on peut supposer qu'il s'agissait d'un dispositif permettant de retirer la boite-culasse après le tir. Toutes ces données sont vagues et l'archéologie, tout comme l'iconographie, ne permettent pas de les préciser et nous devons nous contenter de savoir qu'un canon « garni » était une pièce équipée d'un affut et prête au tir. Toutefois, pour que la mise en batterie soit complète, il fallait aussi la présence d'un boutefeu[333] et, éventuellement, celle des gants destinés à protéger les mains du canonnier[334].

La poudre noire utilisée était un composé de salpêtre, de soufre et de charbon de bois. Pour obtenir une déflagration idéale, il est aujourd'hui connu que les proportions du mélange doivent respectivement se situer autour de $8/10^e$, $1/10^e$ et $1/10^e$, mais à l'époque on n'était pas encore parvenu à la même conclusion : vers 1377-1380, à Rothenburg en Allemagne, la poudre comprenait quatre parts de salpêtre pour une soufre et une autre de charbon[335] ; en 1413 en Bourgogne, le

---

[330] AM Périgueux, CC 67, f° 44r.
[331] Boudet (Marcellin), *Registres consulaires… Op. cit.*, p. 84.
[332] AM Périgueux, CC 69, f° 51v.
[333] Boudet (Marcellin), *Registres consulaires… Op. cit.*, p. 85.
[334] *Ibid.*, p. 89.
[335] Rathgen (Bernhard), *Pulver und salpeter. Schießpulver, Kunstsalpeter, Pulvermühlen im frühen Mittelalter*, München, Barbara Verlag, 1926, p. 20-21.

mélange se situait aux alentours de dix parts de salpêtre pour quatre de soufre et une de charbon[336]. Les poudres comprenaient ainsi toujours un pourcentage majoritaire de salpêtre[337] et, suivant cela, les quantités (en masse) de salpêtre achetées par les municipalités de la région étaient généralement plus importantes que celles des autres composants et notamment du soufre : 59 % pour 40 % de soufre à Cahors en 1346[338], 38 % pour 19% à Saint-Flour en 1380[339], ou encore 73 % pour 23% à Périgueux en 1397[340]. En revanche, le charbon de bois étant facilement réalisable, on ne trouve que quelques mentions le concernant, comme celle-ci, faisant état d'un homme payé pour faire du charbon *a ops dels canos* (à l'usage des canons) à Martel en 1373[341], ou cette autre, provenant de Périgueux, où il est question en 1397 de « moudre le charbon pour le mêler à la poudre »[342].

L'utilisation soutenue des canons durant la période d'étude entraîna diverses expérimentations technologiques pour améliorer la poudre. L'efficacité n'était pas toujours au rendez-vous[343], ce qui n'empêchait pas certains procédés de se répandre, comme l'ajout de mercure[344], d'orpiment ou de réalgar[345] pour augmenter le pouvoir explosif du mélange. Par ailleurs, les principaux problèmes de la poudre

---

[336] Garnier (Joseph), *L'artillerie des ducs de Bourgogne d'après les documents conservés aux Archives de la Côte-d'Or*, Paris, Champion, 1895, p. 60-61.
[337] Contamine (Philippe), *La guerre… Op. cit.*, p. 336.
[338] Lacoste (Guillaume), *Histoire générale… Op. cit.*, p. 112-113.
[339] Boudet (Marcellin), *Registres consulaires… Op. cit.*, p. 85-86.
[340] AM Périgueux, CC 69, f° 9r.
[341] AM Martel, CC 5, f° 26v.
[342] AM Périgueux, CC 69, f° 9r.
[343] Gaier (Claude), *L'industrie… Op. cit.*, p. 188.
[344] AM Périgueux, CC 69, f° 9r.
[345] Boudet (Marcellin), *Registres consulaires… Op. cit.*, p. 85-86 ; AM Périgueux, CC 69, f° 9r.

noire étaient sa conservation difficile et sa propension à absorber l'humidité. Afin d'y remédier, on y ajouta assez tôt, dès 1339, de la gomme arabique[346] ; cette technique donnait satisfaction et on en trouve trace tout au long de la période[347]. Enfin, pour une utilisation optimum, il importait qu'elle soit homogène et fine, aussi était-elle soigneusement tamisée : à Périgueux en 1397, la municipalité acheta deux tamis d'épicier pour réaliser cette opération[348].

En rapport avec les calibres des canons, les quantités de poudre achetées ne furent jamais importantes, ce qui là encore était conforme à ce que l'on trouvait ailleurs[349] : en 1346, pour faire tirer les dix-neuf canons qu'ils venaient de fabriquer et de mettre en service, les consuls de Cahors n'achetèrent pas de quoi produire plus d'une quarantaine de kilos d'explosif[350] ; en 1352, leurs homologues de Martel ne se procurèrent que huit livres de soufre dans l'année[351], soit à peine de quoi élaborer quelques kilos de poudre. A Gourdon, les quantités acquises étaient parfois très réduites : en 1356, les consuls firent notamment acheter une demi livre de poudre[352], tandis que vingt ans plus tard, l'unique mention d'achat dont nous disposons concerne l'acquisition d'une seule livre[353] ; cet ordre de grandeur est cependant conforme à ce que l'on peut trouver à Cajarc, où

---

[346] Favé (Ildefonse), *Etudes… Op. cit.*, p. IX-XIV.
[347] Boudet (Marcellin), *Registres consulaires… Op. cit.*, p. 85-86. L'utilité de la gomme arabique dans ce domaine a été testée au début du XIXe siècle, voir Bottée (Jean-Joseph), Riffault (Jean), *Traité de l'art de fabriquer la poudre à canon*, Paris, Leblanc, 1811, p. 298, 299, 334, 534.
[348] AM Périgueux, CC 69, f° 34v.
[349] Contamine (Philippe), *La guerre… Op. cit.*, p. 262-263.
[350] Lacoste (Guillaume), *Histoire générale… Op. cit.*, p. 112-113.
[351] AM Martel, CC 3-4, f° 42v.
[352] AM Gourdon, CC 18, f° 95r.
[353] *Ibid.*, CC 20, f° 48v.

à la même époque les consuls ne faisaient jamais l'acquisition de plus de deux livres à la fois pour un total qui, par exemple, ne dépassa pas cinq en 1376[354]. De la même façon, lors des opérations contre Chaliers quatre ans plus tard, les achats faits par le consulat de Saint-Flour semblent avoir été modestes malgré l'utilisation intensive de ses pièces d'artillerie : 12 livres de poudre ici, 25 d'ingrédients là[355], etc. Enfin, afin de le préserver autant que possible de l'humidité, le composé était transporté soit dans des barillets[356], soit dans des sacs de cuir[357] ou de basane[358].

Les boulets de pierre tirés par les canons étaient taillés de manière artisanale ; leur qualité n'était pas un critère primordial, comme le montre cette opération de récupération de boulets tirés sur un champ de bataille vieux de deux ans montée par les consuls de Saint-Flour en août 1382[359] ; cette pratique est aussi attestée à Périgueux en 1397[360]. Pour les opérations contre Chaliers où ils mirent en œuvre cinq pièces, les Sanflorains achetèrent 104 projectiles, mais les acquisitions servant à constituer les stocks habituels étaient plus modestes, comme ces 16 boulets acquis en avril 1381[361]. Les documents sont encore moins diserts sur les garrots, qui avaient des points communs, comme l'empennage par exemple[362], avec les munitions du même nom tirées par les espringales ; il est d'ailleurs généralement impossible de les distinguer les uns des autres dans les textes lorsque l'arme concernée n'est pas précisée.

---

[354] AM Cajarc, CC 12, reg. III, f° 75v, 78r.
[355] Boudet (Marcellin), *Registres consulaires… Op. cit.*, p. 85-86, 260.
[356] AM Périgueux, CC 69, f° 9r ; Boudet (Marcellin), *Registres consulaires… Op. cit.*, p. 142.
[357] Boudet (Marcellin), *Registres consulaires… Op. cit.*, p. 89.
[358] AM Périgueux, CC 69, f° 34v.
[359] Boudet (Marcellin), *Registres consulaires… Op. cit.*, p. 180.
[360] AM Périgueux, CC 69, f° 67r.
[361] Boudet (Marcellin), *Registres consulaires… Op. cit.*, p. 85-86, 111.
[362] AM Périgueux, CC 69, f° 51v.

Figure 32. Mantelet.
*Musée de la Guerre au Moyen Age du château de Castelnaud-la-Chapelle (dpt. 24).
Hauteur : 2 m. env.*

Il ressort de l'ensemble des mentions évoquées supra que les canons et autres bombardes en service dans les villes de la région étaient tous des pièces de calibres assez petits tirant des boulets de pierre avec d'assez faibles quantités de poudre. Toutes les municipalités de la région ayant cependant investi de fortes sommes pour s'en équiper, il faut en déduire qu'elles avaient une utilité certaine et donc des effets non négligeables. La question est de savoir lesquels. Une utilisation contre des superstructures maçonnées, quelles qu'elles aient été, semble à priori exclue : d'une part la puissance de la poudre et le poids des projectiles n'étaient pas suffisants pour obtenir un choc brisant ou déstabilisant, tandis que, d'autre part, les boulets en pierre éclataient en frappant une matière dure. En mode défensif, leurs seuls usages probables étaient ainsi soit le tir anti-personnel, soit le tir contre des structures d'assaut charpentées (mantelets, etc.)[363].

Il n'est pas possible d'être plus précis et de saisir les importantes évolutions qui affectèrent l'artillerie à poudre durant les trente dernières années du XIVe siècle, les documents de la région ne le permettant pas. Il est cependant probable que les calibres allèrent en augmentant, de pair avec le nombre de pièces en service : dans les armées royales par exemple, si en 1375 on comptait la poudre en centaines de livres, on ne le faisait plus qu'en milliers ou dizaines de milliers au début du XVe siècle[364].

Trébuchet (*Brida*)

Les trébuchets étaient les pièces d'artillerie les plus puissantes dont pouvaient disposer les défenses fortifiées. Il s'agissait de machines très onéreuses à fabriquer, non tant par les matériaux employés, bois, cuirs ou ferrures que par les savoir-faire techniques mis en œuvre pour arriver à la réalisation d'un engin fonctionnel. En effet, pour envoyer un boulet de pierre pesant jusqu'à 293 kilos à une distance de plus 240 mètres avec précision[365], les masses mises en mouvement par les

---

[363] Prouteau (Nicolas), éd., De Crouy-Chanel (Emmanuel), éd., Faucherre (Nicolas), éd., *Artillerie et fortification, 1200-1600*, Rennes, Presses Universitaires de Rennes, 2011.

[364] Contamine (Philippe), *Guerre, Etat et société à la fin du Moyen Age*. T. I : *Etudes sur les armées des rois de France (1337-1494)*, Paris, Editions de l'Ecole des Hautes Etudes en Sciences Sociales, 2004 (rééd.), p. 231.

[365] Beffeyte (Renaud), *Les machines de guerre au Moyen Age*, Rennes, Ouest-France, 2000, p. 12. Les données maximum données par Renaud Beffeyte doivent être revues à la hausse en tenant compte des documents de Périgueux de 1398 : AM Périgueux, BB 13, *Petit livre Noir*, f° 47v et Hardy (Michel), éd., *Ville de Périgueux, inventaire sommaire des Archives Communales antérieures à 1790*, Périgueux, Delage & Jouclas, 1894, p. 92. Concernant les *bridas* installées au cimetière Saint-Silain et sur la place de la *Sala del Comte*, toutes deux destinées à tirer sur le monastère des Dominicains, on peut évaluer leurs portées

contrepoids de ces machines étaient très importantes, atteignant parfois plus de vingt tonnes[366] ; les contraintes pesant sur l'arbre et les axes étaient énormes. Tout ceci a été mis en évidence par Renaud Beffeyte, qui a construit et expérimenté plusieurs reproductions de ces engins. En 1998, il en a en particulier réalisé un qui, muni d'un contrepoids de six tonnes, a projeté des boulets de 125 kilos à 175 mètres[367] ; déjà, en 1850, une machine similaire, construite sur ordre de l'empereur Napoléon III et équipée d'un contrepoids de 4,5 tonnes, avait envoyé des « bombes » remplies de terre de 22 cm de diamètre à 145 mètres, et d'autres de 27 et 32 cm à 120 mètres[368].

Il y avait sans doute très peu de trébuchets en service dans la région au moment où débuta la guerre de Cent Ans. Les premières mentions de ces machines datent de 1353 à Gourdon, 1356 à Martel et 1359 à Moissac[369], années où les consuls de ces trois villes envisagèrent d'en faire construire[370], de 1355 à Cahors, où plusieurs étaient déjà en service[371], de 1360 à Albi, où l'une d'elles fut alors réparée[372]. On les trouve ensuite présentes un peu partout.

---

respectives à 150 et 240 mètres minimum : le monastère se trouvait à l'emplacement de l'actuel Palais des Fêtes et joignait la rue rue Wilson, le cimetière Saint-Silain, bien que plus étendu, couvrait l'actuelle place du même nom, tandis que la *Sala del Comte* était juste à côté de la porte Fargues, à proximité de la tour Mataguerre.
[366] Beffeyte (Renaud), *Les machines de guerre… Op. cit.*, p. 15.
[367] *Ibid.*, p. 16-17.
[368] Finò (José-Federico), *Origine et puissance des machines à balancier médiévales*, publication de la *Société des Antiquités Nationales*, nouvelle série n° 11, s.d., p. 4.
[369] Du Fresne du Cange (Charles), *Glossarium mediae et infimae latinitatis*, T. I, Paris, Firmin Didot, 1840, p. 776.
[370] Aussel (Max), *Transcriptions… Op. cit.*, reg. BB 4, p. 64 ; AM Martel, BB 5, f° 96v.
[371] Lacoste (Guillaume), *Histoire générale… Op. cit.*, p. 150.
[372] Vidal (Auguste), *Comptes consulaires… Op. cit.*, p. 154-155.

Figure 33. Trébuchet.
Musée de la Guerre au Moyen Âge du château de Castelnaud-la-Chapelle (dpt. 24).

Les comptes de Martel nous renseignent de manière assez précise sur la construction du trébuchet décidée par les consuls au printemps 1356. Celui-ci présentait la particularité d'être monté sur un axe et de pouvoir effectuer une rotation complète pour tirer « de tous les côtés »[373]. Toutes les machines de ce type n'étaient pas pourvues d'une telle faculté, toutefois il était indispensable qu'elles puissent être bougées de quelques degrés en azimut pour être correctement pointées : en 1360, les consuls d'Albi veillèrent ainsi à ce que leur trébuchet garde cette capacité en faisant dégager sa base de la terre qui s'y était accumulée[374] ; bien que moins précise, la mention faisant état du nettoyage de l'emplacement de l'une des deux *bridas* de Gourdon, en janvier 1356, correspondait sans doute à la même opération[375].

---

[373] AM Martel, CC 3-4, f° 82 r°.
[374] Vidal (Auguste), *Comptes consulaires… Op. cit.*, p. 154-155.
[375] Aussel (Max), *Transcriptions… Op. cit.*, reg. CC 18, p. 136.

La construction du trébuchet de Martel dura environ trois mois[376] et coûta l'équivalent d'environ 900 à 1000 jours de salaire de manœuvre[377]. Il fut installé sur une importante et solide assise maçonnée dont il fallut 33 journées d'hommes[378] pour dégager et aplanir l'emplacement[379] avant qu'un maître-maçon ne passe plus de 25 jours à édifier le bâti en pierres[380]. La robustesse de cette embase était nécessaire : afin de permettre la rotation à 360° de l'engin, cette structure recevait la meule de pierre destinée à soutenir l'axe[381] ; cette dernière était de taille respectable car quatre hommes eurent besoin d'une journée entière pour la mettre sur son emplacement ; ce n'est qu'ensuite qu'elle fut percée d'un trou pour permettre la fixation de l'axe qu'elle devait soutenir[382]. Les trébuchets « communs » n'avaient pas besoin d'une assise aussi imposante et élaborée, mais ils devaient néanmoins être installés sur une solide surface plane, probablement maçonnée dans la plupart des cas, afin de pouvoir les faire riper pour les pointer en azimut : en août 1398 par exemple, les consuls de Périgueux envoyèrent des maçons avec l'équipe chargée de mettre en batterie le trébuchet qu'ils avaient prêté au maréchal Boucicaut pour le siège de Montignac[383]. Notre illustre prédécesseur, Eugène Viollet-le-Duc, rencontrant de nombreux maçons dans les comptes du déplacement d'un trébuchet lors du siège de Cherbourg, en 1378, a lui aussi relié leur présence au besoin de réaliser des plates formes

---

[376] AM Martel, BB 5, f° 96v (décision de construction); CC3-4, f° 81v (début de conception), 84r (achat de la fronde).
[377] *Ibid.*, CC 3-4.
[378] 1 homme 22 jours ou 22 hommes 1 jour.
[379] AM Martel, CC 3-4, f° 71v, 81r et 82r.
[380] *Ibid.*, f° 82r.
[381] *Ibid.*, f° 85r.
[382] *Ibid.*, f° 81v, 85r.
[383] AM Périgueux, CC 69, f° 33v.

stables pour les machines[384]. Enfin, la nécessité d'une base solide pour supporter ces machines apparaît comme une évidence lorsque l'on observe l'une de leurs reproductions en action, comme celles fabriquées par Renaud Beffeyte, et que l'on sait qu'elles pouvaient tirer jusqu'à 89 coups en 24 heures[385].

Les trébuchets étaient avant tout constitués d'une solide charpente. Pour construire le châssis de celui de Martel en 1356, on acheta quinze pesées de bois de charpente commun, trois pesées d'une qualité particulière pour faire les traverses et les chevrons[386], trois grosses pièces de bois de tailles différentes, une poutre cintrée, deux poutrelles et enfin deux troncs de noyers. A Albi, en janvier 1360, les consuls firent procéder à l'entretien lourd de leur trébuchet ; pour réaliser les opérations nécessaires au corps de la machine, ils firent l'acquisition d'une poutrelle d'environ dix mètres de long, de deux pesées de pièces de bois qui en faisaient environ neuf, d'un tronc d'orme et de planches[387]. Dix ans plus tard, cet engin fut refait à neuf et, pour ce faire, on se procura une verge, sur laquelle aucun détail n'est malheureusement donné[388], une poutre de neuf mètres, deux de huit, une de sept, une de quatre, six piliers, deux chevrons ; certaines de ces pièces furent notamment utilisées pour réaliser

---

[384] Viollet-le-Duc (Eugène), *Dictionnaire raisonné de l'architecture française*, T. V, Paris, Morel, 1856, p. 232-233.
[385] AM Périgueux, BB 13, *Petit livre Noir*, f° 47v.
[386] Nous ne savons pas à quoi correspondait une pesée. Si elle s'approchait de la charge en usage à Martel au XVIIIe siècle, une pesée équivalait à environ deux stères. D'après Duc-Lachapelle, *Métrologie française ou traité du système métrique décimal à l'usage du département du Lot*, Montauban, Imp. P.A. Fontanel, 1807, p. 231.
[387] Vidal (Auguste), *Comptes consulaires... Op. cit.*, p. 100, 154, 155,
[388] Vidal (Auguste), *Douze comptes consulaires d'Albi du XIVe siècle*, T. I, Paris, Picard et Toulouse, Privat, 1906, p. 87.

des contrefiches destinées à rigidifier l'ensemble de la structure[389]. Poutres, chevrons, solives et planches étaient fixés entre eux à l'aide de chevilles de fer[390], parfois de grandes tailles[391], ainsi qu'avec un grand nombre de clous de différents types : pour reconstruire la *brida* d'Albi en 1369, on eut besoin d'environ 18 kilos de chevilles de fer communes, de 200 clous *amvanadors* (servant au montage des hourds), 50 gros clous *barradors* (c'est-à-dire servant à barrer, fermer)[392] et 500 clous de *fuelha*[393] (de « feuille ») ; pour remettre en état de tir celle de Saint-Flour en 1382, on utilisa 800 clous, dont 500 de grande taille, et plus de trente kilos de fer pour élaborer les chevilles[394]. Toutes ces mentions permettent de saisir la technicité du travail de charpente nécessaire à l'élaboration des engins, mais elles sont trop imprécises pour détailler le montage de leurs châssis. Pour en avoir une idée, il suffit d'observer une des reconstitutions réalisées par Renaud Beffeyte.

Parmi l'ensemble des éléments constitutifs du châssis se trouvait la rigole destinée à guider la fronde et le projectile qu'elle contenait durant la première partie de leur course. A Martel en 1356, un tronc d'arbre, peut-être évidé, avait été utilisé pour sa réalisation, ainsi que quelques planches[395]. A Périgueux en 1397, la rigole du grand trébuchet fut faite avec deux grandes et longues planches sur lesquelles furent posées les

---

[389] Vidal (Auguste), *Comptes consulaires… Op. cit.*, p. 154.
[390] AM Martel, CC 3-4, f° 71v, 84v.
[391] AM Périgueux, CC 69, f° 33v.
[392] Loppe (Frédéric), « Construire en terre pendant la guerre de Cent Ans : les fortifications de Castelnaudary (Aude) vers 1355 – 1450 », dans *Archéologie du Midi médiéval*. Supplément, vol. 7 (2010), p. 69.
[393] Vidal (Auguste), *Douze comptes… Op. cit.*, p.87-88.
[394] Boudet (Marcellin), *Registres consulaires… Op. cit.*, p. 173.
[395] AM Martel, CC 3-4, f° 81v, 82r, 85r.

limandes[396] obtenues en découpant une troisième afin de régulariser le fond de l'assemblage[397]. C'est à côté de cette partie, sur l'embase de l'engin, qu'était fixé le treuil de rechargement ; la *brida* reconstruite à Albi en 1369 disposait de deux poulies pour faire fonctionner ce système[398] ; celle de Saint-Antonin-Noble-Val, une dizaine d'années plus tôt, n'en avait qu'une, fixée au châssis par une cheville pesant entre un et un kilo et demi[399].

Les documents concernant le trébuchet de Martel nous renseignent assez peu sur la verge, qui en constituait pourtant la pièce essentielle. En fait, deux furent nécessaires car la première se brisa, peut-être lors d'un essai, et il fallut la remplacer par une seconde, achetée à prix-fait pour la somme de onze livres, soit l'équivalent de 88 jours de salaire de manœuvre[400] ; celle-ci devait être de grandes dimensions car il fallut une trentaine d'hommes pour la transporter depuis l'endroit où elle avait été coupée, non loin de la ville, jusqu'à l'emplacement définitif de l'engin[401]. La mention qui nous rapporte ce fait nous indique ainsi qu'un arbre coupé de fraîche date pouvait être employé à un tel usage. D'une façon générale cependant, les renseignements sur les verges sont assez rares et peu précis, comme ce texte de 1400 qui nous apprend simplement qu'à Périgueux, cette année-là, un « grand arbre » fut acheté pour faire la verge de l'une des *bridas* de la ville[402].

---

[396] Limande : pièce de bois plate et étroite employée dans une charpente (*Trésor de la Langue Française Informatisé*, CNRS / Université de Metz).
[397] AM Périgueux, CC 69, f° 75r.
[398] Vidal (Auguste), *Douze comptes… Op. cit.*, p. 87.
[399] Vignoles (André), éd., *Comptes consulaires… Op. cit*, p. 38.
[400] AM Martel, CC 3-4, f° 82r.
[401] *Ibid.*, f° 82r.
[402] AM Périgueux, CC 70, f° 24v.

Les verges étaient souvent faites en bois de cormier[403], mais ce détail n'est pas précisé dans les textes de la région. Toutefois, quelque soit l'essence dont elles étaient faites, les verges pouvaient être renforcées de couchis, comme le montre une mention martelaise faisant état de l'achat « d'une planche pour faire des couchis à la verge du trébuchet »[404]. A Albi en 1359, 400 clous « de feuille » furent nécessaires pour lier entre elles les différentes parties de la verge avec couchis, anneaux de renforts, etc.[405], avec bien sûr et tout particulièrement l'attache métallique tenant la fronde et permettant son ouverture pour libérer le projectile au moment opportun[406]. Enfin, la verge était fixée sur le châssis de l'arme par un ou deux tourillons constitués suivant le cas d'une ou deux grosses chevilles de fer[407] ; celles de la *brida* d'Albi refaite en 1369 pesaient chacune aux alentours d'une vingtaine de kilos[408]. Cet engin présentait la particularité d'avoir une « perche » fixée sur la verge à l'aide de corde ; selon nous, il s'agissait vraisemblablement de la pièce de bois terminant cette verge, peut-être fabriquée dans une essence différente permettant d'obtenir de meilleures qualités mécaniques. Quoi qu'il en soit, elle était particulièrement lourde et nécessitait l'installation d'une chèvre pour être démontée[409].

A l'extrémité courte de la verge se trouvait l'autre élément essentiel de la machine, la huche du contrepoids. Elle était articulée afin de permettre une meilleure répartition des masses, un mouvement plus

---

[403] Beffeyte (Renaud), *L'art de la guerre… Op. cit.*, p. 81.
[404] AM Martel, CC 3-4, f° 82r.
[405] Vidal (Auguste), *Comptes consulaires… Op. cit.*, p. 154.
[406] AM Périgueux, CC 69, f° 75v.
[407] *Ibid.*, f° 33v.
[408] Vidal (Auguste), *Douze comptes… Op. cit.*, p. 88.
[409] *Ibid.*, p. 87.

souple, sans à-coup et, de là, une plus grosse contenance donc une plus grande puissance. Celle du trébuchet de Martel, en 1356, fut essentiellement faite en bois de noyer[410], solide mais sans qualités particulières ; nous n'avons pas trouvé trace d'autres essences spécialement employées à cet usage, mais les mentions de planches utilisées sont en revanche assez nombreuses[411], ce qui est logique. Celles-ci furent assemblées à l'aide de 25 chevilles de fer[412], mais une partie de la documentation doit manquer car, la même année, les Gourdonnais utilisèrent pas moins de 225 clous pour réparer la huche d'une de leurs machines[413] ; quatre ans plus tard, pour effectuer la même opération, les Albigeois se servirent de plusieurs chevilles de fer et d'une centaine de clous[414]. A Saint-Flour, en 1382, c'est 200 clous qui furent employés à cet usage[415] et l'on retrouve le même ordre de grandeur à Périgueux seize ans plus tard, avec les 350 clous qui furent nécessaires pour refaire la huche du « grand trébuchet » de la ville[416].

Le nombre important de clous et de chevilles utilisés pour l'assemblage des huches était indispensable car elles devaient être assez solides pour contenir plusieurs tonnes de lest. Celui-ci était constitué d'un mélange de terre et de pierres : à Martel en 1356, le remplissage de celle du nouveau trébuchet nécessita le paiement de quatorze journées de

---

[410] AM Martel, CC 3-4, f° 85r.
[411] Aussel (Max), *Transcriptions… Op. cit.*, reg. CC 18, p. 138 ; AM Martel, CC 3-4, f° 85r ; Vidal (Auguste), *Comptes consulaires… Op. cit.*, p. 155 ; Vignoles (André), éd., *Comptes consulaires… Op. cit*, p. 38.
[412] AM Martel, CC 3-4, f° 82r.
[413] Aussel (Max), *Transcriptions… Op. cit.*, reg. CC 18, p. 138, 146.
[414] Vidal (Auguste), *Comptes consulaires… Op. cit.*, p. 154.
[415] Boudet (Marcellin), *Registres consulaires… Op. cit.*, p. 173.
[416] AM Périgueux, CC 69, f° 75r, 76v.

travail de mules[417], ce qui indique que la machine était de très grandes dimensions. A titre d'hypothèse, prenons des mules portant chacune une charge de 150 kilos et travaillant de 08h00 à 18h10 avec deux heures de pause à midi : le point le plus proche où elles pouvaient être chargées de terre et de pierres étant à 300 mètres de la *brida*, il fallait compter qu'à raison de cinquante minutes par rotation[418], elles pouvaient effectuer dix allers et retours dans la journée et ainsi transporter 1500 kilos chacune ; à quatorze, cela donnait un chiffre impressionnant de plus de vingt tonnes. Naturellement, il ne s'agit que d'une estimation, le point de chargement ayant pu être plus éloigné, mais elle est néanmoins parlante lorsque l'on sait que l'une des reproductions construites par Renaud Beffeyte a projeté un boulet de cinquante-six kilos à 212 mètres avec un contrepoids ne pesant que 5,6 tonnes[419]. La machine martelaise se situait sans doute dans la classe des engins les plus puissants et, à titre de comparaison, nous pouvons évoquer le cas d'un des trébuchets de Gourdon, la même année : son huche ayant été déchargée, au moins en partie, pour les besoins de son entretien, son remplissage put ensuite être fait en moins d'une journée par quelques hommes seulement[420]. De la même façon, à Périgueux en 1371, une seule journée de travail de manœuvre fut suffisante pour, cette fois, vider la huche d'une des *bridas* de la ville[421]. En dehors du fait que ces mentions nous renseignent sur la diversité existant au niveau de la taille des engins, on peut noter que les huches semblent

---

[417] AM Martel, CC 3-4, f° 79 v°.
[418] 10 minutes de trajet aller et retour, 20 minutes de chargement et autant de déchargement.
[419] Beffeyte (Renaud), *L'art de la guerre… Op. cit.*, p. 81.
[420] Aussel (Max), *Transcriptions… Op. cit.*, reg. CC 18, p. 138.
[421] AM Périgueux, CC 66, f° 28v.

avoir fait l'objet d'un important entretien : les trébuchets étant, dans la plupart des cas, positionnés à demeure à l'extérieur, la terre qu'elles contenaient retenait l'humidité et favorisait une dégradation plus rapide des bois qui les constituaient.

La fronde de l'arme, dans laquelle le projectile prenait place, était constituée d'une pièce de cuir, pouvant être taillée dans une peau de mouton[422] ou de veau[423], renforcée de lanières de la même matière[424] et percée de deux œillets[425] à l'aide desquels étaient fixés les « bras » en corde de chanvre qui la reliaient à la verge[426]. Enfin, la machine n'était complète qu'une fois pourvue des importants cordages indispensables pour la manœuvrer : la *brida* de Saint-Antonin-Noble-Val avait par exemple besoin d'environ 24 mètres de câble de tension, de 14 de corde pour son guide et de 4,5 pour les fixations de la fronde, plus 18 pesées de cordelettes[427] ; pour la remise en état du trébuchet de Saint-Flour en 1382, on fit l'acquisition de deux grosses cordes longues d'environ 8 mètres pour l'une et 10 pour l'autre, ainsi que de plus de 30 kilos de petite corde[428]. Les cordes utilisées étaient de différents types, avec par exemple celles dites de sellier[429], « *prima* »[430] ou qualifiées de câble[431], par exemple. Comme cela se faisait pour les frondes[432], il est probable que, lorsque la

---

[422] Vidal (Auguste), *Comptes consulaires… Op. cit.*, p. 155.
[423] Boudet (Marcellin), *Registres consulaires… Op. cit.*, p. 173.
[424] AM Martel, CC 3-4, f° 79v, 84v.
[425] Vignoles (André), éd., *Comptes consulaires… Op. cit*, p. 43.
[426] AM Périgueux, CC 69, f° 75v.
[427] Vignoles (André), éd., *Comptes consulaires… Op. cit*, p. 43.
[428] Boudet (Marcellin), *Registres consulaires… Op. cit.*, p. 173.
[429] Vidal (Auguste), *Comptes consulaires… Op. cit.*, p. 100.
[430] Aussel (Max), *Transcriptions… Op. cit*, reg. CC 18, p. 146, 174, 470.
[431] AM Périgueux, CC 69, f° 105v.
[432] *Ibid.*, f° 28v.

situation sécuritaire le permettait, la plupart de ces cordages étaient stockés à l'abri afin de les préserver des intempéries.

Un Trébuchet n'était vraiment opérationnel qu'une fois muni des fluides nécessaires au fonctionnement de ses pièces mobiles. De l'huile, du suif, de la résine et même une sorte de crème étaient ainsi utilisés pour faciliter le mouvement des différents axes[433] ; le suif était aussi utilisé, de pair avec du savon, pour oindre les cordes et la fronde, celle-ci pouvant aussi être enduite d'huile d'olive, afin de faciliter leurs glissements lors du tir. Pour les besoins de leur grand trébuchet, les Périgourdins achetèrent en 1397 environ sept kilos de suif et un peu moins d'un litre d'huile d'olive[434].

Figure 34. Fronde de trébuchet.
Musée de la Guerre au Moyen Age du château de Castelnaud-la-Chapelle (dpt. 24).

Les projectiles des trébuchets étaient des pierres taillées de manière à leur donner une forme sphérique ; le travail était loin d'être grossier et nécessitait un certain savoir-faire : en 1356, les consuls martelais firent ainsi appel à un ouvrier maçon, et non à un simple

---

[433] AM Martel, CC 3-4, f° 82r ; Boudet (Marcellin), *Registres consulaires... Op. cit.*, p. 173 ; Vignoles (André), éd., *Comptes consulaires... Op. cit*, p. 43.
[434] AM Martel, CC 3-4, f° 79v ; AM Périgueux, CC 69, f° 75r, 78r ; Boudet (Marcellin), *Registres consulaires... Op. cit.*, p. 173.

manœuvre, pour « tailler des pierres rondes pour tirer avec le trébuchet » (*far peyras redondas per trayre am la brida*)[435], de la même façon que leurs homologues de Saint-Antonin-Noble-Val le firent deux ans plus tard[436] ; en 1369 à Albi, les magistrats demandèrent même à un artisan de tailler des boulets dans son atelier à partir de quatre grosses pierres brutes et six grandes pierres de taille récupérées dans une maison détruite[437]. Les reproductions de trébuchets réalisées par Renaud Beffeyte ont démontré que de telles machines pouvaient effectivement tirer des boulets pesant plus de 200 kilos, toutefois un document périgourdin indique qu'il ne s'agissait pas là d'un maximum : en août 1398, lors du siège de Montignac, le grand trébuchet de Périgueux tira des boulets pesant six quintaux[438] ; en prenant comme base la livre périgourdine à 489 grammes[439], on peut estimer que ces projectiles pesaient aux environs de 293 kilos. Cette machine fut capable de tirer 89 coups en 24 heures environ[440], soit entre 3 et 4 tirs par heure, c'est-à-dire une cadence moyenne plus élevée que celle estimée par Renaud Beffeyte à l'aide de reproductions, à savoir un à deux coups par heure[441]. Enfin, il convient de ne pas oublier que les trébuchets pouvaient projeter de grandes marmites en terre cuite remplies de mélange incendiaire.

---

[435] AM Martel, CC 3-4, f° 82r.
[436] Vignoles (André), éd., *Comptes consulaires… Op. cit*, p. 43.
[437] Vidal (Auguste), *Douze comptes… Op. cit.*, p. 12, 16.
[438] AM Périgueux, BB 13, *Petit livre Noir*, f° 47v.
[439] Poitrineau (Abel) (dir.), *Les anciennes mesures locales du Sud-Ouest d'après les tables de conversion, Clermont-Ferrand, Institut d'Etudes du Massif Central*, 1996, p. 29.
[440] AM Périgueux, BB 13, *Petit livre Noir*, f° 47v.
[441] Beffeyte (Renaud), *L'art de la guerre… Op. cit.*, p. 80-81.

Couillard (*colhard*)

Arme dérivée du trébuchet, dont elle reprend le principe de fonctionnement, le couillard s'en distinguait cependant par un châssis beaucoup plus simple car supportant la verge avec un seul et solide poteau. Le contrepoids était constitué de deux huches placées de part et d'autre de la verge : un simple coup d'œil sur la machine permet de comprendre pourquoi cette disposition lui a valu son nom. Plus simple et constitué de charges moins lourdes et plus aisément manutentionnables que celles du trébuchet, le couillard était plus facile à déplacer, nécessitait moins de servants et avait une cadence de tir beaucoup plus élevée, avec jusqu'à dix coups par heure[442], mais la masse et la portée de ses projectiles étaient moindres. Il restait néanmoins bien adapté aux armées de siège : il permettait de réduire les dépenses relatives aux salaires des artilleurs tout en accélérant la mise en place des tirs contre les assiégés. Pour les défenses en revanche, ses avantages n'étaient pas flagrants : dans ce cadre, les pièces étaient en effet rarement déplacées tandis que les municipalités ne manquaient pas vraiment de personnel ; c'est sans doute ce qui explique pourquoi nous n'avons trouvé trace que d'un seul couillard dans la zone concernée, celui de Périgueux en 1398.

Les données techniques fournies par le compte CC 69 de Périgueux font – logiquement – apparaître des éléments constitutifs similaires à ceux des trébuchets : axe constitué d'une très grosse cheville de fer, cordes enduites de suif et d'huile d'olive, châssis de charpente, grande verge. Deux points notables cependant : la base de l'engin avait

---

[442] Beffeyte (Renaud), *L'art de la guerre... Op. cit.*, p. 83.

une forme de croix et, lors de sa mise en batterie devant Montignac au mois d'août, elle fut solidement fixée au sol à l'aide de grandes bandes métalliques (*grandas bendas de fer*)[443].

Figure 35. Maquette de couillard.
Musée de la Guerre au Moyen Age du château de Castelnaud-la-Chapelle (dpt. 24).

La recension qui est faite de la participation de l'artillerie périgourdine au siège de Montignac indique que le couillard « portait » trois quintaux, ce qui correspondait, en se basant sur la livre de Périgueux à 489 grammes, à un boulet d'environ 146 kilos[444]. Si l'on en croit Renaud Beffeyte, il s'agissait d'un couillard plus puissant que la moyenne, les boulets de ces machines pesant généralement entre 30 et 80 kilos[445]. Tout comme les trébuchets, les couillards pouvaient projeter de grandes marmites en terre cuite remplies de mélange incendiaire.

---

[443] AM Périgueux, CC 69, f° 31v, 32r, 32v, 33v, 73v, 74r, 74v, 75v, 76v, 77r, 77v, 78v.
[444] AM Périgueux, BB 13, *Petit livre Noir*, f°47v.
[445] Beffeyte (Renaud), *L'art de la guerre… Op. cit.*, p. 83.

Mangonneau (*manganel*)

Ancêtre du trébuchet, le mangonneau était une machine à balancier fonctionnant sur le même principe mais était équipé d'un contrepoids fixe. Cette caractéristique faisait que les pierres et la terre qu'il contenait finissaient toujours par se déplacer, ce qui provoquait des à-coups et des vibrations lors du tir : cela entrainait un manque de précision de la machine et impliquait la vérification fréquente de toutes ses fixations[446].

Figure 36. Mangonneau.
Musée de la Guerre au Moyen Age du château de Castelnaud-la-Chapelle (dpt. 24).

[446] Beffeyte (Renaud), *L'art de la guerre… Op. cit.*, p. 79-80.

Durant les premières décennies du conflit, les mangonneaux étaient des armes assez répandues, sans doute autant que les trébuchets : on trouve trace de l'un d'entre eux à Périgueux en 1346[447], de plusieurs à Cahors en 1355[448], de deux à Saint-Antonin-Noble-Val en 1359[449], d'un à Millau en 1364[450] et d'un autre à Cajarc en 1369[451]. Les documents de Martel nous apprennent que si cette ville en avait au moins deux en service vers 1358, elle n'en avait plus qu'un seul vingt ans plus tard[452] : de pair avec la rareté des mentions concernant cette arme, qui devient extrême après 1370, cette diminution du parc martelais pourrait indiquer une désaffection progressive pour cet engin dans les défenses urbaines de la région.

Les mentions techniques concernant les mangonneaux sont assez peu fréquentes dans les documents de la région. Elles ne nous apprennent rien que nous ne sachions par ailleurs : celles de Périgueux, en 1346, nous décrivent une machine faite de bois de charpente, avec notamment une poutre de plus de six mètres, dont la huche du contrepoids était constituée de planches, tout comme la rigole servant de guide à la fronde durant la première partie de sa course. La fixation des différents éléments entre eux était faite à l'aide de clous battus, de chevilles de fer et d'autres ferrures, tandis que des cordes permettaient la mise en œuvre de l'engin[453]. Les comptes consulaires de Cajarc pour 1369 nous montrent, de la même façon, une arme principalement constituée de

---

[447] AM Périgueux, CC 61, f° 35r.
[448] Lacoste (Guillaume), *Histoire générale... Op. cit.*, p. 150.
[449] Vignoles (André), éd., *Comptes consulaires... Op. cit*, p. 45-46.
[450] AM Millau, CC 361, f° 9v.
[451] AM Cajarc, CC 6, f° 138v.
[452] AM Martel, BB 5, f° 124v ; CC 5, f° 13r, 16v, 21r, 21v.
[453] AM Périgueux, CC 61, f° 35r, 35v, 51r, 52v.

bois de charpente, assemblée à l'aide de chevilles de fer et nécessitant de nombreuses cordes pour sa mise en œuvre[454] ; ils nous indiquent aussi la présence d'un « fuseau » (*fusol*) destiné au câble de rechargement, ; naturellement, l'axe était huilé pour une meilleur mobilité[455], tandis que la détente était vraisemblablement déclenchée à l'aide d'un pic de fer[456]. Les textes de Saint-Antonin-Noble-Val nous précisent quant à eux que, pour le siège du château de Feneyrols en 1359, seize ouvriers charpentiers placés sous les ordres d'un maître artilleur réussirent à construire deux mangonneaux en dix jours en utilisant des bois de charpente récupérés dans des maisons[457]. En revanche, les rares mentions de tailles de boulets ne donnent pas d'éléments permettant d'en estimer la masse.

Selon Renaud Beffeyte, un mangonneau moyen pouvait envoyer des boulets pesant jusqu'à cent kilos à 160 mètres, à la cadence de deux à trois tirs par heure[458]. Enfin, tout comme les trébuchets et les couillards, les mangonneaux pouvaient projeter de grandes marmites remplies de mélange incendiaire.

Espringales (*espingola*s, *espingalas*), grandes arbalètes à tour (*grandas balestas del / de torn*).

Les termes *espingola* et *granda balesta de torn*, parfois employés de façon concomitante[459], désignaient tous des arbalètes de grandes dimensions capables, pour certaines, de tirer un projectile d'un mètre de

---

[454] AM Millau, CC 361, f° 9v.
[455] AM Cajarc, CC 6, f° 138v.
[456] *Ibid.*, f° 154r.
[457] Vignoles (André), éd., *Comptes consulaires... Op. cit*, p. 45-46.
[458] Beffeyte (Renaud), *L'art de la guerre... Op. cit.*, p. 79.
[459] Par exemple : Magen (Adolphe), éd., *Jurades... Op. cit.*, p. 16, 46, 170.

long à plus de 350 mètres[460], distance à laquelle il était pouvait sans problème transpercer trois à quatre centimètres de bois[461] ; il est possible qu'*espingola* ait pu désigner une véritable espringale, c'est-à-dire une arme ayant deux bras de tension et non un seul arc comme l'arbalète, mais les textes ne permettent pas de le certifier : l'espringale ayant le même usage et des caractéristiques proches de la grande arbalète à tour, il est envisageable qu'un glissement sémantique se soit produit pour que le terme *espingola* ne désigne plus que des grandes arbalètes à tour. Quoi qu'il en soit, ces dernières étaient équipées d'un puissant tour, ou moufle, de façon à pouvoir mettre leur imposant arc en tension. Dans les textes, elles sont aussi souvent et simplement désignées *balestas de torn*, de la même façon que pour les arbalètes à tour individuelles, ce qui les rend parfois difficile à distinguer les unes des autres.

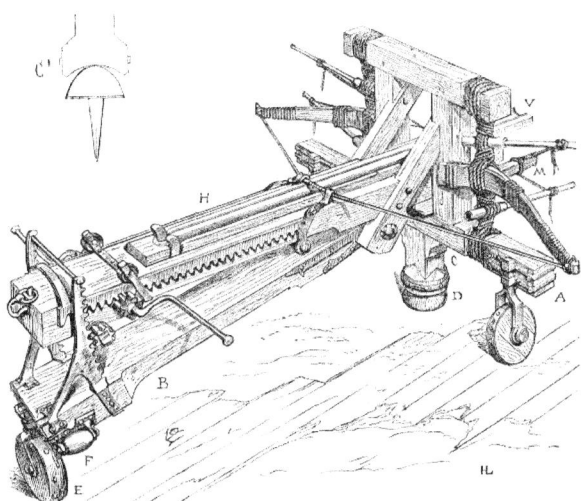

Figure 37. Espringale.
Viollet-le-Duc (Eugène), *Dictionnaire... Op. cit.*, T. V, p. 242.

[460] Beffeyte (Renaud), *L'art de la guerre... Op. cit.*, p. 88.
[461] Information donnée par Serge Adrover (voir note 185).

Les détails techniques sur ces armes ne manquent pas. A Périgueux en 1346-1347, les documents nous disent que le fût et le support étaient en bois de charpente, parfois de coupe récente. On trouve aussi mention d'une vis et d'un écrou fabriqués en sorbier ; sans doute utilisés pour le pointage de la pièce, ils étaient une fois en place graissés au suif battu. La noix était en métal et des pièces en fer assuraient la fixation des différents éléments. Les cordes, enfin, étaient principalement réalisées en crin tressé, mêlé d'un peu de chanvre ou de ligneul et parfois renforcé de tranchefiles ; comme pour les arbalètes portatives, elles étaient ensuite enduites de cire ou de résine. Quant aux leviers du treuil de tension, ils étaient en bois[462]. D'autres textes apportent des précisions supplémentaires : les jurades d'Agen pour 1346 évoquent la forme fourchue des noix[463] ; une ligne de compte cajarcoise de 1377 nous indique que les moufles comprenaient une mâchoire de fer, tandis qu'une autre nous dit que l'on pouvait équiper l'arme d'une corne métallique, sans doute utilisée comme poignée pour aider à son pointage ou à son déplacement[464].

Les textes relatifs aux arcs eux-mêmes sont quant à eux très peu nombreux et ne permettent généralement pas de savoir de quelle matière ils étaient faits. Un peu postérieures à la période ici étudiée, des mentions périgourdines datée de 1411-1412 font état de « grandes arbalètes d'acier » et de « grandes arbalètes de bois »[465].

---

[462] AM Périgueux, CC 61, f° 33r-35v, 50v-52r, 54r ; CC 62, f° 9r & v.
[463] Magen (Adolphe), éd., *Jurades… Op. cit.*, p. 45-46.
[464] AM Cajarc, CC 12, reg. III, f° 76v, 77r.
[465] AM Périgueux, BB 13, *Petit livre Noir*, f° 10r & v, 65r.

Figure 38. Grande arbalète à tour.
*Musée de la Guerre au Moyen Age du château de Castelnaud-la-Chapelle (dpt. 24).
Longueur : 2 m env.*

L'orthographe du nom du projectile d'espringale était la même que celle employée en français, garrot[466], avec cependant la prononciation languedocienne du « o » en « ou » [w] ; on trouve aussi la variante *cayrel de garrot* (carreau de garrot)[467]. Les quantités acquises, correspondant à l'utilisation spécifique de ces armes, n'étaient pas pléthoriques : en 1339-1340, la municipalité périgourdine acheta par exemple 1000 hampes pour carreaux d'arbalètes et 420 pour garrots[468], tandis que, six ans plus tard, elle fit réaliser un peu plus de 800 garrots pour ses nouvelles pièces, dont nous ignorons malheureusement le nombre[469] ; courant 1352, les consuls du bourg plus modeste de Martel envoyèrent des hommes à Toulouse

---

[466] Jal (Auguste), *Archéologie navale*, T. II, Paris, Arthus-Bertrand, 1840, p. 218-219 ; Richelet (Pierre), *Dictionnaire de la langue françoise ancienne et moderne*, T. II, Lyon, Aimé Delaroche, 1758, p. 273.
[467] Magen (Adolphe), éd., *Jurades... Op. cit.*, p. 42.
[468] AM Périgueux, CC 58, f° 9v.
[469] *Ibid.*, CC 61, f° 33r-35v.

pour acquérir des munitions et ils n'y firent acheter que 44 garrots à côté de 700 carreaux d'arbalètes[470]. Trois ans plus tard, le consulat de la cité de Rodez ne disposait, dans ses réserves, que d'une centaine de garrots pour 2915 carreaux d'arbalète[471].

Les garrots étaient fabriqués suivant les mêmes techniques que les carreaux : ils étaient aussi constitués de trois parties, avec empennage, hampe et pointe. La première pouvait être constituée de plumes fixées soit avec de la colle[472], soit avec de petits clous à tête plate[473] ; une mention cajarcoise précise que des ailes de vautour pouvaient être utilisées[474] ; elle pouvait aussi être faite de pièces en laiton[475]. La seconde partie pouvait être en bois tandis que la troisième était en métal[476] et aiguisée pour un meilleur pouvoir de pénétration[477].

Si l'on en croit les documents, espringales et autres grandes arbalètes à tour étaient les pièces d'artillerie les plus courantes dans les arsenaux municipaux de la région, caractéristique que l'on semble retrouver un peu partout et notamment, dans le nord de la France, à Lille[478] ou à Laon[479]. Très précises et naturellement utilisées en mode anti-personnel, ces armes pouvaient aussi servir contre les ouvrages d'assaut charpentés (mantelets, etc.), notamment en projetant des traits incendiaires.

---

[470] AM Martel, CC3-4, f° 42r.
[471] Noël (R.P.R), *Town Defenses… Op. cit.*, p. 284-285.
[472] AM Périgueux, CC 59, f° 24v.
[473] AM Cajarc, CC 6, f°144v.
[474] *Ibid.*, CC 12, reg. III, f°80v.
[475] AM Périgueux, CC 61, f° 35r.
[476] *Ibid.*, CC 58, f° 8v.
[477] Aussel (Max), *Transcriptions… Op. cit.*, reg. BB 6, p. 16.
[478] De la Fons (Alphonse), *De l'artillerie… Op. cit.*, p. 6-7.
[479] Favé (Ildefonse), *Etudes… Op. cit.*, p. 89-90.

**

Les différents types d'armes collectives en service dans les villes et les bourgs de la région donnaient à leurs défenses une large gamme de tirs possibles. Au plus loin, jusqu'à 350 mètres, parfois au-delà, espringales et grandes arbalètes à tour étaient capables de prendre à partie les personnels et matériels ennemis ; plus près, entre 150 et 250 mètres, on entrait dans la zone d'action des machines à balancier qui, avec leurs lourds boulets, étaient en mesure d'y détruire toutes les structures charpentées et une grande partie des maçonneries. Enfin, l'espace s'étalant devant les murailles était sous le feu des canons dont les tirs, bien qu'essentiellement à vocation anti-personnel, pouvaient aussi faire de sérieux dégâts sur les engins d'assaut en bois. Dans cette zone tombaient aussi les projectiles d'engins à balancier assez simples dont les textes de la région n'ont cependant pas gardé traces : il est en effet difficile à croire qu'il n'y ait pas eu de pierrières, machines à traction humaine pouvant projeter des boulets de 3 à 10 kg jusqu'à 80 mètres environ, ou des bricoles, sortes de pierrières munies d'un contrepoids pour augmenter leur puissance et tirant des boulets de 2 à 3 dizaines de kilos jusqu'à un peu moins d'une centaine de mètres.

Figure 39. Pierrière.
Musée de la Guerre au Moyen Age du château de Castelnaud-la-Chapelle (dpt. 24).

5/ Dispositifs divers.

Les arsenaux des défenses urbaines comprenaient des dispositifs divers destinés à frapper l'ennemi d'une manière complémentaire aux armes individuelles et collectives. Ils pouvaient être de conception basique comme les chausse-trappes, ou plus élaborée comme les préparations chimiques, mais aussi présents dans la nature et utilisés tels quels, à l'image des simples pierres.

L'armement 111

Chausse-trappes (*calcatrepas*).

Les chausse-trappes étaient des dispositifs métalliques constitués de pointes qui, agencées de façon à obtenir un tétraèdre, permettaient à l'une d'entre elles de toujours être dirigée vers le haut lorsque l'objet était au sol ; généralement d'assez petites tailles, autour de 5 cm de haut[480], elles étaient destinées à causer de profondes blessures aux pieds lorsque l'on marchait dessus.

A Périgueux en 1382, les consuls achetèrent une centaine de chausse-trappes qui leur coûta six sous et huit deniers, soit un peu moins de l'équivalent de trois jours de salaire d'ouvrier charpentier[481]. Si l'on met en rapport le prix à l'unité, 0.8 denier, avec celui de clous à lattes, qui oscillait entre six et sept deniers[482], on peut supposer que ces objets étaient sans doute de simples bouts de métal rapidement dégrossis.

Les chausse-trappes étaient utilisées pour aider à interdire des passages ou des zones bien déterminés. A Cahors en 1371, 170 d'entre-elles furent posées devant la levée de terre du Pal pour renforcer la défense des 180 mètres de l'enceinte qui, à cet endroit, n'était constituée que d'une levée de terre précédée d'un fossé et surmontée d'une palissade. Quatorze ans plus tard, les consuls en firent poser dans tous les gués de la ville pour empêcher leur franchissement par l'ennemi ; une mention bien plus tardive nous indique que, pour réaliser la même opération en 1424, il fallut en utiliser 1400[483]. Etant donné la modicité de leur prix, on pouvait se permettre de les utiliser de la sorte.

---

[480] Musée Charles VII de Mehun-sur-Yèvres (France, dpt 18), pièce n°982.1.2.
[481] AM Périgueux, CC 68, f° 28r, 32r.
[482] *Ibid.*, f° 20v, 24v-27r.
[483] Lacoste (Guillaume), *Histoire générale… Op. cit.*, p. 222, 283, 374.

Les chausse-trappes n'étaient pas toujours utilisées en tant que dispositif purement passif : le « précis de défense d'une ville » des archives de Villefranche-de-Rouergue nous apprend qu'on pouvait les placer dans des pots en terre cuite destinés à être jetés par-dessus les murailles lorsque, lors d'une attaque, l'ennemi arrivait à leur pied ; tapant le sol, le pot se brisait et les libérait en les dispersant[484], contraignant ainsi ses mouvements.

Figure 40. Chausse-trappe.
*Musée de la Guerre au Moyen Age du château de Castelnaud-la-Chapelle (dpt. 24).
Hauteur : 5 cm env.*

Mélanges incendiaires et irritants.

Comme le souligne José-Federico Finò dans son article sur « le feu et ses usages militaires », de très nombreux types de mélanges incendiaires étaient connus en Europe occidentale depuis le XIIIe siècle[485]. En ce qui concerne la région étudiée, on ne trouve en revanche

---

[484] Bibliothèque Nationale de France, *Collection Doat*, vol. 147, f° 282r-287r, édité dans Ferrand (Guilhem), *Communautés et insécurité en Rouergue à la fin du Moyen Age*, thèse de doctorat soutenue à l'Université de Toulouse-Le Mirail en 2009, p. 519-521.
[485] Finò (José-Federico), « Le feu et ses usages militaires », dans *Gladius*, vol. IX (1970), p. 15-30.

qu'assez peu de mentions de ce genre de composé. Celles relatives au siège de Chaliers en 1380, auquel participa la commune de Saint-Flour, constituent la meilleure source d'information à leur sujet.

Le dispositif le plus simple consistait à enduire de soufre et à enflammer des viretons d'arbalète, mais il était loin d'atteindre l'efficacité des mélanges incendiaires que l'on était alors capable d'élaborer. En effet, l'utilisation de la poix comme base permettait d'obtenir une mixture s'enflammant très facilement, difficile à éteindre et collante, c'est-à-dire idéale pour mettre le feu à des structures charpentées. Pour une meilleure efficacité, elle était encore agrémentée de graisse, de résine et d'autres éléments inflammables suivant des proportions savantes dont les achats réalisés par le consulat de Saint-Flour, en juin 1380, permettent de se faire une idée. Ils sont récapitulés dans le tableau ci-après.

Elément	%
Crasse d'huile	5,76
Térébenthine solide	0,14
Soufre	0,61
térébenthine	2,03
Gomme arabique	0,68
Poix	49,84
Résine	11,05
Salpêtre	0,75
Mercure	0,47
Graisse animale	20,34
Lard fondu	8,27
Camphre	0,05
TOTAL	**100**

Ingrédients utilisés pour réaliser des mélanges incendiaires lors du siège de Chaliers (1380).

Il convient cependant de garder une certaine réserve vis-à-vis de ces mentions d'achat, car elles peuvent ne représenter qu'une partie des éléments réellement utilisés : d'une part les comptes de la ville mentionnent par ailleurs l'achat de deux grands sacs de charbon dont on ne connait pas l'usage auquel ils étaient destinés, et d'autre part rien ne nous dit que la municipalité n'avait pas, par exemple, un stock de soufre en réserve qu'elle utilisa pour l'occasion. Il reste qu'en prenant comme référence la livre au poids de marc à 489 grammes pour convertir la masse des éléments achetés, on obtient un total de 177 kilos.

On sait par ailleurs que les sanflorains acquirent 252 récipients en terre cuite, dont 96 *topinas* (sorte de gros pots) et 156 *olas* (marmites) pour contenir le mélange incendiaire destiné à être lancé sur Chaliers, ainsi que 34 *barralos* (petits barillets) pour les systèmes de mise à feu. Les éléments achetés servaient donc à élaborer au moins deux types de mélange incendiaire, ce qui explique les très faibles quantités de certains d'entre eux. Le composé destiné à être placé dans les *barralos* contenait sans doute le mercure, le salpêtre et le soufre car il faisait, en quelque sorte, office de charge primaire et, pour ce faire, devait former une flamme très intense : en effet, *per meylhs alumar lo fuec* (pour mieux allumer le feu) comme nous dit le texte, le barillet le contenant était placé dans une grosse *olas* remplie de liquide à enflammer. Le principe de fonctionnement de cette bombe était le suivant : une fois placée sur le trébuchet ou le mangonneau chargé de la tirer, on mettait le feu au contenu du barillet ; lorsque que le coup partait et que l'*ola* éclatait ensuite sur son objectif, le mélange qu'elle contenait, celui-là essentiellement composé de poix et de graisses, rentrait en contact avec l'intense feu du barillet et s'enflammait à son tour. A Chaliers, 34 de ces bombes furent lancées.

Il y eut en tout 252 pots projetés à Chaliers. Les 218 non pourvus d'un barillet d'inflammation contenaient simplement un mélange incendiaire dont la mise à feu se faisait certainement au départ du coup en enflammant une grosse mèche constituée de corde : la corde moyenne, le filin et le ligneul que les Sanflorains achetèrent pour « étouper et lier les pots » étaient sans doute prévus pour cet usage. Le principe de fonctionnement était le plus simple qui soit : lorsque le pot éclatait en percutant son objectif, le mélange entrait en contact avec la flamme de la mèche et s'enflammait à son tour.

Il est probable que les bombes contenaient une bien plus grande quantité de mélange que les simples pots, ce qui rendait nécessaire la mise en place d'un système d'inflammation primaire, comme nous l'avons vu au paragraphe précédent ; d'autre part, l'*ola* devait être assez grande pour contenir le *barralos*. Les autres en revanche devaient avoir un volume réduit : en remplissant également chacun des 252 projectiles de la même quantité de mélange incendiaire, cela faisait moins d'1,5 kilogramme pour chacun ; or, nous savons que les 34 bombes était d'une contenance supérieure aux autres, ce qui permet de déduire que la majeure partie des 218 pots incendiaires n'avaient qu'une capacité réduite, sans doute bien inférieure au kilogramme, ce que d'ailleurs indique le terme *topina* (gros pot) désignant 96 d'entre eux. Ces pots purent donc être lancés à l'aide de simples pierrières ou bricoles, voire même à la main.

L'utilisation d'artifices du même genre que ceux utilisés à Chaliers en 1380 avait sans doute cours dans une grande partie des localités fortifiées de la région. A Montauban en 1346 notamment, Hugues de

Cardaillac utilisait un mélange de poix, de soufre et d'étoupe[486] ; non loin de notre zone d'étude, à Nîmes, on en trouvait aussi faits avec du soufre et de l'étoupe, mais augmenté de cendres et d'huile[487]. La fabrication de telles substances ne posait aucun problème : non seulement la plupart des composants étaient assez facilement accessibles, mais de plus la poix, qui en constituait la base, était un produit courant dont on se servait comme enduit pour, par exemple, protéger des éléments d'huisserie[488] ; quant à la térébenthine, ses usages étaient nombreux et elle entrait notamment dans la composition de certains onguents[489].

Si les mélanges incendiaires étaient surtout destinés aux structures charpentées, il existait d'autres composés destinés à brûler la peau, les yeux et les muqueuses des assaillants. Le plus simple était à base de chaux vive ; pour qu'elle adhère, elle était préalablement mélangée à de l'eau bouillante, ce qui de plus entraînait une réaction chimique accentuant son pouvoir corrosif. Le « précis de défense d'une ville » des archives de Villefranche-de-Rouergue nous dit que cette mixture pouvait aussi être jetée avec de grands chaudrons sur les assaillants qui seraient parvenus au pied des murailles[490] ; ce procédé fut effectivement utilisé en 1364 lors du siège de Pestivien, en Bretagne, par Bertrand du Guesclin : la Chronique de Cuvelier nous dit en effet que les défenseurs jetèrent des petits pots remplis de chaux vive sur les assaillants[491]. Le mélange eau-chaux ne

---

[486] Favé (Ildefonse), *Etudes… Op. cit.*, p. VI.
[487] Contamine (Philippe), *Guerre, Etat… Op. cit.*, p. 40.
[488] Vidal (Auguste), *Comptes consulaires… Op. cit.*, p. 149.
[489] Forestié (Edouard), *Les livres de comptes… Op. cit.*, T. I, p. CXXIII.
[490] Bibliothèque Nationale de France, *Collection Doat*, vol. 147, f° 282r-287r, édité dans Ferrand (Guilhem), *Communautés… Op. cit.*, p. 519-521.
[491] Charrière (Ernest), éd., *Chronique de Bertrand du Guesclin par Cuvelier*, T. I, Paris, Firmin-Didot Frères, 1839, p. 112.

devait être fait qu'immédiatement avant usage afin de lui garder sa capacité nocive : en 1376 par exemple, en prévision d'une possible attaque de la compagnie anglaise de Belvès, les consuls de Gourdon firent monter cinquante quartons de chaux sur la porte Major ; ils étaient destinés à être utilisés pour le combat « si besoin était »[492].

Pierres (*peyras, peiras*).

L'arme la plus simple de tous les temps : le caillou que l'on tient à la main pour frapper l'adversaire. Dans le cas des défenses fortifiées, les pierres n'étaient cependant pas utilisées pour le combat rapproché, mais pour être lancées sur les assaillants depuis les enceintes. En 1347, au château de Bioule, des pierres petites et grosses, sans que l'on sache exactement ce que ces adjectifs désignaient, étaient disposées sur les fortifications pour être jetées sur l'ennemi s'il arrivait au pied des murs ; d'autres, d'une taille permettant leur prise d'une seule main, étaient destinées à être lancées plus loin[493]. Le « précis de défense d'une ville » des archives de Villefranche-de-Rouergue fait lui aussi état de la nécessité de disposer de pierres en quantités sur les fortifications pour les jeter sur l'ennemi ; il mentionne même un dispositif composé d'une huche en planches remplie de terre et de pierres, fixée en en haut des murs et munie d'un système d'ouverture à corde ; en tirant sur celle-ci, l'huche s'ouvrait et son contenu se déversait sur les assaillants parvenus au pied

---

[492] Aussel (Max), *Transcriptions… Op. cit.*, reg. CC 20, p. 104.
[493] Favé (Ildefonse), *Etudes… Op. cit.*, p. IX-XIV.

des murs[494] ; on trouve mention d'un tel système en Bretagne, lors du siège de Pestivien par Bertrand du Guesclin en 1364[495].

Ne coûtant rien et disponibles partout, il est normal de ne trouver que très peu de mentions comptables concernant les pierres destinées à être utilisées comme projectiles depuis les murailles. Les quelques éléments évoqués supra suffisent cependant à établir que leur usage était général.

✶✶

L'armement défensif individuel des combattants urbains ne semble pas avoir été la première préoccupation des municipalités, à l'exception de celui des gardiens des portes. Pour tous les autres combattants en revanche, qui étaient destinés à se battre depuis les murailles en cas d'attaque de la ville, seul le casque était vraiment important et l'acquisition du reste de l'équipement, haubert et protections diverses, était laissé à l'appréciation de chacun. La situation était globalement la même pour les armes blanches, les autorités insistant uniquement sur le fait que tous les habitants devaient en posséder une, sans égard à sa qualité ou même à son type, à l'exception cependant des gardiens des portes qui, ici aussi, étaient l'objet d'une attention particulière.

---

[494] BNF, *Collection Doat*, vol. 147, f° 282r-287r, édité dans Ferrand (Guilhem), *Communautés… Op. cit.*, p. 519-521.
[495] Charrière (Ernest), éd., *Chronique… Op. cit.*, p. 112.

C'est au niveau des armes de trait que l'effort des municipalités était significatif : si les arcs leur paraissaient de peu d'intérêt en raison de leurs performances et de l'entrainement que leur usage nécessitait, les arbalètes de tous modèles étaient en revanche les armes auxquelles elles portaient le plus d'attention. Elles prenaient aussi garde, semble-t-il, à ce que des frondes et des fustibales soient présentes en grandes quantités. Les pièces d'artillerie étaient elles aussi l'objet de tous leurs soins : entre espringales, machines à balancier et canons, elles investissaient beaucoup dans ces engins qui représentaient d'indéniables atouts pour leurs défenses. Enfin, elles ne négligeaient pas les dispositifs divers qui permettaient de renforcer les effets des armes individuelles et collectives sur l'ennemi en participant à la limitation de ses mouvements, la neutralisation de ses engins d'assaut et enfin l'attrition des capacités de son personnel.

Au final, il apparait que si les municipalités ne négligèrent jamais l'armement individuel et l'éventualité du combat rapproché, elles ne focalisèrent vraiment leur attention que sur les armes donnant de l'allonge en permettant de frapper l'ennemi au plus loin.

Figure 41. Défenseurs d'un château jetant des pierres sur des assaillants.
BNF, Français, FR 2643, *Chroniques de Jehan Froissart*, représentation du siège du château de Brest (1386).
On peut observer deux hommes jetant des pierres depuis le haut des murailles, ainsi que les nombreux projectiles déjà lancés au pied de celles-ci.

II. L'activité économique de l'armement

Les données sur l'activité économique de l'armement sont de quantité et qualité très variables suivant les domaines concernés : armes blanches et défensives, arbalètes, artillerie à poudre, à balancier ou à ressort. En l'absence de sources fiables et suffisantes pour établir des statistiques, nous n'examinerons pas de manière approfondie la provenance des matières premières utilisées ; on peut cependant évoquer quelques faits généraux : en ce qui concerne le métal, la région ne manquait pas de minerai de fer et l'on trouvait ici et là des concentrations d'activités métallurgiques assurant la satisfaction de la demande, à l'exemple des moulines de la vallée de la Masse, en Quercy[496] ; il en allait de même avec le bois, car toutes les essences nécessaires à la fabrication de tous les types d'armes étaient représentées dans les forêts du pays ; on y trouvait aussi du chanvre, de la corne, du cuir, etc., et il n'y avait que pour quelques produits, comme l'huile d'olive des trébuchets par exemple, que l'on devait faire appel à des produits d'importation venant de provinces assez peu éloignées.

1/ Armes blanches et armement défensif.

Dans les documents de la région, les données techniques sur la fabrication des armes blanches et défensives sont quasiment inexistantes, tandis que celles relatives à leur production sont très peu nombreuses.

---

[496] Lartigaut (Jean), « Les moulines à fer du Quercy (vers 1440 - vers 1500) », dans *Annales du Midi*, vol. 81 (1969), n° 93, p. 281.

Quelques éléments permettent néanmoins de lever le voile sur ce domaine spécifique de l'artisanat de l'armement.

Au début du conflit, des armes blanches et défensives de qualité étaient fabriquées par des fabricants d'armes dont l'exercice était préexistant aux hostilités. Ainsi, en 1315 par exemple, il existait à Périgueux un facteur d'épées dont la production s'étendait aussi aux fers de lances[497] ; vingt-quatre ans plus tard, un autre Périgourdin, nommé G. Noel, réalisait lui aussi épées, masses d'armes, fers de lances et couteaux de combat[498], tandis qu'à la même époque, un certain Jacme était installé comme facteur d'épées à Millau[499]. La qualité supérieure de leur production réservait celle-ci à certaines catégories sociales, aussi leur nombre n'augmenta pas proportionnellement à la demande, car la plus grande partie de la population avait avant tout besoin d'armes simples et bon marché : encore en 1387, il n'y avait par exemple aucun artisan de ce type à Cajarc et les habitants souhaitant acquérir une belle épée devaient aller l'acheter à Villefranche-de-Rouergue, à plus de vingt kilomètres[500].

C'est principalement aux forgerons non spécialisés en armement qu'incomba la satisfaction des besoins nés du conflit. Avant le déclenchement des hostilités, ils fabriquaient déjà quelques armes à côté des outils, clous, chevilles et autres objets métalliques d'usage courant qui composaient l'essentiel de leur production ; toutefois, la hausse de la demande en ferrures de construction pour les besoins des fortifications,

---

[497] AM Périgueux, CC 41, f° 3v.
[498] *Ibid.*, CC 57, f° 6r, 14r.
[499] AM Millau, CC 347, f° 3v.
[500] AM Cajarc, CC année 1387, f° 30v.

notamment urbaines[501], fit que beaucoup d'entre eux n'eurent pas le loisir de réorienter significativement leur activité en direction de la réalisation d'armes blanches et défensives. Cela est notamment visible au fait que, dans les grandes agglomérations de la région, les forgerons ne purent jusqu'en 1352 au moins satisfaire la demande en armement émanant des localités voisines plus modestes : cette année-là en effet, les consuls du bourg de Martel ayant besoin de boucliers et autres « artilleries »[502], ils les firent acheter à Toulouse[503], métropole distante de 150 kilomètres, et non à Cahors ou à Montauban alors que ces deux importantes localités étaient sur la même route mais à seulement 56 kilomètres pour la première et 105 pour la seconde ; il semble donc aussi qu'il n'y avait pas d'armement disponible pour les acheteurs extérieurs à Brive-la Gaillarde, 25 kilomètres au nord, ou encore à Aurillac, 65 kilomètres à l'est.

Ensuite, s'il y eut effectivement adaptation du métier de forgeron à la nouvelle demande en armement, ce fut avec des rythmes différents suivant les lieux : en 1356 par exemple, les consuls de Martel firent acheter quatre douzaines de glaives à un forgeron de Sarlat[504] alors qu'il y avait pourtant dans leur ville au moins un artisan capable de les faire[505] ; force est donc d'en déduire que sa capacité de production du moment ne lui permettait pas de répondre à cette commande alors que ses voisins sarladais le pouvaient. De la même façon, en 1362, la municipalité du bourg de Saint-Antonin-Noble-Val fut obligé d'envoyer un acheteur

---

[501] Savy (Nicolas), *Les villes... Op. cit.*, p. 371-389.
[502] Artillerie : *artilharia*. Ce mot pouvait désigner de l'armement en général ou des munitions.
[503] AM Martel, BB 5, f° 71r.
[504] *Ibid.*, CC 3-4, f° 72r.
[505] *Ibid.*, f° 72v.

auprès d'un artisan de Caussade, localité de taille comparable située à 17 kilomètres, pour se procurer les douze glaives dont elle avait besoin pour équiper la garde des trois portes de la ville[506]. Ce manque de forgerons capables de produire de l'armement en quantité n'était cependant pas spécifique à des localités plutôt modestes comme Martel ou Saint-Antonin : en 1359, les consuls de la cité bien plus importante d'Albi ayant un besoin impérieux de fers de glaives, ils en firent acheter 105 à un artisan installé à Mouzies-Teulet, village situé à treize kilomètres de leur agglomération[507].

Les données ci-dessus proviennent exclusivement de comptabilités municipales : la situation de l'offre aux particuliers reste inconnue. Contrairement aux importantes commandes publiques devant être honorées rapidement, celles des personnes privées ne concernaient généralement que des objets uniques et étaient plus étalées dans le temps. Il est ainsi probable que les artisans locaux non spécialisés purent fournir à une grande partie des habitants les armes blanches et pièces d'armure de qualité commune ou médiocre dont ils avaient besoin, comme cela se faisait ailleurs en Europe occidentale[508].

La capacité des forgerons non spécialisés à produire des armes blanches et défensives augmenta peut-être avec le temps, mais rien ne le prouve. En effet, après plusieurs décennies de guerre, ce type d'armement finalement peu utilisé au combat, ne s'usant guère et pouvant parfois être réparé presque indéfiniment, la population en disposait en grand nombre et la demande en matériel neuf devait être, sinon réduite, tout au moins

---

[506] Vignoles (André), éd., *Comptes consulaires… Op. cit*, p. 135-136.
[507] Vidal (Auguste), *Comptes consulaires… Op. cit.*, p. 47.
[508] Gaier (Claude), *L'industrie… Op. cit.*, p. 247-251.

proche de la stabilité. Ainsi, les commandes importantes, comme celle que passèrent en 1376 les consuls de Millau à l'un des forgerons de leur ville pour plusieurs douzaines de glaives[509], devaient avoir un caractère presque exceptionnel ; les achats habituels devaient plutôt porter sur une ou quelques pièces, comme ce simple fer de lance vendu en juillet 1383 à la municipalité du bourg de Rodez par un artisan de la ville[510].

2/ Arbalètes et espringales.

L'arbalète et ses dérivés, espringale et grande arbalète à tour, étaient des armes très simples dans leur principe, mais leur fabrication nécessitait des connaissances technologiques spécifiques : une légère erreur dans la conception ou l'assemblage d'une arme pouvait suffire à la rendre peu efficace et dangereuse pour son utilisateur[511]. Cette technicité ne fit qu'augmenter tout au long du conflit avec le perfectionnement et l'accroissement de la puissance de la plupart des modèles.

Un facteur d'arbalète s'appelait un arbalétrier (*balestier*), mot servant aussi à désigner l'utilisateur de l'arme. Comme dans les autres métiers, il existait une hiérarchie et tous ces artisans n'étaient pas considérés de la même façon. Le Rouergat Guilhem Manurcho par exemple, fut engagé en 1350 pour assurer le seul entretien des arbalètes du consulat de Cahors, et son contrat stipulait qu'il serait payé comme un simple sergent consulaire, nonobstant quelques avantages en nature dont les plus importants étaient l'octroi d'un logement de fonction et d'une

---

[509] AM Millau, CC 371, f° 31v.
[510] AD Aveyron, 2 E 212, Bourg, CC 128, f° 18r.
[511] Information donnée par Serge Androver (voir note 185).

prime d'engagement non négligeable[512]. Une vingtaine d'années plus tard, la même municipalité recruta coup sur coup, à quelques mois d'intervalle, un maître et un ouvrier arbalétrier : si le contrat du premier mentionnait les arbalètes et autres artilleries qu'il devait fabriquer, ainsi que l'entretien de l'armement qu'il devait réaliser, celui du second ne l'obligeait qu'à cette dernière tâche, même s'il faisait état des « arbalètes neuves qu'il pourrait vendre aux citoyens »[513]. Il apparaît ainsi que le maître avait des compétences plus étendues que l'ouvrier, ce qui n'a rien de surprenant ; malheureusement, au-delà de ce constat basique, les documents manquent pour réellement saisir la hiérarchie du métier et son fonctionnement.

Si, grâce aux arbalètes conservées et exposées dans les musées, le résultat du travail des arbalétriers est connu, la façon détaillée dont ils travaillaient pour l'obtenir reste globalement dans l'ombre. Parmi les documents cadurciens évoqués au paragraphe précédent, le contrat de maître Barra nous dit simplement que la municipalité devait lui fournir tout ce qui était nécessaire à la fabrication des armes, mais ne donne aucune précision sur ce « tout »[514].

L'élaboration des arcs, qu'ils aient été en bois, composites ou en acier, constituait le cœur du métier et garantissait sa rémunération : ce savoir-faire ne devait pas être divulgué en dehors de la corporation et nous n'avons trouvé aucune information à son sujet dans les documents de la région. De fait, un arc n'était pas une pièce uniformément élastique : pour ceux en acier d'une pièce par exemple, la partie centrale était

---

[512] AM Cahors, *Livre Tanné*, f° 30r.
[513] *Ibid.*, f° 83r-84r.
[514] *Ibid.*, f° 83r-83v.

beaucoup moins flexible que les extrémités afin que la transmission de la puissance au projectile soit optimum[515] ; la réalisation d'une telle pièce n'était pas à la portée de n'importe quel forgeron. Quant aux arbriers, leur fabrication ne présentant aucune difficulté, elle pouvait être confiée à d'autres artisans spécialisés dans le travail du bois : en 1356 à Martel, c'est un comportier qui se chargeait ainsi de l'élaboration d'une partie d'entre eux[516]. Une fois en possession de l'arc et de l'arbrier, l'arbalétrier fixait le premier sur le second au cours d'une opération s'appelant « concorder » (*concordar*) l'arbalète[517].

Les connaissances sur le travail du métal n'étaient pas uniquement nécessaires pour fabriquer des armes à arcs d'acier : avec le perfectionnement des systèmes de rechargement, les *balestiers* devaient aussi être capables d'élaborer des treuils, tours et autres poulies, comme le mentionne clairement, à Cahors en 1369 par exemple, le contrat de maître Barra[518]. Enfin, l'exercice de ce métier nécessitait des savoirs sur l'utilisation des résines et de la corne ou le formage du bois. Il fallait aussi maîtriser la réalisation des cordes de tir, avec l'emploi de chanvre brut, de ligneul et de cire[519] ; on pouvait cependant aussi faire appel à des cordiers pour la réalisation des cordes et sangles nécessaires aux mécanismes de tension, en particulier pour les grands modèles collectifs[520].

Grâce à l'offre fournie par les arbalétriers et le recours aux grands centres de production comme Toulouse, une grande partie des pouvoirs

---

[515] Information donnée par Serge Androver (voir note 185).
[516] AM Martel, CC 3-4, f° 76v.
[517] AD Aveyron, 2 E 212, Bourg, CC 125, f° 83r.
[518] AM Cahors, *Livre Tanné*, f° 83r-83v.
[519] AM Périgueux, CC 69, f° 4r.
[520] AM Millau, CC 354, f° 11r.

publics et des particuliers purent en quelques courtes années, au début du conflit, s'équiper afin d'assurer leur défense face aux bandes anglaises qui ne cessaient de déferler. Ainsi, si en 1346 la municipalité d'Agen ne possédait qu'environ 80 arbalètes portatives[521], quatre ans plus tard celle de Cahors, ville d'une taille comparable, en avait déjà 300 dans son arsenal[522]. Toutes ces armes, composées pour une bonne part de matières périssables et utilisées régulièrement pour l'entraînement des tireurs, nécessitaient un entretien suivi ; au sein de l'activité économique qu'elles généraient, leurs opérations de maintenance prirent ainsi de plus en plus d'importance par rapport à la fabrication d'armes neuves.

Lorsqu'en février 1350 le consulat de Cahors recruta Guilhem Manurcho pour entretenir ses 300 arbalètes, 200 étaient des modèles à pied et 100 des types à tour ; le contrat ne nous donne malheureusement aucun détail sur les opérations qu'il devait réaliser. Il en va de même pour ses deux collègues engagés une vingtaine d'années plus tard, maître Barra et Nicolau Orset[523]. En revanche, les mentions relatives à Arnauto *lo balestier*, arbalétrier de Périgueux en 1397-1398, nous indiquent que son principal travail consistait à fabriquer et à remplacer cordes et avant-cordes ; la chose est logique car elles constituaient les parties les plus périssables des armes et étaient soumises à de très importantes contraintes pendant les tirs[524].

Les arbalétriers tiraient des revenus confortables de leur métier car leurs savoir-faire recherchés étaient difficiles à acquérir. A Cahors en

---

[521] Magen (Adolphe), éd., *Jurades… Op. cit.*, p. 41-45.
[522] AM Cahors, *Livre Tanné*, f° 30r.
[523] *Ibid.*, f° 30r, 83r-84r.
[524] AM Périgueux, CC 69, f° 4r. Sur le même sujet, voir aussi : Gaier (Claude), *L'industrie… Op. cit.*, p. 218-219.

octobre 1369, maître Barra fut recruté pour une pension annuelle de deux cartons de froment à mesure de Toulouse, soit 744 litres environ[525], un tonneau de vin d'à peu près 880 litres[526], une maison avec lit garni et un atelier, ainsi que deux robes. Soit qu'il soit parti, soit qu'il ne suffisait pas à la tâche, un autre *balestier*, Nicolau Orset, fut engagé en mai 1370 ; suivant une règle que l'on retrouvait dans d'autres corps de métiers, il touchait en tant qu'ouvrier une pension environ deux fois moins élevée que celle de son prédécesseur, qui était maître[527], avec 312 litres de blés, 660 litres de vin[528] et une seule robe par an ; il recevait cependant lui aussi une maison avec lit garni, ainsi qu'un atelier. Ces avantages en nature variaient cependant suivant les localités et les époques car, en 1382 par exemple, Guilhamot, arbalétrier de Bergerac, payait lui-même son loyer[529]. Les deux artisans cadurciens bénéficiaient par ailleurs d'une exemption fiscale totale et n'étaient astreints à aucune charge militaire de guet ou de garde. On ne sait à quelle somme de travail correspondait leurs rémunérations et les avantages concédés, mais elle ne devait pas occuper la totalité de leurs emplois du temps, car leurs contrats spécifiaient qu'ils pouvaient augmenter leurs revenus en fabriquant et réparant des arbalètes au profit des particuliers.

---

[525] Poitrineau (Abel) (dir.), *Les anciennes mesures… Op. cit.*, p. 40-43 ; Jouglar (Bertrand-Adolphe), *Monographie de l'abbaye du Mas-Grenier, Toulouse*, Delboy, 1864, p. 291. En 1197, un carton mesure de Toulouse équivalait à 4 sacs, tandis qu'il équivalait à 4 setiers en 1538 : le « sac de Toulouse » semble être ainsi devenu « setier de Toulouse » ; le fait que, durant l'ancien régime, le « sac » de St-Gaudens avait, avec 90 litres, une valeur similaire au « setier » de Toulouse, qui contenait 93 litres, vient appuyer cette hypothèse.

[526] Duc-Lachapelle, *Métrologie Française… Op. cit.* ; Poitrineau (Abel) (dir.), *Les anciennes mesures… Op. cit.*, p. 78, 127-129. En considérant que le tonneau de Cahors équivalait à 4 barriques, comme à Bordeaux, Fumel, Montflanquin et Villeréal.

[527] Savy (Nicolas), *Les villes… Op. cit.*, p. 372-381.

[528] Duc-Lachapelle, *Métrologie Française… Op. cit.* ; Poitrineau (Abel) (dir.), *Les anciennes mesures… Op. cit.*, p. 113-115. En considérant que le baril de Cahors équivalait à ¼ de barrique, comme à Cajarc.

[529] Charrier (Gustave), *Les jurades… Op. cit.*, p. 73.

Au-delà de leurs émoluments et des gratifications diverses qui leur étaient accordées, les arbalétriers profitaient de la situation générale et de la forte demande pour augmenter encore leur niveau de vie, comme le montre l'exemple d'Arnauto *lo balestier* : vers 1397, employé par le consulat de Périgueux, il percevait six livres de pension annuelle, soit l'équivalent de soixante jours de salaire d'ouvrier maçon ou charpentier[530] ; comme pour les artisans cadurciens cités au paragraphe précédent, ce traitement n'avait rien d'exceptionnel, mais il constituait une base sur laquelle il pouvait développer son activité en offrant ses services aux particuliers. Cela lui semblait sans doute trop maigre et, au cours de l'année, il pensa qu'il pouvait tirer parti de la situation sécuritaire en constante dégradation pour augmenter ses revenus municipaux : il affirma en effet aux consuls que ce qu'il gagnait ne lui permettait pas de vivre et qu'il allait quitter la ville pour tenter sa chance ailleurs ; les édiles, jugeant « qu'il leur était trop nécessaire » pour le laisser partir, lui octroyèrent quatre livres de gages supplémentaires. Sans doute encouragé par ce succès, il réitéra son manège quelques temps plus tard : ayant décidé de prendre femme, il se plaignit aux magistrats de ne pas avoir de quoi payer la noce, et en retour ils lui offrirent du vin pour une valeur équivalente à plus de trois jours de salaire d'ouvrier[531]. En fait, la situation d'Arnauto n'était sans doute pas aussi noire qu'il voulait bien le dire : un document de l'année suivante nous indique qu'il avait acheté la ferme des mesures du vin, qu'il percevait les amendes versées par consuls et conseillers lorsqu'ils étaient en retard ou manquaient une séance du

---

[530] AM Périgueux, CC 69, f° 4r, 49r, 50r, 50v, 51r.
[531] *Ibid.*, f° 4r, 11r.

consulat[532], et que le montant de sa pension avait définitivement été augmenté de 40%[533]. D'autre part, il faut ajouter le fait que les arbalétriers n'étant pas légion, la clientèle de chacun d'entre eux ne se limitait pas à la localité où il était installé : en 1369 par exemple, ceux ou celui œuvrant à Figeac travaillaient au profit de clients installés jusqu'à une vingtaine de kilomètres au moins de leur ville, à l'exemple des consuls cajarcois qui leur envoyaient des cordes à réparer[534].

Si le recours aux arbalétriers était généralement nécessaire en ce qui concernait les arcs, la fabrication et la réparation d'autres pièces techniques ne présentant pas de spécificité particulière pouvaient être confiées à des praticiens non spécialisés en armement. Ainsi, à Gourdon en 1355, le charpentier-forgeron Peyre de Pozals était capable de faire des tours d'arbalètes, tandis que son collègue Guiral des Cros savait les réparer[535] ; à Martel l'année suivante, on trouve aussi mention d'un certain Me Johan las Bordas, forgeron et serrurier de son état, sachant faire des pièces de tour d'arbalète[536]. Vingt ans plus tard, encore à Gourdon, un autre charpentier, peut-être forgeron en sus, Me Johan Belet, était lui aussi en mesure de remettre en état les tours d'arbalètes[537]. Enfin, toutes les petites opérations, comme replacer un clou de fixation, pouvaient être faites par de nombreux artisans[538]. On trouve cependant aussi l'un d'entre

---

[532] AM Périgueux, CC 69 bis, f° 43r, 43v.
[533] *Ibid.*, f° 35r, 35v, 36r, 37r, 38r.
[534] AM Cajarc, CC 6, f° 146v.
[535] Aussel (Max), *Transcriptions… Op. cit.*, reg. CC 18, p. 26, 148.
[536] AM Martel, CC 3-4, f° 30r, 30v, 34r, 34v, 51r, 52v, 53v, 57v, 66r, 66v, 69v, 72r, 74r, 76v, 79v.
[537] Aussel (Max), *Transcriptions… Op. cit.*, reg. CC 20, p. 102, 106.
[538] AM Périgueux, CC 69, f° 56r.

eux effectuant un changement de noix[539] ; cette mention mérite d'être relevée ; en effet la noix, pièce sur laquelle était crochetée la corde tendue avant le tir, et qui la libérait pour le déclencher, devait en effet être positionnée avec grand soin : un mauvais réglage suffisait à faire partir le carreau dans n'importe quelle direction, voire même à le faire très violemment revenir dans la tête du tireur[540]. S'il s'est trouvé des artisans capables de réaliser une telle opération, il est possible que l'on en trouvait en mesure de concorder les armes, c'est-à-dire de fixer l'arc sur l'arbrier à l'aide des avant-cordes, car cette opération présentait moins de difficulté technique[541].

Toutefois, si certains praticiens surent au fil du temps acquérir l'expérience et les savoir-faire nécessaires pour réaliser la plupart des opérations d'entretien des arbalètes, cela ne devint pas leur activité principale pour autant. A Cajarc, ce fut par exemple le cas des forgerons Me Peyre Guari et Me Peyre de Sanh China, qui ne travaillaient sur l'armement que de loin en loin : en 1368, le second est ainsi mentionné comme réparant le moufle d'une grande arbalète à tour[542] ; sept ans plus tard, les deux s'occupèrent de refaire les cordes d'une arme similaire, tandis que le second s'occupa seul d'en réparer le tour et d'y apporter quelques modifications[543] ; l'année suivante, il était en mesure de faire des cordes de tir[544]. Me B. Cantagrel était quant à lui un charpentier-forgeron installé à Millau depuis 1368 au moins[545] et qui, en 1372-1373, pouvait

---

[539] AM Périgueux, CC 69, f° 56r.
[540] Information donnée par Serge Adrover (voir note 185).
[541] Information donnée par Serge Adrover (voir note 185).
[542] AM Cajarc, CC 10, f° 49r.
[543] *Ibid.*, CC 12, reg. III, f° 76r, 76v, 77v.
[544] *Ibid.*, CC 14, reg. II, f° 32r.
[545] AM Millau, CC 364, f° 49r.

réaliser des cordes de tir[546] ; deux ans plus tard, sa renommée était déjà bien établie car le comte d'Armagnac lui-même demanda aux consuls millavois de le lui envoyer pour qu'il se charge de réparer les arbalètes des troupes comtales[547] ; cette reconnaissance de ses compétences ne l'empêcha pas de poursuivre son activité habituelle durant les années qui suivirent[548].

La fabrication des projectiles d'arbalètes ne nécessitait pas de connaissances aussi pointues que pour les armes elles-mêmes ; elle pouvait ainsi être réalisée par des artisans non spécialisés en armement pour peu qu'ils aient au préalable appris les techniques relatives à l'élaboration des pointes, l'équilibrage des hampes et la fixation des empennages, savoir-faire qui n'étaient pas particulièrement répandus dans la région au début du conflit : en 1342, les consuls du bourg de Rodez durent aller jusqu'à Avignon, à plus de 180 kilomètres à l'est, pour se procurer les 1600 carreaux dont ils avaient besoin[549] ; il y avait pourtant des artisans capables d'en fabriquer dans des localités beaucoup plus proches, comme Figeac ou Gourdon[550], mais leur capacité de production était sans doute insuffisante.

Dix ans plus tard, malgré des fabrications locales en train de se développer, les édiles de Martel étaient encore obligés d'acheter une partie des leurs à Toulouse, 150 kilomètres plus au sud[551]. Les documents des années suivantes montrent cependant que les achats locaux progressèrent rapidement : durant le deuxième semestre 1356, sur les

---

[546] AM Millau, CC 368, f° 41v.
[547] *Ibid.*, CC 371, f° 32r.
[548] *Ibid.*, CC 373, f° 2r, 23v ; CC 375, f° 13v.
[549] AD Aveyron, 2 E 212, Bourg, CC 125, f° 83r.
[550] Aussel (Max), *Transcriptions… Op. cit.*, reg. BB 7, p. 174-182.
[551] AM Martel, CC 3-4, f° 42r.

2750 carreaux achetés par le consulat de Cajarc, 60 % avaient été fabriqués sur place par des forgerons du lieu avec 450 unités par Me Prainal, 950 par Aymeric Guari et 250 par Johan da Frecoina ; ces artisans avaient assemblé les différents éléments constituant les munitions, mais ils n'avaient réalisé eux-mêmes que les pointes, le reste des pièces détachées ayant été faites par d'autres, comme ces 1000 hampes achetées à un tourneur sur bois du village de Larnagol, à 5 kilomètres du bourg ; quant aux 40 % restant, ils correspondaient à 1000 carreaux acquis à Cahors et à une centaine produite par un forgeron de Beauregard, petite localité située à 16 kilomètres au sud de Cajarc[552]. A Martel en 1359, les consuls savaient pouvoir déjà compter sur la capacité de production des forgerons de leur localité pour ordonner « qu'on leur fasse faire un ou deux milliers de viretons » dans un court laps de temps[553]. A Millau enfin, l'évolution grandissante de l'offre est visible au fait que si, en 1345, le consulat n'acheta localement que 108 hampes de carreaux[554], il put huit ans plus tard en acquérir 1100 d'un tourneur sur bois en seulement deux semaines[555].

L'évolution fut sans doute similaire en ce qui concernait les gros projectiles d'arbalètes à tour ou d'espringales, toutefois les situations furent certainement variables d'une localité à l'autre, en fonction de sa taille et de la capacité de production initiale de ses artisans. Ainsi, en 1345 à Périgueux, le consulat put acquérir 600 garrots à un seul forgeron-serrurier de la ville[556], tandis qu'en 1376 à Cajarc, la municipalité dut faire appel à plusieurs forgerons pour obtenir les quantités dont elle avait

---

[552] AM Cajarc, CC 8, f° 147v, 148r, 160r, 163v.
[553] AM Martel, BB 5, f° 127r.
[554] AM Millau, CC 347, f° 3v.
[555] *Ibid.*, CC 358, f° 10r, 12r.
[556] AM Périgueux, CC 61, f° 34v-35v.

besoin : elle en acheta ainsi 107 à Me Peyre Guari, 56 à Me R. Beto et 12 à Godafre Coina[557].

Il est difficile de définir les contours de l'artisanat de l'arbalète. La fabrication complète semble avoir été le domaine réservé des artisans arbalétriers, qui seuls possédaient le savoir nécessaire à la confection des arcs. Le grade de « maître » porté par le *balestier* recruté par le consulat de Cahors en 1369, tout comme sa rémunération, pourraient laisser penser que le métier était organisé en corporation, mais il s'agit d'une mention unique à partir de laquelle il serait bien imprudent d'établir une hypothèse. Il reste que tous ces artisans devaient constituer un milieu fermé afin de limiter la diffusion de leurs connaissances spécifiques ; de fait, ils subissaient la concurrence des artisans non spécialisés, les forgerons tout particulièrement, qui étaient en mesure de satisfaire une grande partie de la demande concernant les opérations d'entretien et de réparation des armes. Elle ne fit que s'accentuer avec le temps mais, malgré cela, ces artisans communs ne parvinrent pas à accaparer tous les savoirs des arbalétriers et ceux-ci étaient toujours, à la fin du XIVe siècle, indispensables à la production et au maintien en condition des arbalètes de tous types.

3/ Machines à balancier.

La conception des machines d'artillerie à balancier était complexe et faisait appel à des connaissances en géométrie, en équilibre des forces et en résistance des matériaux allant bien au-delà des compétences

---

[557] AM Cajarc, CC 12, reg. III, f° 76v, 77v, 78r.

habituelles des simples charpentiers. Les techniciens qui les possédaient formaient une sorte de corporation et transmettaient difficilement leur savoir[558]. On les appelait *bridiers*, c'est-à-dire fabricants de *bridas*, trébuchets, mais, possédant parfois le titre de maître, ils ne devaient pas être confondus avec les *maistres de brida*, appellation correspondant à « chefs de pièce » : entre août et octobre 1383, lors du siège du château de Thuriès[559], le comte d'Armagnac employa deux maîtres de *brida*, nommés Serp et Naudi, qu'il paya chacun 12 francs par mois, soit l'équivalent d'environ trois fois le salaire mensuel d'un ouvrier charpentier[560] ; durant le même temps, il fit appel aux services de deux *bridiers* originaires de Montech, non loin de Montauban, qu'il paya 10 francs à chacune de leurs trois interventions, sans que l'on sache cependant la durées de celles-ci[561]. Le travail des *bridiers*, ingénieurs et techniciens, était ainsi mieux payé que celui des maîtres de trébuchet dont le travail, militaire et tactique, consistait à organiser et diriger le service des engins. D'une façon générale, dépourvue du titre « maître », l'appellation *bridier* pouvait recouvrir les deux fonctions : en 1398, lors du siège de Montignac, le maréchal Boucicaut employa d'un côté des *bridiers* chargés du pointage des machines et, de l'autre, un *bridier* chargé de leur démontage, transport, remontage et entretien lourd[562].

---

[558] Beffeyte (Renaud), *L'art de la guerre… Op. cit.*, p. 101-102.
[559] Pépin (Guilhem), « Towards a rehabilitation of Froissart's credibility », dans Bell (Adrian Robert), éd., Curry (Anne), éd., King (Andy), éd., Chapman (Adam John), éd., *The Soldier Experience in the Fourteenth Century*, London, Boydell & Brewer, 2011, p. 176-180. Thuriès, château com. Pampelonne, dpt. Tarn (81).
[560] AM Périgueux, CC 68, f° 32r, 40r. Ce document nous donne une valeur du franc à 20 sous et 10 deniers et un salaire quotidien d'ouvrier charpentier à 2 sous et 11 deniers.
[561] AD Aveyron, C 1336, f° 35v, 39r.
[562] AM Périgueux, CC 69, f° 25r, 32r.

Peu nombreux, les *bridiers* « ingénieurs » devaient beaucoup se déplacer pour répondre à la demande : ainsi, si en 1356 Me Trefolh, fabricant de trébuchet installé à Brive-la-Gaillarde, n'eut que moins d'une trentaine de kilomètres à faire pour aller construire la machine que les consuls de Martel lui avaient commandée[563], son collègue et compatriote limousin Johan Messias, d'Argentat, dut douze ans plus tard en faire une centaine pour fabriquer celle dont la municipalité de la cité de Rodez avait besoin[564]. On note aussi les 85 kilomètres que durent faire P. de la Roqua et Johan Amondo, *bridiers* de Montech, pour intervenir au profit des engins du comte d'Armagnac en position devant le château de Thuriès courant 1383.

Le travail de ces spécialistes consistait avant tout à concevoir les armes qui leur étaient commandées et donc d'en établir les plans, ou patrons[565]. Ceci fait, ils ne fabricaient pas eux-mêmes les armes, mais dirigeaient le travail du personnel mis à leur disposition par le commanditaire pour ce faire. Ainsi, sur les trois mois que dura la construction du trébuchet de Martel en 1356, Me Tréfolh ne passa que 45 jours à en superviser la réalisation[566] ; il eut alors à organiser le travail de maçons, charpentiers, cordonniers ainsi que d'un fabricant de bât et, parmi la main-d'œuvre payée, on peut noter : 33 journées d'hommes nécessaires pour dégager et aplanir l'emplacement de la machine[567], 25

---

[563] AM Martel, CC 3-4, f° 80 v°.
[564] Bousquet (Henri), *Comptes consulaires de la cité et du bourg de Rodez, 1e partie : cité*, T. II (1358-1388), Rodez, P. Carrère, 1943, p. 113-115.
[565] AM Périgueux, CC 61, f° 54r.
[566] AM Martel, BB 5, f° 96v ; CC 3-4, f° 71v – 85r. Décidée à la mi-avril et commencée peu de temps après, la construction du trébuchet s'acheva vers la fin juillet.
[567] *Ibid.*, CC 3-4, f° 71v, 81r et 82r. Il peut tout autant s'agir de 33 hommes employés une journée que d'un homme employé 33 jours.

jours d'ouvrage d'un maître maçon pour réaliser le bâti en pierre[568] et 109 journées que se partagèrent huit charpentiers, soit plus de 13 et demi chacun en moyenne ; enfin, de nombreux manœuvres furent ponctuellement employés pour des tâches de manutention diverses, tout comme des bêtes de somme pour, par exemple, transporter la terre nécessaire au contrepoids[569].

Les connaissances des *bridiers* étaient aussi indispensables pour la réalisation de certaines opérations d'entretien : courant 1359, Me Trefolh, cité au paragraphe précédent, intervint ainsi sur le trébuchet de Martel dont il avait dirigé la fabrication trois ans plus tôt[570] ; toutefois, s'il put intervenir sur une machine relativement proche de son dominicile, ce n'était sans doute pas aussi simple pour celles qui en étaient éloignées. En effet, par rapport au nombre important de pièces en service dans la région, le faible effectif des *bridiers* fit que l'entretien de ces engins devint un problème crucial qui permit à des artisans, dont l'artillerie n'était pas le cœur de métier, de se forger une expérience dans ce domaine. Ainsi le charpentier Bernat Lestroa qui, bien que n'étant nulle part qualifié de maître artilleur, possédait vraisemblablement des savoir-faire dans le domaine des machines à balancier ; en effet, il manifesta en 1350 le désir de quitter la ville de Gourdon, où il était installé et, pour l'inciter à rester, la municipalité lui octroya gratuitement un logement et l'exempta d'impôts pour une durée indéterminée[571] ; or, on le trouve plus tard dirigeant la main-d'œuvre affectée aux réparations de l'un des deux

---

[568] AM Martel, CC 3-4, f° 82r.
[569] *Ibid.*, f° 79v.
[570] *Ibid.*, BB 5, f° 131r.
[571] AM Gourdon, BB 3, f° 17v.

trébuchets de la ville[572], touchant pour cela un salaire bien supérieur à celui de ceux qui travaillèrent sous ses ordres[573].

Les engins devaient ainsi être régulièrement remis en état pour rester opérationnels et les travaux pouvaient être parfois importants. En 1356 par exemple, soit environ deux ans après sa construction[574], les réparations du trébuchet gourdonnais évoqué *supra* furent loin d'être de simples opérations de maintenance courantes : sans compter les manœuvres qui aidèrent à porter les matériaux, deux hommes y travaillèrent de façon continue durant huit jours et un autre durant six ; il fallut aussi, entre autre, acheter 3 grosses poutres, 6 planches, 225 clous, 3 cordes de bonne qualité et faire compléter le remplissage du contrepoids[575]. Des artisans non spécialisés en armement, des charpentiers notamment, étaient toujours impliqués dans ces opérations de maintien en condition, qu'ils effectuaient sous les auspices d'un technicien reconnu ; la fréquence de ces travaux leur permit ainsi de se familiariser avec les machines et, progressivement, d'être en mesure d'en assurer seuls l'entretien : en 1369, tous les artisans qui participèrent à la remise en état d'un mangonneau de Cajarc venaient de la ville même et ne furent aidés par aucune personne extérieure[576].

Au-delà du simple entretien, s'il est probable que la conception et la réalisation des engins resta généralement hors de portée de la majeure partie des charpentiers communs, certains d'entre eux réussirent

---

[572] AM Gourdon, CC 18, f° 35r.
[573] *Ibid.*, f° 34v et 35r. Il touchait 6 sous par jour au lieu des 4 donnés à un simple ouvrier.
[574] *Ibid.*, BB 4, f° 16v : la construction fut décidée le 14 novembre 1353.
[575] *Ibid.*, CC 18, f° 34v et 35r, 37r, 44r.
[576] AM Cajarc, CC 6, f° 138v, 139r, 155v.

néanmoins, à force d'expérience, à acquérir des compétences sinon poussées, au moins plus qu'élémentaires dans ce domaine ; la base de leur métier, entre travail et assemblage de grosses pièces de bois, maîtrise des fixations et emploi des ferrures les y prédisposait naturellement étant donné qu'elle constituait aussi le socle des connaissances nécessaires à un bon *bridier*. Cet aspect amène d'ailleurs à s'interroger sur le parcours de formation que devaient suivre ceux qui se destinaient à ce métier. Le cas de Me P. de Valencas, charpentier d'Albi, est assez intéressant à ce sujet : en 1359, il fut chargé, de pair avec certains de ses collègues, de remplacer des chevilles et de fixer des contrefiches sur la *brida* de la ville, ce qui lui prit onze jours de travail[577] ; une dizaine d'années plus tard, en décembre 1368, il y réalisa non seulement d'importantes réparations, mais surtout, deux mois après, il proposa aux consuls de la refaire entièrement à neuf et se chargea de l'opération[578] ; cette capacité ne lui fit pas abandonner son activité traditionnelle, qu'il poursuivit ensuite durant plusieurs années[579]. A Martel, un autre maître, Johan dit *lo fustier*, était un charpentier expérimenté connaissant notamment, en 1371, les techniques de mise en œuvre des chèvres de levage ; deux ans plus tard, il est mentionné comme disposant de la technique nécessaire au remontage et à la mise en batterie d'un mangonneau ; tout comme son collègue albigeois, ce savoir-faire ne lui fit pas abandonner son activité classique, qu'il continua jusqu'en 1378 au moins[580]. Le fait que ces artisans bien au fait des techniques liées à l'artillerie à balancier n'aient pas abandonné leur travail habituel pour se

---

[577] Vidal (Auguste), *Comptes consulaires… Op. cit.*, p. 154.
[578] Vidal (Auguste), *Douze comptes… Op. cit.*, p. 86-87.
[579] Vidal (Auguste), « Les délibérations… *Op. cit.*, T. VII (1904), p. 89.
[580] AM Martel, CC 5, f° 3v, 16v, 34r, 44r.

consacrer à celle-ci amène plusieurs questions : *bridier* était-il toujours un métier à plein temps ou une simple spécialité supplémentaire détenue par certains charpentiers ? Les déplacements qu'il entrainait étaient-ils tous rentables ? Malheureusement, l'état de la documentation ne permet pas d'y répondre. Il reste que, comme dans tous les métiers, bons et mauvais artisans se partageaient le marché : en 1367 à Rodez, un *bridier* avait contruit un trébuchet qui s'était rompu dès sa première utilisation[581].

Enfin, bien qu'annexe en ce qui concerne les machines utilisées par les localités fortifiées, le travail des *bridiers* touchait aussi au convoyage des engins. En effet, ces derniers n'avaient initialement pas vocation à être déplacés et pour certains la chose n'était d'ailleurs pas possible, à l'exemple du trébuchet de Martel fixé à demeure sur son indispensable support maçonné. Certaines pièces furent néanmoins démontées pour être transportées sur le lieu d'un siège où elles servirent en appui des troupes engagées : début 1359 par exemple, les consuls de Saint-Antonin-Noble-Val mirent leur trébuchet à disposition du sénéchal de Rouergue pour les besoins du siège du château de Feneyrols, à six kilomètres de leur ville[582] ; dix ans plus tard, ceux d'Albi prêtèrent le leur au comte d'Armagnac pour l'aider à attaquer Castelmary[583], à une trentaine de kilomètres, tandis qu'en 1373 leurs homologues de Martel acceptèrent de faire déplacer un de leurs mangonneaux pour les besoins du siège de Murlat, à moins de trois kilomètres de leur bourg[584] ; en 1398 enfin, la municipalité de Périgueux mit un trébuchet et un couillard à la disposition

---

[581] Bousquet (Henri), *Comptes consulaires… Op. cit.*, p. 77-113.
[582] Vignoles (André), éd., *Comptes consulaires… Op. cit*, p. 39-40.
[583] Vidal (Auguste), *Douze comptes… Op. cit.*, p. 68-69.
[584] AM Martel, CC 5, f° 16v.

du maréchal Boucicaut pour les besoins du siège de Montignac, à une quarantaine de kilomètres[585]. Démonter l'une de ces machines complexes en quelques sous-ensembles de façon à ce qu'elle puisse être remise en batterie rapidement demandait une certaine maîtrise, tout comme leur chargement sur des charettes avec des fixations spécifiques afin qu'elles ne souffrent pas du transport sur les chemins défoncés de l'époque ; c'est pourquoi les *bridiers* étaient chargés de ces opérations, comme l'indiquent les mentions concernant le déplacement du trébuchet d'Albi vers Castelmary[586] ou celui de la *brida* et du *colhard* de Périgueux vers Montignac[587].

4/ Artillerie à poudre.

Les plus anciennes mentions concernant la fabrique de bouches à feu dans la région datent de 1339 à Périgueux. Il y est question de deux canons en bronze fondus dans le quartier Taillefer, et de trois autres pièces, en fer celles-ci, forgées par un homme appelé « l'Allemand »[588], ce qui correspondait peut-être à son origine géographique ; hormis le fait qu'il utilisa les services du moulin d'un certain Guilhem del Puey, aucun détail sur la fabrication n'est donné. De la même façon, on ne sait quasiment rien du *maystre armadurier* (maître armurier) qui fit des « clés » aux canons de Millau en 1356[589] ; enfin, si les registres comptables de l'année 1378-1379 du comté de Rodez font état de deux *maistres dels canos*,

---

[585] AM Périgueux, CC 69, f° 31v.
[586] Vidal (Auguste), *Douze comptes... Op. cit.*, p. 95.
[587] AM Périgueux, CC 69, f° 32r.
[588] *Ibid.*, CC 58, f° 9v.
[589] AM Millau, CC 350, f° 27r.

dont l'un originaire de Toulouse, ils ne nous disent rien de plus les concernant[590]. Même s'il existait un marché d'importation, comme semble le prouver un document périgourdin de 1397 faisant état de « canons de fer d'Allemagne »[591], il ne peut expliquer à lui seul le faible nombre de mentions concernant les maîtres canonniers, car les pièces d'artillerie à poudre produites localement étaient loin d'être rares : 24 pièces de fer furent par exemple fabriquées à Cahors durant la seule année 1346[592].

L'explication de la rareté des documents concernant les fabricants de canons locaux se trouve peut-être dans le fait que certains forgerons non spécialisés en armement avaient acquis les techniques nécessaires à la forge de pièces d'artillerie. En effet, il existe maintes mentions faisant état d'opérations réalisées par certains d'entre eux sur des canons, à l'exemple de celle évoquant les « garnitures » effectuées par Me Peyre Guari sur ceux Cajarc en 1376[593], ou de cette autre concernant un professionnel d'Agonac qui répara des pièces de la ville de Périgueux « afin qu'elles puissent tirer »[594]. D'autre part, d'une manière plus générale, les artisans non spécialisés en armement étaient sollicités pour réaliser les *plombadas* des canons ; selon nous, ces « plombées » étaient destinées à parfaire l'étanchéité des canons de fer : naturellement, ces opérations étaient souvent l'œuvres de forgerons, comme celles que firent le Cajarcois Peyre de Sanh Chinha en 1356[595] et son concitoyen Me Peyre Guari vingt ans plus tard[596], mais d'autres, à Périgueux en 1375, furent aussi réalisées par

---

[590] AD Aveyron, C 1335, f° 36r.
[591] AM Périgueux, CC 69, f° 51v.
[592] Lacoste (Guillaume), *Histoire générale… Op. cit.*, p. 113.
[593] AM Cajarc, CC 12, reg. III, f° 77v.
[594] AM Périgueux, CC 67, f° 44r.
[595] AM Cajarc, CC 8, f° 148r.
[596] *Ibid.*, CC 12, reg. III, f° 77v.

un fabricant de chandelles[597]. Toutefois, au-delà de cette capacité à réaliser des finitions ou des accessoires, un document ruthénois daté de 1382 semble indiquer, au moins à titre isolé, la capacité d'un simple forgeron à réaliser des pièces d'artillerie à poudre : cette année-là, il fut en effet payé 31 francs « à Me Johan lo Bastier, forgeron, pour le fer et la façon de deux bombardes »[598]. Cette capacité d'un artisan du métal commun n'a rien de surprenante, car on la trouve clairement établie à la même époque dans d'autres aires géographiques, et notamment dans les anciennes principautés belges[599] : il ne s'agissait sans doute pas d'un cas isolé dans la région.

Il reste en revanche certain que les localités les plus importantes devaient posséder des artisans qui, à défaut de bien connaître les techniques de fabrication des canons, en maîtrisaient tous les autres aspects : le bourgeois sanflorain Frances Aymeric, appartenant à une riche famille de drapiers et de marchands de vin bien implantée dans la vie politique municipale, fut nommé capitaine de la ville en 1380-1381 ; spécialiste de l'artillerie à poudre, il savait fixer les pièces sur leurs affûts et fut chargé du service des canons sanflorains lors des sièges de Chaliers, en 1380, et de Montgieux deux ans plus tard[600]. En 1397-1398 à Périgueux, un certain Olivier de Ribieyra était responsable de l'entretien et de la gestion du parc de canons de la ville ; il savait lui-aussi élaborer des affûts aux caractéristiques précises[601].

---

[597] AM Périgueux, CC 67, f° 36v.
[598] AD Aveyron, C 1335, f° 184v.
[599] Gaier (Claude), Gaier (Claude), *L'industrie… Op. cit.*, p. 247-251.
[600] Boudet (Marcellin), *Registres consulaires… Op. cit.*, p. 85, 89, 107, 111, 180, 264.
[601] AM Périgueux, CC 69, f° 9r, 54v, 67r.

Si les documents concernant la poudre à canon sont relativement nombreux, ceux traitant de ceux qui étaient chargés de la fabriquer sont en revanche assez rares. Durant les années 1380, le bourgeois sanflorain Frances Aymeric, expert de l'artillerie cité au paragraphe précédent, s'en était fait semble-il une sorte de spécialité car les textes le mentionnent à plusieurs reprises comme vendant de la poudre, mais aussi comme la faisant lui-même[602]. En 1397-1398 à Périgueux, c'est de la même façon le technicien canonnier Olivier de Ribieyra qui était chargé de son élaboration[603]. Logiquement, l'évolution des métiers de l'artillerie à poudre généralisa cet état de fait : vers 1430, il était devenu tout à fait normal que les spécialistes de la fabrication et de l'entretien des canons sachent préparer de la poudre[604].

Non seulement la fabrication de la poudre se comprenait aisément dans le cadre plus général du service des pièces d'artillerie, mais de plus elle ne pouvait par probablement pas constituer une activité professionnelle à elle seule. Les quantités acquises étaient en effet assez réduites, ne dépassant généralement pas une douzaine de livres par achat[605], soit moins de six kilos en comptant la livre au poids de marc ; en fait, la plupart des mentions d'acquisition ne concernent même qu'une demi ou une livre, parfois deux. Quant au prix, il était assez élevé : à Martel en 1352, la livre de poudre coûtait cinq sous et trois deniers, soit l'équivalent d'un peu plus de trois jours de salaire de manœuvre[606] ; à Gourdon en 1356, elle revenait à six sous, soit deux jours et demi de

---

[602] Boudet (Marcellin), *Registres consulaires... Op. cit.*, p. 89, 175, 180, 260.
[603] AM Périgueux, CC 69, f° 9r, 54v, 67r.
[604] Benoit (Paul), « Artisans... *Op. cit.*, p. 290-291.
[605] Boudet (Marcellin), *Registres consulaires... Op. cit.*, p. 260.
[606] AM Martel, CC 3-4, f° 42v, 43r.

salaire de manœuvre environ[607] ; enfin, on la trouve plus chère à Cajarc vingt ans plus tard, où son prix tournait autour de douze sous, presque cinq jours de travail de maître charpentier[608].

Avec le développement constant de la nouvelle artillerie, les quantités de poudre acquises augmentèrent mais, jusqu'en 1400, elles restèrent sans doute bien en-deçà de celles que l'on put ensuite acquérir durant la deuxième décennie du XVe siècle : en 1418, pour leurs opérations en Rouergue, les troupes du comté d'Armagnac l'achetaient parfois par quintaux[609]. De la même façon, il est probable que les connaissances et techniques nécessaires à la fabrication de la poudre se diffusèrent et qu'elle put être préparée par un nombre de plus en plus élevé de personnes : en 1412 à Millau, les consuls en firent faire par un simple valet, à qui ils ne donnèrent pour toute rémunération que huit deniers « pour boire »[610].

Une fois la pièce d'artillerie fabriquée, il convenait de la tester et de l'étalonner ; comme nous le dit une mention périgourdine précoce de 1336, il fallait « l'essayer pour savoir comment elle tirait »[611]. Cette opération était obligatoire car, en l'absence de conception précise des canons, les trajectoires des projectiles et les quantités d'explosif nécessaires à leur propulsion ne pouvaient être déterminées à l'avance : un document de Tournai, nous indique ainsi qu'en 1346 on voulut essayer un canon en le faisant tirer contre les murailles de la ville, mais on le pointa avec un angle de site trop élevé ; le garrot partit en passant par-

---

[607] Aussel (Max), *Transcriptions… Op. cit.*, reg. CC 18, p. 378, 454
[608] AM Cajarc, CC 12, reg. III, f° 75v, 78r, 96r, 96v.
[609] AD Aveyron, C 1347, f° 65v, 66r, 86v.
[610] AM Millau, CC 395, f° 31v.
[611] AM Périgueux, CC 55, f° 7v.

dessus les deux enceintes et alla tuer un homme sur la place du Moustier Saint-Brice, à environ 200 mètres de son point de départ[612]. L'amélioration progressives des techniques dans ce domaine ne supprima pas cette étape : en 1398 à Périgueux, on fit éprouver « un des grands canons » de la ville en le faisant tirer depuis la barbacane de la porte Taillefer en direction de l'église Saint-Gervais, dans un secteur relativement plat mais pas vraiment dégagé car un faubourg existait à cet endroit ; plusieurs hommes furent payés pour aller chercher le boulet et le ramener, sans doute à plusieurs reprises[613]. Dans ce cas précis, il s'agissait sans doute d'étalonner la pièce pour un usage général mais aussi, plus spécifiquement, de déterminer *in situ* ses capacités afin de préparer des tirs repérés[614]. Il reste que ces mentions nous renseignent sur les essais dont les pièces d'artillerie à poudre étaient l'objet : une fois mises en batterie, leurs servants savaient comment les pointer pour traiter leurs objectifs le plus efficacement possible.

5/ La gestion municipale de l'armement.

Entre achat d'armement, construction de fortifications, paiement d'espions, etc., l'effort entrepris par les municipalités de la région pour se protéger fut exceptionnel. En effet, de 1348 à 1409, les dépenses de défenses des consulats quercinois, pour ne citer qu'eux, oscillèrent en moyenne aux alentours de 40 % de leur budget total, avec des pics

---

[612] Henrard (Paul), *Histoire de l'Artillerie en Belgique*, Bruxelles, C. Muquardt, 1865, p. 30-31.
[613] AM Périgueux, CC 69, f° 67r.
[614] Tir repéré : tir effectué lorsqu'on a au préalable déterminé et noté les éléments permettant de pointer la pièce, en direction et en hauteur, sur un objectif donné.

fréquents au-delà des 70 %, alors même qu'ils déjà étaient en proie à des difficultés financières chroniques juste avant le début des hostilités[615]. Dans ce cadre budgétaire très contraint, les communes firent très rapidement des choix pour s'assurer que les populations de leurs villes disposent d'un armement suffisant et entretenu.

Durant les premières années du conflit dans la région, elles achetèrent de l'armement en quantité, mais leur but n'était alors que de pouvoir équiper un nombre minimum de défenseurs, nombre sans doute jugé suffisant pour assurer la défense de la localité : à Martel en 1345, les consuls n'acquirent ainsi que de quoi armer cinquante sergents d'armes, avec pourpoints, boucliers, bacinets, lances, ainsi que 2000 carreaux d'arbalète[616], tandis qu'à la même époque la municipalité d'Agen n'avait acheté que 80 arbalètes individuelles[617]. Quatre ans plus tard, celle de Cahors en avait 300 dans son arsenal[618] mais, lorsque l'on sait que cette ville comptait alors aux environs de 2000 hommes en âge de combattre[619], on mesure l'effort financier qu'il restait encore à faire pour ne serait-ce qu'en armer un sur trois : au prix de 1356-1359, cela représentait aux alentours de l'équivalent de 4000 jours de salaire de manœuvre, sans compter les munitions[620]. Or, chaque jour qui passait montrait qu'il était indispensable que tous les citoyens soient correctement équipés de manière à pouvoir participer à la défense commune.

---

[615] Savy (Nicolas), *Les villes… Op. cit.*, p. 126-129, 144, 168, 276, 354, 369, 370.
[616] AM Martel, BB 5, f° 16r.
[617] Magen (Adolphe), éd., *Jurades… Op. cit.*, p. 41-45.
[618] AM Cahors, *Livre Tanné*, f° 30r.
[619] Lacoste (Guillaume), *Histoire générale… Op. cit.*, p. 241-243. Après une longue période de dépopulation, elle en comptait un peu plus de 1700 en 1370-1374.
[620] AM Millau, CC 350, f° 19v ; AM Cajarc, CC 8, f° 153v ; Vidal (Auguste), *Comptes consulaires… Op. cit.*, p. 58-61, 87.

Etant donné les sommes en jeu, il ne pouvait cependant être question pour les communes d'acheter la totalité de l'armement nécessaire à leurs populations. Afin d'éliminer une partie du problème, elles prirent des ordonnances obligeant leurs habitants à s'équiper en armement individuel, comme le montrent par exemple les décisions des consuls gourdonnais en 1353-1354[621] ou de leurs homologues de Brive-la-Gaillarde en 1358[622]. Ces mesures ne concernaient toutefois que les armes blanches car le but n'était pas d'obtenir des combattants entièrement équipés de ce qui se faisait de mieux mais, plus modestement, des défenseurs disposant du minimum pour tenir leur place sur les défenses ; c'est pourquoi les consulats prévoyaient la possibilité de distribuer de l'armement supplémentaire si nécessaire : les magistrats martelais, bien qu'ayant édicté en avril 1352 que tous les habitants devaient être armés en permanence, firent six mois plus tard acheter des armes à Toulouse pour les faire distribuer à ceux « qui sauraient bien s'en servir »[623]. On observe cependant ensuite une raréfaction de ce genre d'achats.

Obliger les particuliers à s'armer était une chose, qu'ils disposent d'une offre suffisante en était une autre, notamment dans les petites et moyennes localités. En effet, si leurs municipalités pouvaient se permettre d'aller acheter de l'armement au loin, à Toulouse, Cahors ou Figeac dans les cas, par exemple, de Martel ou de Cajarc, il n'en allait pas de même pour les ouvriers, paysans et artisans urbains qui constituaient l'essentiel de leurs troupes. Ce problème pris en compte, on put voir ensuite se développer dans la plupart des villes la volonté municipale de fournir une

---

[621] Aussel (Max), *Transcriptions… Op. cit.*, reg. BB 4, p. 20-21, 30-31, 78-79, 86-87.
[622] Lalande (Julien), « Remparts de Brive… *Op. cit.*, p. 362.
[623] AM Martel, BB 5, f° 66r, 71r.

offre générale, capable de satisfaire les besoins tant publics que privés ; elle est particulièrement visible à Martel où, en janvier 1356, les consuls firent s'installer dans leur bourg deux forgerons « aptes à faire des carreaux et toutes autres artilleries nécessaires à la défense du lieu »[624] ; bien plus, trois ans plus tard, il firent un « pont d'or » à un autre forgeron sachant lui aussi fabriquer des armes blanches : pour qu'il choisisse Martel comme lieu de résidence et d'exercice, ils lui octroyèrent l'exemption de toute garde et guet pendant trois ans, ainsi qu'une exonération fiscale totale pour une durée de dix ans ; en contrepartie, il devait juste fabriquer six fers de glaives pour la municipalité. Le cas de Martel était cependant particulier, car sa dépopulation semblait particulièrement avancée : le consulat était prêt à offrir les mêmes avantages à tout serrurier, comportier ou bâtier qui, « bon dans son métier » accepterait de venir s'installer en ville[625]. Les mentions issues de cette ville mettent cependant en avant le fait les forgerons non spécialisés en armement suffisaient à assurer la fabrication et l'entretien des armes blanches les plus communes ; le même fait est avéré dans d'autres localités, et notamment à Albi avec le dénommé Me G. Glieya[626].

La situation était différente pour les arbalètes, armes qui non seulement était composées d'une bonne part de matériaux périssables, mais qui de plus étaient régulièrement utilisées pour l'entraînement, ce qui par ailleurs engendrait une consommation constante de munitions. Afin d'être sûr d'avoir à tout moment toutes les *balestas* de leur ville en état, les consuls du bourg de Rodez engagèrent avant 1362 un artisan arbalétrier qu'ils pensionnèrent comme l'avaient fait leurs homologues de

---

[624] AM Martel, BB 5, f° 93r.
[625] *Ibid.*, f° 127r.
[626] Vidal (Auguste), *Comptes consulaires… Op. cit.*, p. 47, 86, 93, 94.

Cahors en 1350 ; toutefois, si le Cadurcien n'était chargé que de l'entretien des armes, le ruthénois s'occupait aussi de leur fabrication[627]. De la même façon, quelques années plus tard à Cahors encore, les deux artisans arbalétriers recrutés en 1369 et 1370 étaient chargés de fabriquer et d'entretenir des arbalètes, tant au profit de la municipalité que des particuliers, mais ils étaient aussi tenus de réaliser et maintenir en condition « toutes les œuvres d'artillerie appartenant au consulat, quelles qu'elles soient » ; toutefois, le texte mentionnant notamment les *torns* (tours, moufles), l'expression « toutes les œuvres d'artillerie » ne comprenait sans doute ni les canons, ni les pièces à balancier, qui auraient probablement été évoquées si cela avait été le cas[628]. En effet, l'entretien des canons nécessitait des connaissances spécifiques dans le travail du métal et, à Périgueux en 1397-1398 par exemple, un spécialiste y était exclusivement employé, tandis que les machines à balancier étaient confiées aux bons soins d'un autre artisan qualifié[629].

Pour les localités plus petites, dont les municipalités ne disposaient que de moyens modestes, la situation était sensiblement différente car elles ne pouvaient pensionner autant de spécialistes. Toutefois, le fait que les mêmes artisans aient souvent été sollicités pour l'entretien de l'armement consulaire, comme à Cajarc par exemple, permettait à la municipalité de disposer sur place du minimum dans ce domaine : le forgeron Peyre de Sanh-Chinha s'occupa ainsi des réparations des canons, des moufles des grandes arbalètes à tour et d'un

---

[627] AD Aveyron, 2 E 212, Bourg, CC 126, f° 57r, 87r.
[628] AM Cahors, *Livre Tanné*, f° 83r-84r.
[629] AM Périgueux, CC 69, f° 32r, 67r

mangonneau entre 1356 et 1369[630], tout comme son collègue Peyre Guari pour les seuls canons et grandes arbalètes à tour entre 1376 et 1377[631], tandis qu'un certain Mᵉ « B. B. » travailla sur un mangonneau en 1369 puis sur des mécanismes d'espringales en 1376[632].

Ces éléments, tout comme les achats de munitions qui émaillent les comptes de dépenses consulaires, nous renseignent sur les volontés municipales de garder en permanence leurs parcs d'armement en état d'être utilisés ; toutefois, au-delà, ce sont les mentions d'inventaires et de revues de fonctionnement qui nous indiquent que ce maintien en condition n'était pas réalisé de manière empirique mais qu'il était fait avec un minimum de méthode. Hugues de Cardaillac-Bioule, dans son ordonnance sur la défense de la ville de Montauban en 1346, spécifiait bien que l'on devait connaître l'emplacement de tous les défenseurs et l'armement qu'ils avaient à disposition[633]. Ainsi, dès 1345-1347, les consuls d'Albi firent-ils faire un inventaire de toutes les armes et munitions qu'ils possédaient[634], tout comme leurs homologues de Brive-la Gaillarde en 1349[635] ; à la même époque, ceux de Cahors savaient précisément le nombre et le type d'arbalètes dont ils disposaient[636]. On retrouve la même exactitude à Martel, où l'on notait aussi bien les armes que le nombre de munitions distribuées à chaque individu[637]. Les dénombrements ne concernaient pas uniquement les armes appartenant

---

[630] AM Cajarc, CC 8, f° 148r ; CC 10, f°49r ; CC 6, f° 139r.
[631] *Ibid.*, CC 12, reg. III, f° 76v, 77v ; CC 14, reg. II, f° 32r.
[632] *Ibid.*, CC 6, f° 139r ; CC 12, reg. III, f° 76v.
[633] Favé (Ildefonse), *Etudes… Op. cit.*, p. III.
[634] Magen (Adolphe), éd., *Jurades… Op. cit.*, p. 16, 42-45, 110.
[635] Lalande (Julien), « Remparts de Brive… *Op. cit.*, p. 357-359.
[636] AM Cahors, *Livre Tanné*, f° 30r.
[637] AM Martel, BB 5, f° 25r.

au consulat, car en novembre 1352 les consuls martelais firent compter les canons détenus en propre par les particuliers ; cette mention est aussi intéressante en ce qu'elle nous renseigne sur la précocité de la diffusion de ce type d'armement chez les personnes privées[638].

Les listes précisaient souvent le lieu où était entreposée chaque arme ou toutes celles que l'on pouvait trouver dans un ouvrage donné, qu'il s'agisse d'une tour, d'une porte ou même d'un pont, comme celui de Valentré à Cahors en 1401 où étaient répertoriés, entre autres, trois arbalètes et deux canons de fer[639] ; par ailleurs, les inventaires n'étaient pas uniquement consacrés aux armes à haut rendement défensif comme les canons ou les arbalètes, car tous les équipements étaient comptabilisés : en février 1356, les consuls de Martel obligèrent, sous peine d'amende, tous leurs habitants à venir en personne leur montrer l'armement qu'ils détenaient, en présence du notaire consulaire qui en dressa la liste par écrit ; visiblement, certains individus ne prirent pas au sérieux cette obligation car, quatre mois plus tard, les édiles firent fouiller les maisons particulières pour inventorier l'armement en surplus qui s'y trouvait afin de le faire vendre ou prêter à ceux qui n'en avait pas[640].

Les inventaires n'étaient pas seulement quantitatifs. En effet, des précisions concernant l'état des matériels étaient souvent notées, même si cela se limitait souvent à spécifier si les armes étaient « bonnes » (*bonas*) ou « mauvaises » (*avols*), comme cela se trouve à Périgueux[641] ou à Albi au début des années 1370[642].

---

[638] AM Martel, BB 5, f° 71r.
[639] AM Cahors, *Livre Tanné*, f° 170v.
[640] AM Martel, BB 5, f° 94r, 99v.
[641] AM Périgueux, BB 13, *Petit livre Noir*, f° 17r.
[642] Vidal (Auguste), « Les délibérations… *Op. cit.*, T. VIII, p. 259.

**

À l'exception de la fabrication des armes blanches, la production de l'armement était avant tout, en ce qui concernait l'ingénierie et la réalisation des pièces les plus techniques, l'affaire de spécialistes aux savoir-faire reconnus. Ils veillaient à ce que leurs connaissances ne se diffusent pas pour garder l'exclusivité de la niche économique que constituait leur secteur, mais ils ne purent empêcher les artisans communs de progressivement acquérir des compétences dans le domaine de l'entretien ; de là, certains en arrivèrent à maîtriser quelques procédés de fabrication et, sans s'y consacrer exclusivement, à combler une grande partie des besoins en armement nés du conflit.

Les municipalités eurent une grande part dans l'évolution des activités économiques de l'armement. Leur action volontariste dans ce domaine fut importante et multiforme : elles obligèrent la population à s'équiper en armes blanches en veillant à ce que l'offre soit suffisante, tout comme elles achetèrent de grandes quantités d'arbalètes et de l'artillerie en s'assurant que leur entretien serait correctement effectué ; pour ce faire, elles pouvaient soit recruter des spécialistes, soit faire appel à des artisans locaux, ou encore avoir concomitamment recours aux uns et aux autres. En fait, les solutions choisies l'étaient toujours avec pragmatisme de façon à répondre au mieux aux besoins défensifs en fonction de leurs capacités financières du moment et de l'offre disponible sur place.

III. Aspect tactique

Fortifications, aménagement du terrain et armement étaient les éléments matériels principaux formant chaque système défensif urbain. La cohérence de ces derniers était obtenue en adaptant les deux premiers au troisième de façon à améliorer son rendement général. Suivant cela, les différents types d'armes étaient répartis sur les ouvrages de manière à ce que leur efficacité soit au maximum et que leurs effets se complètent. Il en résultait une défense très efficace car particulièrement bien pensée, homogène et ne laissant aucune place à l'improvisation.

1/ Améliorer le rendement général de l'armement.

Les vestiges architecturaux qui sont parvenus jusqu'à nos jours donnent une vision imparfaite de la façon dont l'armement était utilisé depuis les fortifications. Celles-ci, ainsi que leurs abords et approches, étaient aménagées de façon à permettre à toute la gamme des armes disponibles de donner le meilleur de leurs possibilités : cela signifiait d'abord dégager des champs de tir étendus pour toucher l'ennemi au plus loin, puis, s'il arrivait à avancer et franchir l'enceinte faubourienne, à canaliser ses mouvements pour pouvoir concentrer sur lui le tir des arbalètes ; plus près, devant les murailles de l'enceinte principale, un espace libre de tout obstacle était créé afin de permettre à toutes les armes de trait et aux canons de donner au maximum ; enfin, au pied des murs, un corridor était établi de façon à maintenir les assaillants dans la zone d'utilisation optimum des grosses pierres et mélanges irritants que l'on jetait depuis les superstructures[643]. Tout ceci concourrait à empêcher, sinon fortement retarder, le moment où ils arriveraient à lancer ses échelles pour monter à l'assaut des murs, moment où l'avantage tactique avait de fortes chances de totalement basculer en leur faveur.

Tirer au plus loin.

D'une manière générale, les municipalités essayaient de donner le maximum de profondeur aux dispositifs défensifs de leurs localités. Au plus loin, cela passait par l'existence d'un système de renseignement performant relayé, plus près, par un dispositif de surveillance des alentours mis en place sur les points-clés du terrain[644]. Dans le même esprit, on faisait parfois fermer certains passages masqués favorables aux manœuvres de l'ennemi, ce qui avait pour effet de le canaliser vers d'autres cheminements plus ouverts et faciles à observer. En septembre 1356, les consuls de Cajarc firent ainsi dégrader le chemin escarpé longeant le Lot et menant au village de Cadrieu, à un peu moins de trois kilomètres[645], ce qui obligea ensuite ceux voulant se rendre d'un lieu à l'autre à passer par les hauteurs ; de la même façon, une vingtaine d'années plus tard, leurs homologues de Najac firent, 600 mètres à l'ouest-sud-ouest de leur bourg, condamner le passage du gué de la Besse et monter des barrières sur le pont de Saint-Blaise[646], ce qui eut pour conséquence de détourner le trafic vers le pont de la Frégère, plus facile à

---

[643] BNF, *Collection Doat*, vol. 147, f° 282r-287r, édité dans Ferrand (Guilhem), *Communautés... Op. cit.*, p. 519-520 ; Favé (Ildefonse), *Etudes... Op. cit.*, p. V, XIII-XIV.
[644] Savy (Nicolas), *Les villes... Op. cit.*, p. 283-297, 322-329.
[645] AM Cajarc, CC 8, f° 157v.
[646] AD Aveyron, 2 E 178, 8, Najac, comptes consulaires 1375, f° 20v.

surveiller ; ils furent imités deux ans plus tard par les magistrats de Saint-Antonin-Noble-Val qui firent eux aussi monter des barrières en avant de leur pont[647] pour interdire l'accès direct à leur bourg ; dans le même esprit, en 1382, les consuls de Périgueux firent placer des chausse-trappes pour « fermer les bois de Trélissac à Antone » et aménager le pont de Sainte-Claire de manière à ce qu'aucun homme à cheval ne puisse le franchir[648] ; ils procédèrent de façon identique en 1397 en fermant de barrières le gué situé à proximité[649]. Quatre ans plus tard, ceux de Bergerac ordonnèrent, de façon moins précise, que l'on place des barrières et que l'on creuse des fosses autour de la ville[650].

Toutefois, bien plus qu'essayer de canaliser à coup sûr les mouvements de l'ennemi, entreprise qui restait un tant soit peu incertaine, il était vital de pouvoir déceler et analyser ses mouvements s'il parvenait sur les approches immédiates de la localité ; dans cette zone, la première chose à faire consistait à mettre à bas tous les bâtiments susceptibles de lui fournir des masques ; les municipalités s'y attelèrent assez précocement mais certaines destructions furent difficiles à obtenir, les propriétaires n'acceptant pas facilement d'être ainsi dépossédés[651]. La végétation représentait elle aussi un risque du même ordre dont il fallait se prémunir ; ce besoin était pris en compte sur le plan théorique, comme le montre le « précis de défense d'une ville » des archives de Villefranche-de-Rouergue en faisant état des défrichements à faire au bord des

---

[647] Vignoles (André), éd., *Comptes consulaires… Op. cit*, p. 39.
[648] AM Périgueux, CC 68, f° 28r, 32r, 32v.
[649] *Ibid.*, CC 69, f° 67v.
[650] Charrier (Gustave), *Les jurades… Op. cit.*, p. 97.
[651] Savy (Nicolas), *Les villes… Op. cit.*, p. 133-136.

chemins menant aux entrées de la localité[652]. Sur le plan pratique, cela se traduisait effectivement par des abattages d'arbres : en 1353, les consuls de Gourdon ordonnèrent que tous ceux situés dans les jardins proches de la ville, au bord des chemins et dans les vallons y menant, soient abattus[653] ; cette décision suscita peut-être quelques oppositions car ce n'est que deux ans plus tard que de grandes coupes furent faites dans les combes entourant la localité « pour que l'on puisse voir l'arrivée des ennemis »[654] ; l'année suivante, ils firent encore dégager le sentier de Lafontade, qui menait vers la porte principale de l'enceinte, des aulnes qui en gênaient l'observation[655]. A la même époque, leurs homologues de Cajarc firent abattre les arbres qui bouchaient les vues sur le chemin de Figeac, ainsi que les noyers gênant la surveillance d'un autre axe[656], tandis que ceux de Najac s'occupèrent de débarrasser les approches de leur principal faubourg de la végétation qui les encombrait[657].

Il est par ailleurs probable que les abords des villes aient été débarrassées des arbres qui s'y trouvaient par les particuliers de manière tout à fait naturelle : avec l'insécurité, il devait apparaître très pratique de couper le bois de chauffage au plus près de la localité, comme ces peupliers abattus en 1352 à Périgueux devant la tour Mataguerre et la porte de l'Arsault afin de fournir du combustible aux chaufours de la ville[658].

---

[652] BNF, Collection *Doat*, vol. 147, f° 282r-287r, édité dans Ferrand (Guilhem), *Communautés… Op. cit.*, p. 519-520.
[653] Aussel (Max), *Transcriptions… Op. cit.*, reg. BB 4, p. 16.
[654] *Ibid.*, reg. CC 18, p. 30.
[655] *Ibid.*, reg. CC 19, p. 44.
[656] AM Cajarc, CC 8, f° 136r, 153v.
[657] AD Aveyron, 2 E 178 8, Najac, comptes consulaires 1356, f° 3v.
[658] AM Périgueux, CC 63, f° 2r, 14r.

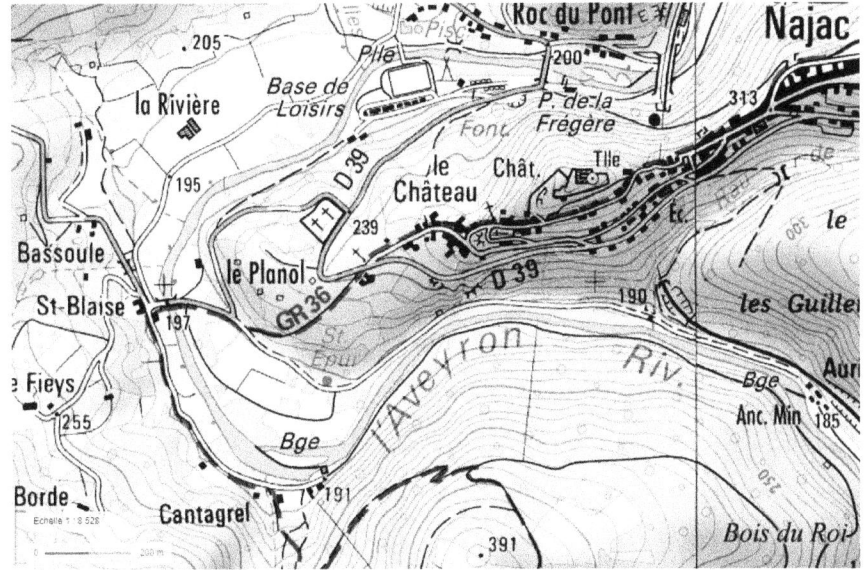

Carte 2. Le pont Saint-Blaise et le gué de la Besse à Najac.
Cartographie IGN.
(Le pont Saint-Blaise est toujours visible, côté gauche de la carte (pt 197). Le gué de la Besse se trouvait plus au sud, au niveau du barrage (pt. 191)).

Au sein des arsenaux urbains, les grandes arbalètes à tour et les espringales étaient les armes ayant la plus longue portée pratique, qui pouvait dépasser les 350 mètres ; le dégagement des abords de chaque localité permettait à leurs servants de profiter de cette allonge pour battre un large périmètre ; ce souci de leur ouvrir de profonds champs de tir était généralisé et on le retrouve aussi clairement exprimé à Anse, sur le Rhône, en 1359[659]. En outre, la fermeture de certains chemins d'accès montre que les autorités avaient une vision assez claire des passages susceptibles d'être utilisés par l'ennemi et il est probable que la disposition de cet armement sur les différents ouvrages était faite en

---

[659] Contamine (Philippe), *Guerre, Etat… Op. cit.*, p. 41.

fonction ; certes, la cadence, un coup par minute environ[660], et la puissance de tir de ces pièces ne permettaient pas de réellement interdire ce genre de zones, notamment en limite de portée où leur précision était d'autant plus aléatoire que leurs cibles étaient mobiles ; toutefois, certains aménagements permettaient de limiter ce désavantage en freinant les mouvements de l'adversaire : le « précis de défense d'une ville » des archives de Villefranche-de-Rouergue stipule ainsi que les chemins menant aux entrées de la localité devaient être coupés de fossés ne laissant qu'un passage étroit aux cavaliers et aux piétons[661]. Dans le même esprit, des barrières furent édifiées en travers de certains axes menant aux entrées des villes : on trouve trace de tels dispositifs à Gourdon[662], Rodez[663], Périgueux[664] et Najac[665]. Par ailleurs, des chevaux de frise formés de « râteaux » et d'épineux pouvaient aussi être posés sur deux ou trois brasses de largeur, soit quatre à six mètres environ, pour gêner les approches vers l'enceinte[666]. Ainsi, pour peu que les tirs des grandes arbalètes à tour aient été réglés et essayés à l'avance sur tous ces obstacles, ils pouvaient engager des ennemis qui s'y seraient tenus immobiles, ne serait-ce que quelques instants, avec un taux de coups aux buts acceptable.

Le dégagement des abords de chaque localité de toute végétation et la mise en place d'obstacles divers sur les approches n'étaient ainsi pas

---

[660] Information donnée par Serge Adrover (voir note 185).
[661] BNF, *Collection Doat*, vol. 147, f° 282r-287r, édité dans Ferrand (Guilhem), *Communautés... Op. cit.*, p. 519-520.
[662] Aussel (Max), *Transcriptions... Op. cit.*, reg. BB 7, p. 34 ; reg. CC 19, p. 128 ; reg. CC 20, p. 28.
[663] AD Aveyron, 2 E 212, Bourg, CC 126, f° 84r.
[664] AM Périgueux, CC 66, f° 22r ; CC 69, f° 49v, 50r-51v, 53r.
[665] AD Aveyron, 2 E 178 8, Najac, comptes consulaires 1382, f° 13r.
[666] AM Martel, BB 5, f° 89r.

uniquement des dispositions défensives de type passif. De fait, permettant aux grandes arbalètes à tour de tirer au maximum de leurs capacités, elles participaient de la défense active en donnant aux défenseurs la possibilité d'imprimer un effet sur l'ennemi bien avant l'arrivée de celui-ci sur les ouvrages avancés de la localité.

Canaliser l'ennemi et concentrer les tirs.

Les périmètres fortifiés des localités urbaines ou quasi-urbaines étaient généralement constitués de deux lignes de défense plus ou moins concentriques : à la périphérie, les enceintes ceinturant les faubourgs étaient souvent construites à partir des façades des maisons qui, donnant vers l'extérieur, avaient été reliées entre elles afin de former une muraille continue sur laquelle des superstructures charpentées prenaient place ; généralement précédée d'un fossé, il arrivait que cette enceinte soit par endroit solidement construite, notamment au niveau de points sensibles comme les portes, mais des portions entières pouvaient aussi se présenter sous la forme de simples palissades de pieux. Dans l'optique des dirigeants municipaux, cette ligne de fortification avait avant tout vocation à assurer la sécurité quotidienne des habitants des faubourgs et à contrer les attaques de petites envergure : ils ne disposaient en effet ni des moyens financiers nécessaires à l'édification d'une forte enceinte infranchissable, ni des effectifs indispensables pour la garnir[667].

En ce qui concernait les centres, parties les plus anciennes des localités, ils étaient protégés par de vieilles enceintes dont l'histoire remontait parfois très loin : les bases de celles de Périgueux, de Cahors ou

[667] Savy (Nicolas), *Les villes… Op. cit.*, p. 137.

de la cité de Rodez dataient de la haute Antiquité et avaient été renforcées à plusieurs reprises depuis, tandis que celles de beaucoup d'autres, comme Martel, Brive-la-Gaillarde ou Millau, avaient déjà plusieurs siècles d'existence. Les plus récentes étaient celles des bastides créés au XIIIe siècle, à l'instar de Labastide-Fortanière, Villefranche-de-Rouergue, Domme ou encore Lafrançaise. Durant la longue période de paix presque ininterrompue qui avait précédé 1337, ces enceintes semblant alors plus ou moins inutiles avaient été laissées sans entretien, tandis que les particuliers y avaient pratiqué des aménagements personnels : une fenêtre ouverte ici pour mieux éclairer un logement, une porte percée là pour ne pas avoir à faire un détour pour sortir de la ville, quand ils n'y avaient pas tout bonnement pris des matériaux pour satisfaire des besoins privés ou élevé des immeubles directement contre les ouvrages ; quant aux fossés, ils ne pouvaient plus remplir leur office car ils avaient souvent été transformés en jardin et recouverts d'édifices divers. A Gourdon, une carrière de sable avait même été ouverte sous une portion de muraille, menaçant gravement sa stabilité. Malgré tout, ces enceintes, bien que parfois fortement dégradées, représentaient encore de solides ensembles protégeant les parties les plus importantes des localités : il était logique que ce soit là que les municipalités portent leurs efforts en matière de fortifications, aussi furent-elles généralement remises en état de la meilleure façon possible[668].

Ainsi, si un fort parti ennemi menant une attaque contre la ville parvenait au pied de l'enceinte des faubourgs, il y avait de grandes chances qu'il arrive à la franchir. La défense se repliait alors sur la forte

---

[668] Savy (Nicolas), *Les villes… Op. cit.*, p. 122-125.

ligne de fortifications protégeant le cœur urbain : les faubourgs devenaient alors, de fait, une zone où les assaillants pouvaient manœuvrer en se servant des couverts et des protections fournis par les bâtiments pour mieux préparer l'assaut final contre l'enceinte principale. Les municipalités prirent en compte ce danger et firent effectuer des aménagements de façon à limiter les circulations masquées utilisables par l'ennemi.

A l'exception de leurs axes principaux, souvent rectilignes, les faubourgs s'étaient construits de manière désordonnée et formaient des entrelacs de rues et de ruelles partant dans toutes les directions. Les municipalités prirent donc le parti de fermer celles qui formaient des cheminements abrités des vues et des tirs de l'enceinte principale afin de ne laisser libre que celles offrant des passages totalement à découvert. Durant le printemps 1350, les consuls de Gourdon firent d'abord condamner les ruelles menant directement aux fossés de l'enceinte principale[669], puis, durant les années suivantes, d'autres rues des faubourgs ainsi que des jardins ; leurs homologues de Martel procédèrent de façon similaire[670]. La volonté d'interdire certains mouvements grâce à ces aménagements apparaît d'ailleurs clairement dans une mention gourdonnaise de novembre 1357, où il est question de fermer les ouvertures d'une maison au *barri* de la Condamina, « afin que l'on ne puisse parvenir à la rue droite »[671]. L'importance accordée aux artères rectilignes ressort aussi en 1362 à Rodez, où la municipalité ordonna que toutes les ruelles situées à l'extérieur de l'enceinte principale soient

---

[669] Aussel (Max), *Transcriptions… Op. cit.*, reg. CC 17, p. 54 ; reg. BB 3, p. 50.
[670] AM Martel, BB 5, f° 122r.
[671] Aussel (Max), *Transcriptions… Op. cit.*, reg. CC 18, p. 36, 434 ; reg. CC 19, p. 114, 118, 120, 128.

fermées, à l'exception de celles formant des axes droits[672]. De la même façon, à Millau en 1358, la fermeture de la rue passant à côté de la commanderie des Hospitaliers[673] visait sans doute à détourner la circulation vers l'artère rectiligne faisant face à la porte de l'Ayrolle. Le parcellaire actuel de certaines localités, lorsqu'il est hérité de la période d'étude, met bien évidence la capacité que donnaient les axes droits aux arbalètes en matière d'allonge, ainsi que l'on peut le constater sur les plans 1 à 6.

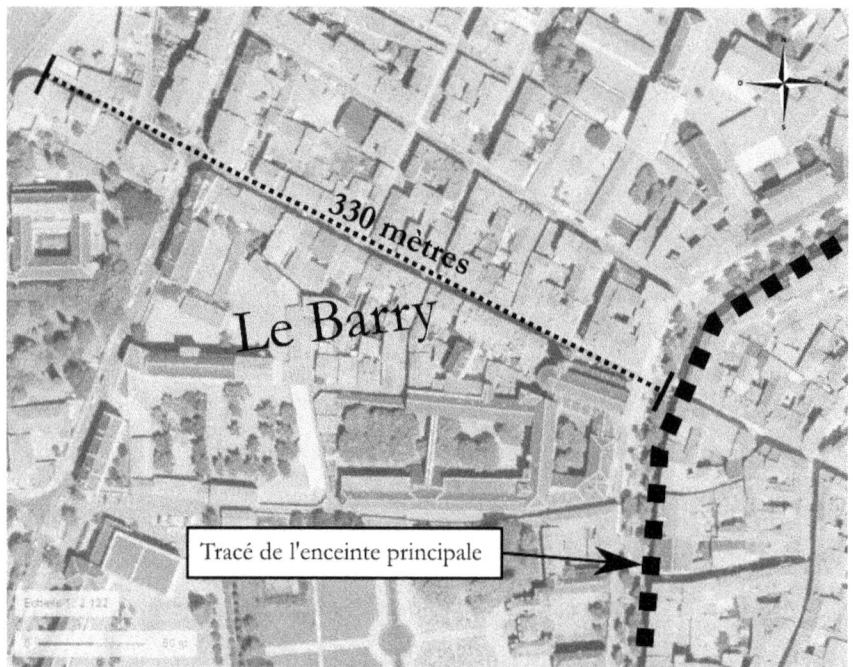

Plan 1. Ligne de tir possible dans la rue du Barry à Millau.
La rue du Barry (du « faubourg » en languedocien) formait un acte rectiligne faisant face à la porte de l'Ayrolle, à Millau. Elle permettait aux grandes arbalètes à tour de tirer jusqu'à 330 mètres. Cartographie IGN.

---

[672] AD Aveyron, 2 E 212, Bourg, CC 126, f° 83v, 84r,
[673] AM Millau, CC 352, f° 14r.

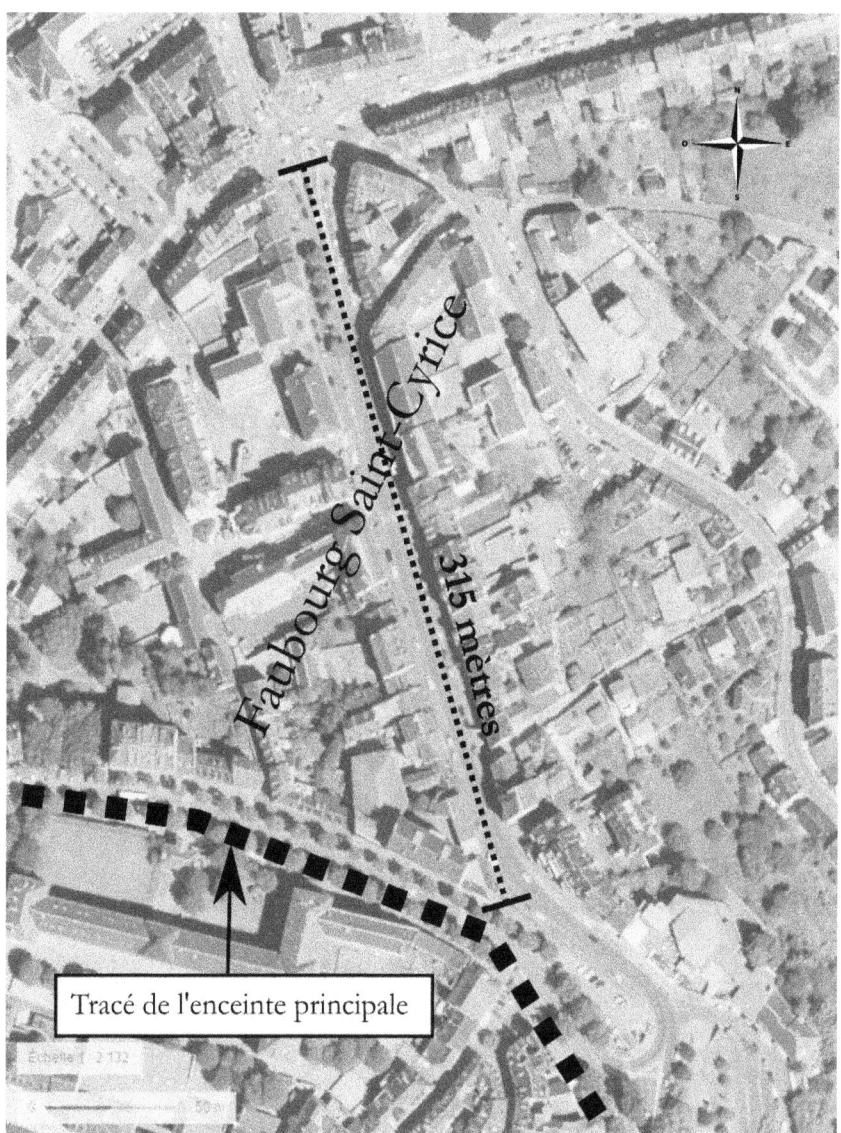

Plan 2. Ligne de tir possible dans la rue du faubourg Saint-Cyrice à Rodez.
La rue Saint-Cyrice n'était sans doute pas, au niveau de l'alignement du bâti, aussi rectiligne au XIVe siècle qu'aujourd'hui, telle qu'elle apparaît sur cette vue aérienne, mais sa rectitude générale est un héritage du parcellaire médiéval. Elle permettait ainsi aux grandes arbalètes à tour un tir en enfilade sur 315 mètres environ. Cartographie IGN.

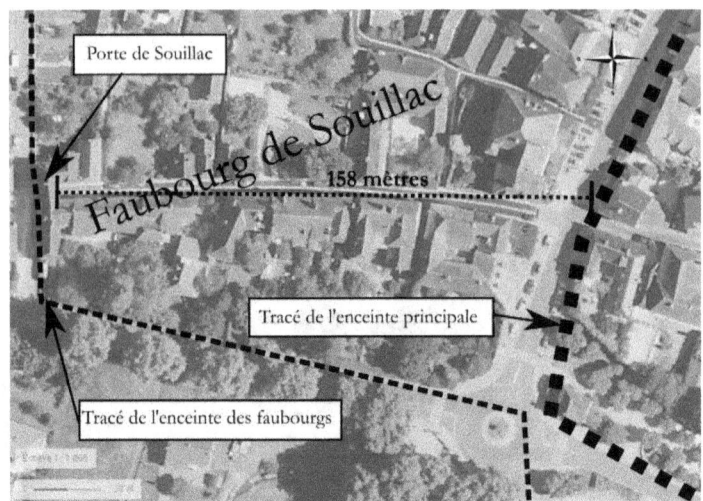

Plan 3. Ligne de tir possible dans la rue du faubourg de Souillac à Martel.
Cartographie IGN.

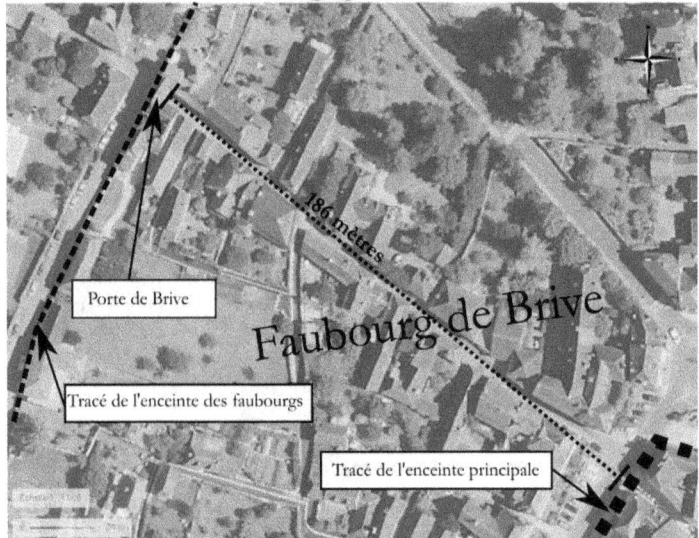

Plan 4. Ligne de tir possible dans la rue du faubourg de Brive à Martel.

Plans 3 et 4 : sur ces vues aériennes actuelles de Martel, on peut observer le tracé encore rectiligne des rues du faubourg de Brive et du faubourg de Souillac. Depuis l'enceinte principale jusqu'aux portes de Brive et de Souillac, leur rectitude, respectivement sur 186 et 158 mètres, permettait aux arbalètes à tour individuelles et collectives donner au maximum de leur puissance. Cartographie IGN.

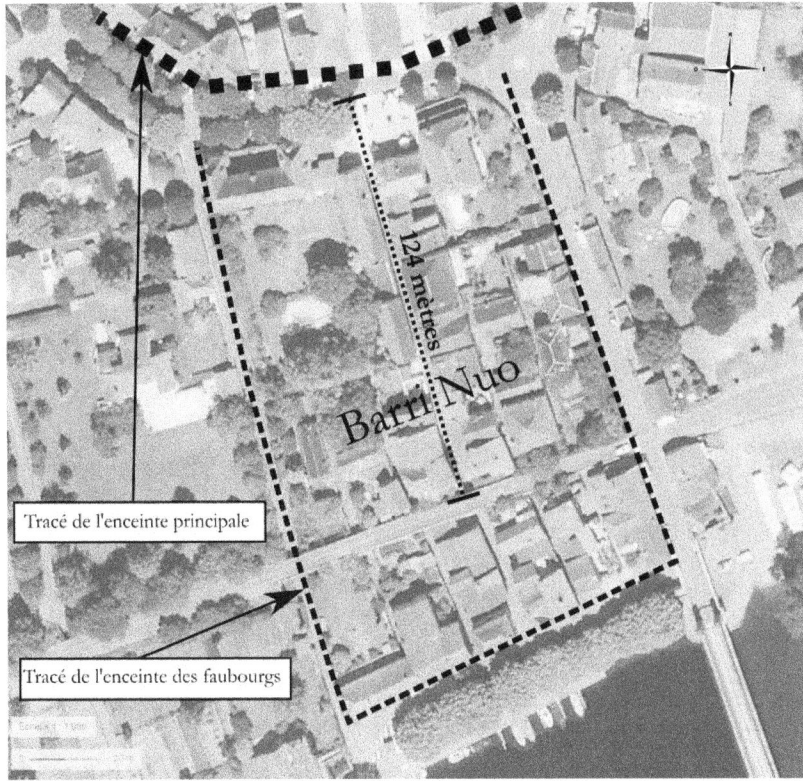

Plan 5. Ligne de tir possible dans la rue centrale du Barri Nuo à Cajarc.
Sur cette vue aérienne actuelle de Cajarc, on peut encore observer le tracé rectiligne de la rue centrale du Barri Nuo, « faubourg neuf » créé au XIIIe siècle, qui permettait des tirs jusqu'à 124 mètres depuis l'enceinte principale et notamment la porte dite « du Barri Nuo », qu'elle desservait. Cartographie IGN.

La population des faubourgs diminua tout au long de la période suite à la guerre, aux épidémies de peste et à la récession économique, ce qui entraîna l'abandon d'un grand nombre d'édifices et, de là, des modifications dans le bâti et le parcellaire. Afin de maintenir l'efficience des aménagements effectués durant les années 1350-1360, des travaux furent réalisés de long en long, comme à Millau en novembre 1379, où le consulat ordonna que l'on ferme les brèches qui s'étaient formées dans les maisons et les ruelles des faubourgs situés entre le Mandaros et la

Capela[674]. De la même façon, à Périgueux, on fit en 1382 fermer des passages qui s'étaient créés vers les fossés de l'enceinte principale[675] et, seize ans plus tard, poser des barrières en travers de certaines rues[676].

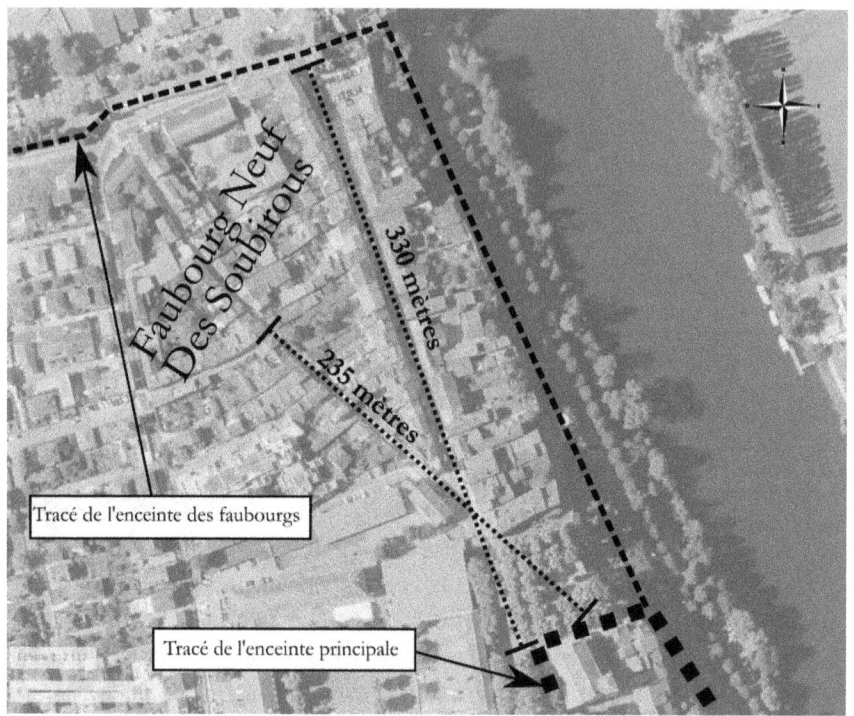

Plan 6. Ligne de tir possible dans les deux rues du faubourg Neuf des Soubirous à Cahors.
Cette vue aérienne met bien évidence la possibilité qu'avaient les grandes arbalètes à tour postées sur l'enceinte principale de Cahors, et notamment sur la porte del Miral située à cet endroit, de prendre les rues du faubourg Neuf des Soubirous en enfilade sur des distances allant jusqu'à 330 mètres pour l'une, et 235 pour l'autre. Cartographie IGN.

---

[674] AM Millau, CC 373, f° 26v.
[675] AM Périgueux, CC 68, f° 33v.
[676] *Ibid.*, CC 69, f° 53r.

Bien que très nombreuses, la plupart des mentions comptables liées aux travaux réalisés sur la voirie pour les besoins défensifs ne permettent généralement pas d'identifier précisément les axes où ils étaient réalisés : les rues et ruelles évoquées pouvaient ainsi tout aussi bien être situées dans la vieille ville ou dans les faubourgs. Il reste qu'elles nous renseignent sur les dispositions que l'on pouvait prendre pour limiter les déplacements de l'ennemi dans des zones bâties : condamner les soupiraux[677], éliminer les recoins ou obstruer les issues des maisons d'angle[678]. D'autres textes indiquent les techniques utilisées : la plus grande partie des artères et autres zones à interdire étaient fermés par des maçonneries[679], tandis que d'autres l'étaient par de simples palissades[680]. Enfin, d'une manière plus générale, on essaya d'enlever à l'ennemi un maximum des possibilités d'utilisation des immeubles faubouriens jugés les plus dangereux : des planchers, des toitures, des cloisons extérieures et des escaliers furent ainsi démontés dans ce but[681].

Avec des portées pratiques atteignant respectivement 350 et 250 mètres, les arbalètes à tour collectives et individuelles étaient en mesure d'interdire une grande partie des axes faubouriens pour peu qu'elles puissent les prendre en enfilade. Ainsi, en canalisant les mouvements d'un assaillant éventuel vers des artères rectilignes bien en vue de l'enceinte principale, les décideurs donnèrent à leurs arbalétriers des secteurs de tir bien délimités et repérés, gages d'un taux élevé de

---

[677] AM Cajarc, CC 8, f° 163r.
[678] *Ibid.*, CC 12, reg. III, f° 83v, 84r.
[679] Par exemple : AD Aveyron, 2 E 212, Bourg, CC 125, f° 57v ; Aussel (Max), *Transcriptions… Op. cit.*, reg. CC 18, p. 36.
[680] AM Cajarc, CC 8, f° 157r ; Aussel (Max), *Transcriptions… Op. cit.*, reg. CC 18, p. 20.
[681] Savy (Nicolas), *Les villes… Op. cit.*, p. 134-135 ; Vignoles (André), éd., *Comptes consulaires… Op. cit*, p. 166-171.

coups aux buts ; ce faisant, ils s'assurèrent aussi contre la plupart des manœuvres qu'auraient permis l'existence de cheminements masqués.

Etablir des glacis.

Au début du conflit, la priorité donnée à la remise en état des anciennes enceintes ceinturant les vieux centres avait eu pour conséquence directe la destruction de nombreux édifices construits durant la période de paix précédente : des bâtiments avaient en effet été accolés aux murailles et ils étaient parfois si nombreux que l'on peinait à distinguer les fortifications sur lesquelles ils s'appuyaient ; il en allait de même avec les fossés, qui de plus avaient souvent été transformés en jardins privatifs avec clôtures diverses, etc.[682]

De plus, au-delà des fossés, il importait qu'un espace suffisant soit dégagé devant les premières maisons des faubourgs afin que l'ennemi ne puisse, ici encore, manœuvrer trop près des défenses de l'enceinte principale. De nombreux immeubles furent ainsi détruits pour créer des glacis l'obligeant à avancer à découvert sur plusieurs dizaines de mètres s'il voulait atteindre les fossés puis la muraille principale. Les démolitions que cela impliquait sont clairement attestées dans la majeure partie des localités quercinoises[683], ainsi qu'à Millau[684], Albi[685] ou Sarlat[686] pour ne

---

[682] Savy (Nicolas), *Les villes… Op. cit.*, p. 123-124, 146-147; AD Aveyron, 2 E 212, Bourg, CC 126, f° 47r, 117r.
[683] Savy (Nicolas), *Les villes… Op. cit.*, p. 124, 133-137.
[684] AM Millau, CC 348, f° 19r-22v ; CC 350, f° 10v, 11r, 13r, 19r, 22r, 25r-25v, 27v, 28r, 36v.
[685] Vidal (Auguste), *Comptes consulaires… Op. cit.*, p. XLIII.
[686] Tarde (Jean), *Chroniques*, Paris, Houdin & Picard, 1887, p. 134.

citer que ces trois exemples précis, mais aussi, d'une manière plus générale, dans toute la partie méridionale du royaume de France[687].

A Sarlat, l'étendue laissée libre entre les fortifications et les premières maisons des faubourgs était, suivant une ordonnance consulaire, longue de treize brasses[688] ; on retrouve une mesure similaire à Agde, où il est noté que cet espacement devait faire douze cannes de largeur[689]. Avec la largeur des fossés, qui généralement avoisinait les six ou sept cannes ou brasses[690], cela donnait un espace d'une trentaine de mètres sur lequel aucun obstacle ne s'opposait au tir de tous les types d'arbalètes, y compris les moins puissants, dont la portée pratique tournait autour d'une trentaine de mètres, des canons et des frondes, voire des simples pierres lancées à bras d'homme.

Dans le parcellaire cadastral actuel, on note dans la totalité des villes ou bourgs de la région, au-delà des anciens fossés aujourd'hui occupés par des voies de circulation, des bandes de surfaces bâties dont les extrémités extérieures, côtés faubourgs, sont situées entre une trentaine et une quarantaine de mètres des enceintes principales : faut-il voir là des traces des emplacements des glacis du XIVe siècle, ultérieurement transformés en zones constructibles ? Il est impossible de l'affirmer sans étude approfondie de l'histoire de ces secteurs, toutefois le fait mérite d'être mis en évidence, comme le montrent les plans 7 à 11.

---

[687] Noël (R.P.R), *Town Defenses… Op. cit.*, p. 319-321.
[688] Tarde (Jean), *Chroniques… Op. cit.*, p. 134.
[689] Salamagne (Alain), *Les villes fortes au Moyen Age*, Paris, Jean-Paul Gisserot, 2002, p. 29.
[690] Les deux unités de mesures étaient généralement proches. Dans les régions méridionales, la canne faisait généralement aux alentours de 180 à 200 cm, tandis que la brasse se situait entre 160 et 180 cm : Poitrineau (Abel) (dir.), *Les anciennes mesures… Op. cit.*, p. 44, 64, 81, 108, 143, 192, 194, 212

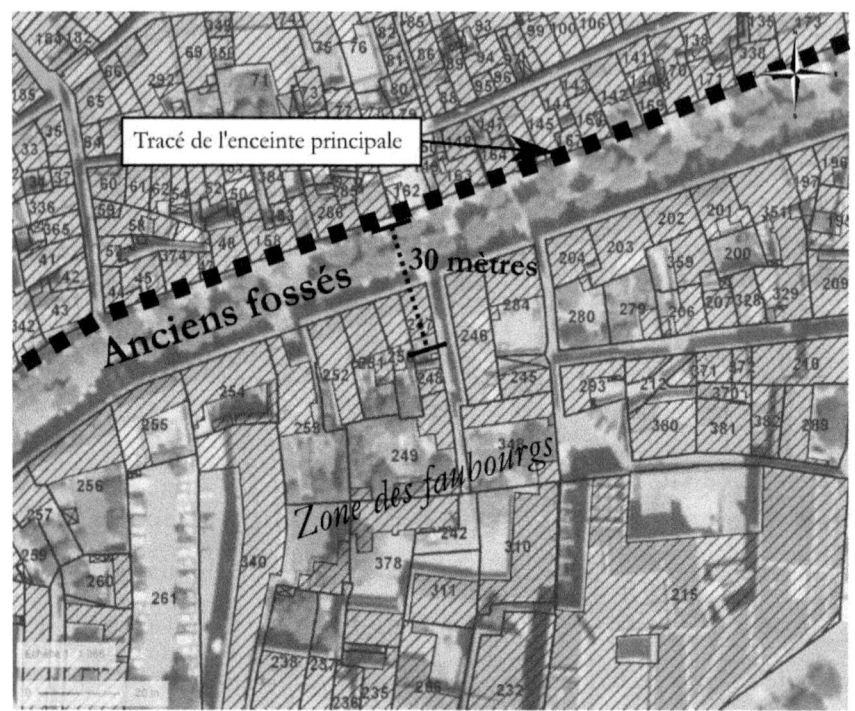

Plan 7. Extrait du plan cadastral de Millau (sud de la vieille ville).
Les extrémités côtés faubourgs des parcelles bâties longeant les anciens fossés, de la gauche vers la droite, 257 à 196, se trouvent à une trentaine de mètres du tracé de l'enceinte principale. Cartographie IGN.

Aspect tactique 173

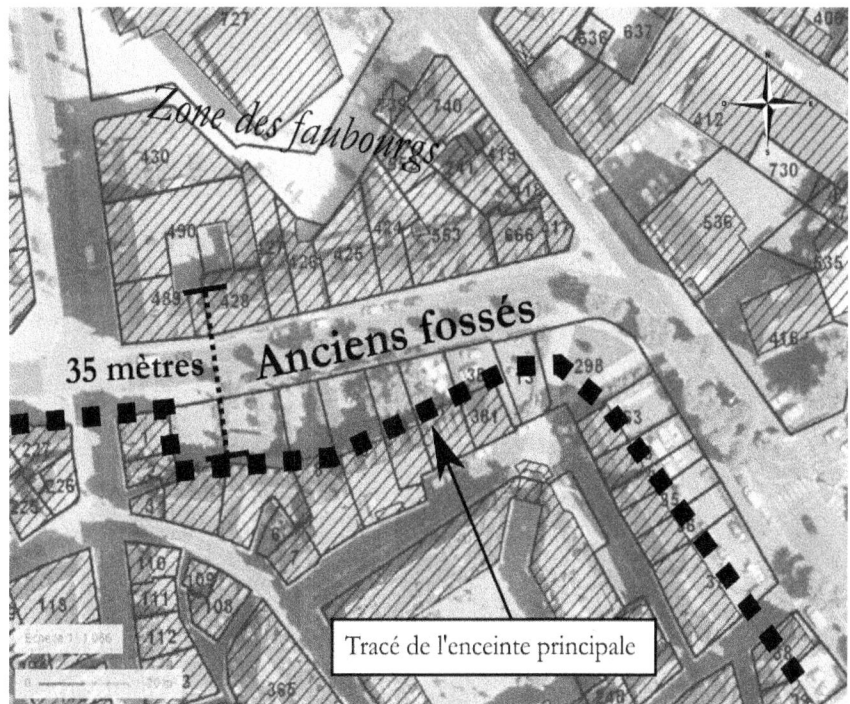

Plan 8. Extrait du plan cadastral de Brive-la-G^{de} (nord de la vieille ville).
Les extrémités côtés faubourgs des parcelles bâties longeant les anciens fossés, de la gauche vers la droite, 489 à 417, se trouvent entre une trentaine et une cinquantaine de mètres du tracé de l'enceinte principale. Cartographie IGN.

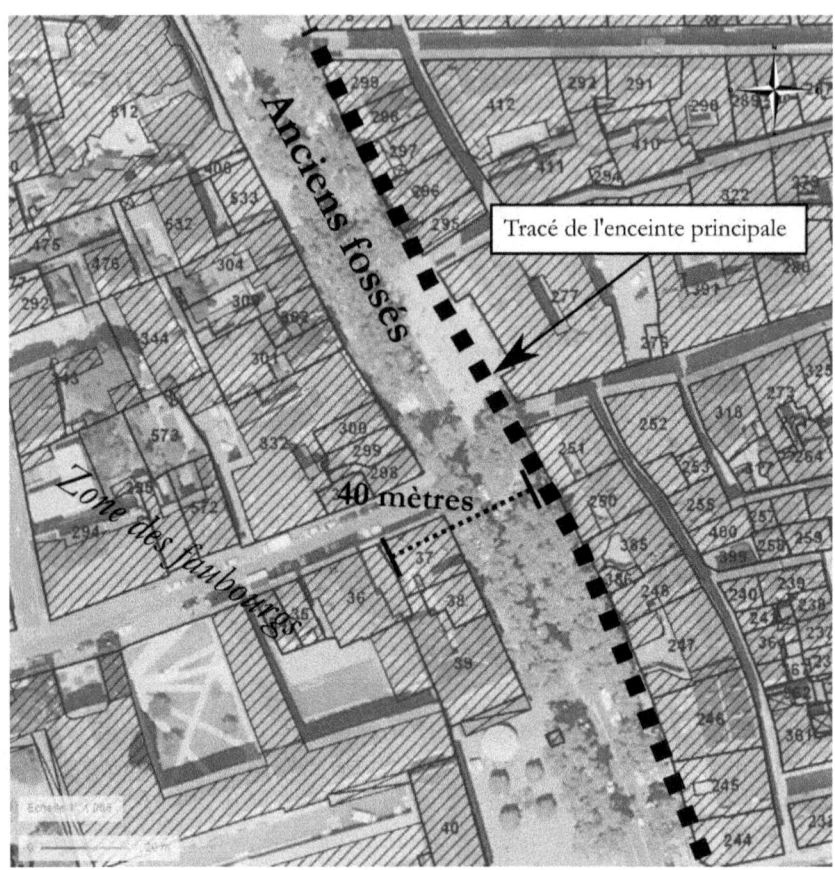

Plan 9. Extrait du plan cadastral de Cahors (ouest de la vieille ville).
Les extrémités côtés faubourgs des parcelles bâties longeant les anciens fossés, du haut vers le bas, 533 à 39, se trouvent entre une trentaine et une quarantaine de mètres du tracé de l'enceinte principale. Cartographie IGN.

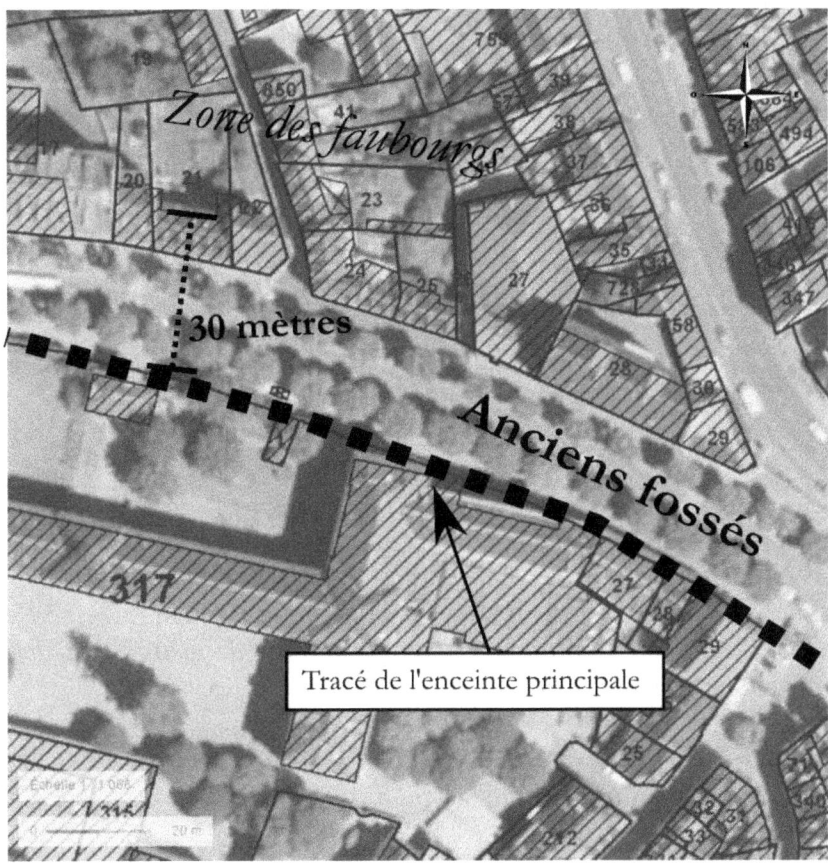

Plan 10. Extrait du plan cadastral de Rodez (nord de la vieille ville).
Les extrémités côtés faubourgs des parcelles bâties longeant les anciens fossés, de la gauche vers la droite, 20 à 29, se trouvent à une trentaine de mètres du tracé de l'enceinte principale. Cartographie IGN.

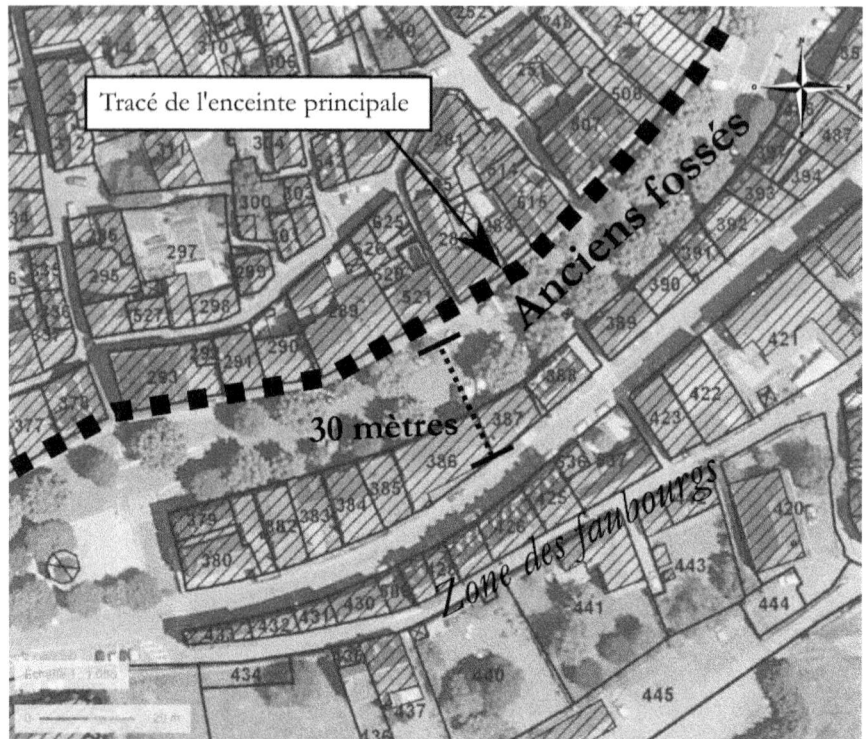

Plan 11. Extrait du plan cadastral de Gourdon (sud-ouest de la vieille ville).
Les extrémités côtés faubourgs des parcelles bâties longeant les anciens fossés, de la gauche vers la droite en remontant, 379 à 397, se trouvent entre une trentaine et une quarantaine de mètres du tracé de l'enceinte principale. Cartographie IGN.

Contraindre les mouvements au pied des murailles.

Poursuivant le raisonnement envisageant la prise des faubourgs par un ennemi suffisamment puissant, il était nécessaire de prévoir qu'après avoir traversé les rues, le glacis et les fossés balayés par les tirs de toutes sortes, il parvienne au pied de l'enceinte principale. Là, il importait de lui imprimer deux effets : le premier était qu'il fallait briser son élan pour l'empêcher d'aborder directement les murailles, tandis que le second consistait à limiter ses mouvements au pied de ces dernières, où se trouvait la zone d'utilisation des hourds et des mâchicoulis. En effet, leur encorbellement servait à jeter verticalement pierres ou mélange irritant, et ils étaient bâtis de manière à ce que ces projectiles arrivent dans un espace relativement précis[691] : pour qu'ils portent avec plus d'efficacité, il était nécessaire de faciliter la visée des défenseurs en empêchant les assaillants de bouger librement.

Figure 42. Ancien emplacement de palissades à Cahors.
A Cahors, les palissades furent progressivement remplacées par des murettes, sans doute à la fin du XVe siècle. Lorsque les fortifications devinrent inutiles, 200 ans plus tard, les fossés furent comblés et des immeubles furent construits contre l'ancienne enceinte, celle-ci s'effaçant progressivement pour laisser place à leurs façades. Les murettes ne furent détruites que bien après et l'emplacement qu'elles libérèrent ne permettait pas d'édifier de hauts bâtiments, qui auraient bouché les façades des immeubles déjà construits. C'est pourquoi on n'y construisit que de simples avancées pour ces derniers, sur un niveau portant terrasse.

---

[691] AM Périgueux, CC 69, f° 60r.

Le premier élément fixe de freinage d'un ennemi avançant vers les murailles était constitué par les fossés. Ils étaient souvent remplis de fagots d'épineux pour une meilleure efficacité ; on trouve de nombreuses mentions de ce dispositif à Périgueux[692], Gourdon[693], Martel[694] et Saint-Flour[695], mais aussi dans d'autres provinces plus ou moins éloignées[696], ce qui autorise à penser qu'il était tout à fait commun ; des fagots d'épineux étaient d'ailleurs positionnés un peu partout au plus près des ouvrages[697].

Les escarpes des fossés ne joignaient pas directement le pied des enceintes car un espace plat large de plusieurs mètres les séparait : l'ennemi devait ainsi descendre dans le fossé, le franchir, en sortir et enfin parcourir une courte distance pour toucher la muraille. Sur cette dernière partie, une palissade de bois était édifiée afin de gêner encore sa course ; son emplacement précis était sans doute déterminé de manière à ce qu'elle ne constitue pas un masque empêchant les défenseurs postés sur les superstructures de tirer sur les assaillants se présentant au sortir de l'escarpe. A Gourdon, cette palissade, *pal* en languedocien, existait en 1350[698]-1351[699] et l'on trouve ensuite, en 1353[700], 1356[701], 1357[702] et 1376[703] notamment, de nombreuses mentions concernant son entretien ; il s'agissait d'une structure légère constituée pour une bonne part de

---

[692] AM Périgueux, CC 69, f° 53v.
[693] Aussel (Max), *Transcriptions... Op. cit.*, reg. BB 6, p. 10, 18 ; reg. CC 20, p. 96, 168.
[694] AM Martel, CC 3-4, f° 82r ; CC 5, f° 36r.
[695] Boudet (Marcellin), *Registres consulaires... Op. cit.*, p. 162
[696] En Bretagne par exemple : Charrière (Ernest), éd., *Chronique... Op. cit.*, p. 113.
[697] Vignoles (André), éd., *Comptes consulaires... Op. cit*, p. 49.
[698] Aussel (Max), *Transcriptions... Op. cit.*, reg. BB 3, p. 48
[699] *Ibid.*, reg. CC 17, p. 72.
[700] *Ibid.*, reg. BB 4, p. 72.
[701] *Ibid.*, reg. CC 18, p. 14, 68, 118, 148.
[702] Aussel (Max), *Transcriptions... Op. cit.*, reg. CC 19, p. 14, 112, 166.
[703] *Ibid.*, reg. CC 20, p. 94, 190.

rameaux liés entre eux[704] et recouverte d'épineux[705]. A Martel, l'édification d'une telle structure ne fut décidée par le consulat qu'en 1358[706]. On trouve ensuite mention du dispositif à Albi[707], Millau[708] et Périgueux[709], tandis qu'il en subsiste des traces évidentes dans le parcellaire de Cahors, le long des anciens fossés aujourd'hui occupés par le boulevard Gambetta[710].

Chaque palissade était édifiée en ligne continue et créait ainsi un étroit couloir de circulation au pied de l'enceinte principale ; on trouve trace de ce corridor, clairement mentionné en tant que tel, un peu partout et notamment dans les villes méridionales. A Montpellier, Narbonne et Beaumont-de-Lomagne, il mesurait environ trois mètres de large, tandis qu'il en faisait cinq à Béziers[711] ainsi, selon toute vraisemblance, qu'à Cahors[712]. Ces dispositifs n'étaient pas uniquement prévus pour faire face à une forte attaque, car ils avaient aussi une utilité quotidienne : le *pal* recouvert d'épineux représentait en effet un obstacle sérieux contre les coups de main nocturnes habituellement menés par les routiers car il les gênait pour aborder discrètement l'enceinte, au pied de laquelle ils devaient parvenir avant de pouvoir l'escalader. Il reste que devant la menace qu'ils constituaient, on ne pouvait s'en remettre uniquement à ces

---

[704] *Ibid.*, reg. BB 5, p. 100, 106, 114, 116, 120.
[705] *Ibid.*, reg. BB 3, p. 78.
[706] AM Martel, BB 5, f° 126r.
[707] Vidal (Auguste), *Comptes consulaires… Op. cit.*, p. 133.
[708] AM Millau, CC 367, f° 28v.
[709] AM Périgueux, CC 69, f° 59r, 59v.
[710] Daymard (Joseph), « Le vieux Cahors », dans *BSEL*, T. XXX (1905), p. 46-47.
[711] Noël (R.P.R), *Town Defenses… Op. cit.*, p. 266-267, 320.
[712] Il y a effectivement 5 mètres environ entre les façades des immeubles construites sur l'ancienne enceinte et le bout des terrasses construites sur les anciennes murettes qui remplacèrent le *pal* vers la fin du Moyen Age.

ouvrages passifs, aussi des patrouilles circulaient-elles à l'intérieur du cheminement ; à cet effet, il était d'ailleurs régulièrement débarrassé des végétaux envahissant le passage[713]. A Gourdon en 1353, les consuls renforcèrent encore sa surveillance en y plaçant douze chiens à demeure ; chacun devait ainsi surveiller environ 80 mètres de cheminement[714].

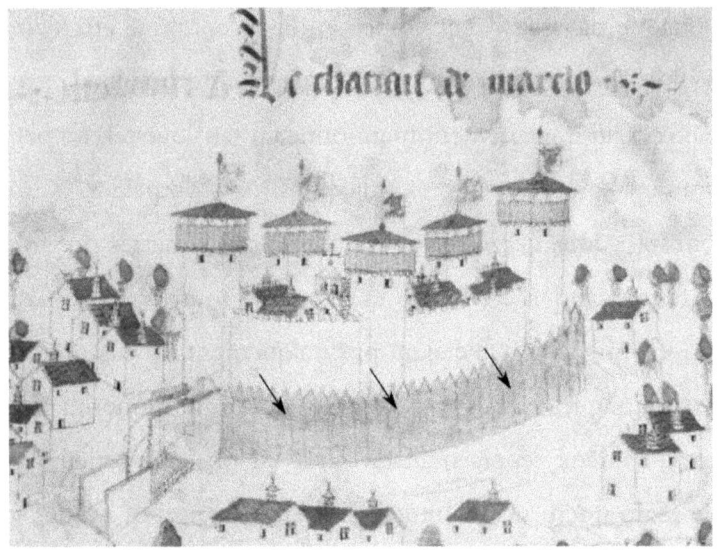

Figure 43. Palissade élevée devant l'enceinte d'un château.
BNF, Français 22297, Registre d'armes, f° 451.

En cas d'attaque d'ampleur, contrairement à ce que nous avions initialement pensé durant la rédaction de notre thèse de doctorat, ces palissades construites devant les murailles ne jouaient pas « le rôle de fausses-braies, dont l'utilité était de créer au-devant de l'enceinte un espace de circulation à but défensif pour pouvoir empêcher par des tirs rasants les approches de l'ennemi et éloigner son implantation ainsi que

---

[713] Aussel (Max), *Transcriptions… Op. cit.*, reg. BB 5, p. 100, 106, 114, 116, 120 ; reg. BB 6, p. 18.
[714] *Ibid.*, reg. BB 4, p. 72.

celle de ses machines »[715]. En effet, le *pal* était léger et protégeait mal contre les tirs d'arbalètes et d'arcs, tandis qu'il était totalement inapproprié pour soutenir un assaut de la part d'un ennemi qui aurait réussi à franchir en masse les fossés ; de plus, pour l'utiliser de la sorte, il aurait fallu que les défenseurs disposent de nombreuses issues leur permettant de circuler rapidement entre l'intérieur et l'extérieur de l'enceinte, ce qui aurait grandement affaiblit le potentiel défensif de cette dernière en créant autant de points faibles ; de plus, les vestiges archéologiques montrent que, si des issues existaient pour par exemple permettre au guet de circuler, leur nombre était relativement réduit. Enfin, défendre l'enceinte dans une position aussi défavorable, sans pouvoir utiliser toutes les armes disponibles, aurait été totalement illogique alors que l'on pouvait le faire avec efficacité depuis les superstructures. Ainsi, si la construction des palissades créait devant l'enceinte un espace de surveillance et de sûreté, celui-ci ne devenait pas, en cas d'attaque, une position de combat mais un dispositif passif de contre-mobilité rapproché destiné à renforcer l'efficacité des moyens de défense actifs de la muraille ; son efficience était encore accrue par les centaines de chausse-trapes que l'on pouvait y jeter depuis les hourds au moment où l'ennemi s'y engageait[716].

---

[715] Savy (Nicolas), *Les villes… Op. cit.*, p. 129.
[716] BNF, *Collection Doat*, vol. 147, f° 282r-287r, édité dans Ferrand (Guilhem), *Communautés… Op. cit.*, p. 519-520.

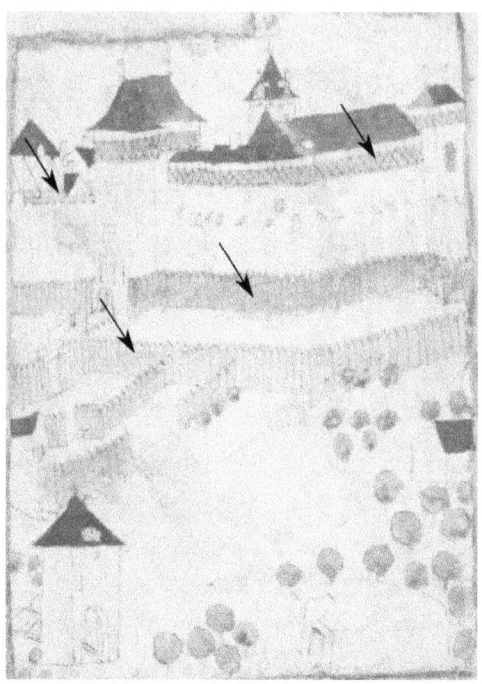

Figure 44. Défenses de l'abbaye de la Bénisson-Dieu (dpt. 42) au XVe siècle.
Ce dessin tiré de l'armorial de Guillaume de Revel montre bien l'utilisation des palissades pour créer un corridor au pied de l'enceinte mais aussi pour freiner ou canaliser les mouvements de l'ennemi sur les approches. De la même façon, il met en évidence les lignes de hourds et de mâchicoulis couronnant tours, portes et courtines et surplombant le corridor créé par les palissades. BNF, Français 22297, *Registre d'armes*, f° 487.

Les aménagements effectués au niveau des infrastructures visaient à tirer profit de l'allonge que tous les types d'armes pouvaient fournir. Cette volonté procédait de deux choses : la première, évidente, était que cela offrait un véritable avantage tactique sur les assaillants, tandis que la seconde, qui en découlait, était qu'il fallait éloigner le moment où les défenseurs seraient obligés de se confronter à eux au corps à corps. En effet, les artisans, paysans et marchands qui composaient la majeure partie des troupes urbaines ne pouvaient avoir le même entraînement que les guerriers professionnels formant une importante partie des grandes armées royales : pris par leurs activités professionnelles et par la charge du guet[717], ils ne pouvaient dégager que peu de temps pour s'exercer aux armes et celui-ci, d'abord consacré au tir à l'arbalète, ne laissait sans doute qu'une place limitée à l'escrime. D'autre part, même si assaillants et défenseurs pouvaient être du même niveau de pratique militaire, le résultat de leur affrontement au corps à corps ne pouvait être prévu tant les paramètres entrant en compte pour déterminer son issue étaient nombreux.

Eloigner le combat rapproché, c'était donc repousser le moment de l'incertitude, celui où, en l'absence d'avantage quelconque, chacun des adversaires ne comptait plus que sur la force, l'habileté et la vaillance individuelle pour remporter la partie. Au niveau de la défense d'une enceinte principale, cela signifiait aussi ne pas ouvrir une brèche potentielle dans le périmètre en tentant une sortie : en effet, faire une sortie signifiait ouvrir une porte assez longtemps pour que les hommes puissent se déployer devant elle, et impliquait aussi de la rouvrir pour les laisser rentrer une fois l'action terminée ; à supposer qu'ils se soient repliés en combattant, pressés par l'ennemi, le risque était grand de ne pouvoir remonter le pont-levis ou de fermer les battants à temps et d'ainsi lui permettre de s'emparer de l'ouvrage. C'est la raison pour

---

[717] Savy (Nicolas), *Les villes… Op. cit.*, p. 319-353.

laquelle Hugues de Cardaillac, dans son règlement sur la défense de Montauban en 1346, interdisait de faire des sorties ; il ne les excluait cependant pas totalement, mais elles devaient être préparées et correspondre à un objectif précis et réalisable sans être uniquement lancées en réaction face à une opération de l'adversaire[718].

Dans le cadre de la défense de l'enceinte, vouloir éviter ou repousser au dernier moment le corps à corps ne signifiait pas que c'était l'idée même du combat rapproché qui était bannie. Une partie non-négligeable des citadins avait d'ailleurs une expérience de ce genre de combat et, si elle était sans doute réduite au début du conflit, elle prit sans doute plus de substance au fil des années. En effet, on trouve de nombreuses mentions d'habitants envoyés participer à des opérations avec les armées royales : comptant de six à plusieurs dizaines d'hommes, on peut par exemple citer ces détachements d'arbalétriers et de sergents d'armes formés par Périgueux en 1346[719], Cajarc[720] et Millau[721] en 1352, Agen en 1354[722], Gourdon en 1376[723], Saint-Flour en 1380[724], Albi en 1381[725], Najac en 1382[726], la cité de Rodez en 1392[727] ou encore Conques l'année suivante[728].

---

[718] Favé (Ildefonse), *Etudes... Op. cit.*, p. III.
[719] AM Périgueux, CC 60, f° 3v, 4v, 10r.
[720] AM Cajarc, CC 7, f° 97r, 98r, 99v.
[721] AM Millau, CC 348, f° 19r.
[722] Magen (Adolphe), éd., *Jurades... Op. cit.*, p. 355.
[723] Aussel (Max), *Transcriptions... Op. cit.*, reg. CC 20, p. 56, 58, 176.
[724] Boudet (Marcellin), *Registres consulaires... Op. cit.*, p. 74-93.
[725] Vidal (Auguste), *Douze comptes... Op. cit.*, p. 344-345.
[726] AD Aveyron, 2 E 178-8, Najac, comptes consulaires 1382, f° 9r.
[727] *Ibid.*, 2 E 212, Cité de Rodez, CC 216, f° 47r, 48v.
[728] AD Aveyron, 2 E 67, Conques, comptes consulaires 1393, f° 2r-2v.

Par ailleurs, des combats rapprochés furent parfois déclenchés à l'initiative des municipalités : en 1353, les consuls de Gourdon formèrent un contingent de soixante fantassins et leur donnèrent la mission d'aller à la recherche des bandes ennemies, de les harceler et de leur tendre des embuscades[729] ; trois ans plus tard, leurs homologues de Cajarc et de Figeac envoyèrent deux compagnies monter à l'assaut du petit bourg de Fons, dont une bande de routiers anglo-gascons venait de s'emparer[730] ; en 1372, leurs homologues de Martel envoyèrent vingt-cinq hommes se mettre en embuscade durant une nuit pour surprendre la compagnie du capitaine Pauco Morit[731] ; enfin, par deux fois, en février 1370, les édiles cajarcois n'hésitèrent pas à faire sortir plusieurs dizaines d'hommes pour aller chasser une troupe d'Anglais qui s'était embusquée dans les environs de la ville[732]. Ces mentions sont cependant peu fréquentes, ce qui laisse penser que ce genre de confrontations directes de petite envergure n'était pas des plus courants. Ceci étant, on trouve par ailleurs, pour une seule ville et une seule période il est vrai, deux affrontements de plus grande ampleur : en 1381, les Gourdonnais attaquèrent une bande de tuchins retranchés dans le village fortifié de Masclat, et les en chassèrent, tandis que cinq ans plus tard ils n'hésitèrent pas à lancer un assaut contre celui de Costeraste, alors tenu par les Anglais[733]. Tout ceci fait cependant peu à côté des escarmouches menées en mode défensif, dont les mentions émaillent les documents.

---

[729] Aussel (Max), *Transcriptions… Op. cit.*, reg. BB 4, p. 10.
[730] Savy (Nicolas), « La prise de Fons en 1356… *Op. cit.*
[731] AM Martel, CC 5, f° 14r.
[732] AM Cajarc, CC 6, f° 148v.
[733] Aussel (Max), *Transcriptions… Op. cit.*, reg. BB 6, p. 12, 20, 22.

Au final, s'il apparaît que l'expérience en combat rapproché des citadins était loin d'être inexistante, elle était cependant essentiellement limitée à la guérilla et ne les préparait pas vraiment aux engagements de haute intensité. Ainsi, s'il semble que l'idée de mener la lutte au corps à corps n'était pas exclue des raisonnements défensifs urbains, il apparaît que ce type d'affrontement était sans doute vu comme une extrémité à envisager en dernier ressort, à défaut de toute solution autre à un problème tactique donné.

2/L'armement des ouvrages.

L'armement des ouvrages correspondait aux différents effets que l'on souhaitait obtenir sur l'ennemi dans le cadre du plan de défense général du système fortifié ; il était réalisé de manière à tirer le meilleur parti des possibilités données par chacun d'entre eux tout en permettant la combinaison des différentes armes. On pouvait ainsi distinguer trois grands types de postes de combats, avec les portes, les ouvrages de flanquement et les courtines.

Les portes.

Dans une localité fortifiée, les portes étaient des lieux de passage continuellement empruntés par les travailleurs agricoles partant ou rentrant des territoires de production, les marchands vaquant à leur affaires, en bref par toutes les personnes participant à la vie économique de la localité ; d'autre part, donnant un accès direct vers le cœur de cette dernière, elles étaient particulièrement visées par toutes les entreprises ennemies, qu'il s'agisse de coups de mains menés par les bandes de routiers, ou des puissants assauts frontaux lancés par une importante armée dans le cadre d'un siège. Leur défense devait donc répondre à un triple impératif : d'une part, permettre un franchissement rapide et en sûreté des usagers afin d'éviter que se forme devant elle une concentration d'individus et de biens qui auraient immanquablement favorisé n'importe quelle action hostile ; d'autre part être en mesure de repousser une attaque menée par surprise et, enfin, pouvoir faire face au choc d'un assaut d'envergure.

Figure 45. La porte Narbonnaise et sa barbacane, à Carcassonne.

Afin de limiter les problèmes liés à la sécurité des portes tout en réduisant les effectifs de gardiens, les municipalités prirent le parti d'en condamner certaines, qui devinrent en quelque sorte de simples tours et, pour les autres, de n'en laisser qu'une seule ouverte à tour de rôle sur chaque enceinte[734]. Toutefois, c'est la construction de barbacanes devant celles qui restèrent en service qui, sur le plan structurel, leur permirent de devenir des accès plus sûrs et plus solides tout en permettant un passage plus rapide ; même si certaines barbacanes existaient déjà bien avant le conflit, la prise en compte de la nécessité d'en édifier devant toutes les issues est attestée, par exemple, à Rodez en 1345[735], à Millau en 1351[736] et à Martel en 1355[737] ; on les retrouve ensuite de manière généralisée dans toute la région, qu'elles soient maçonnées ou totalement constituées de structures charpentées.

Figure 46. Une porte et sa barbacane au Crozet (dpt. 42) au XVe siècle.
BNF, Français 22297, Registre d'armes, f°482.

---

[734] Savy (Nicolas), *Les villes… Op. cit.*, p. 322-324 ; AM Millau, CC 348, f° 22r, 23r ; AD Aveyron, 2 E 212, Bourg, CC 126, f° 83r, 112r, 112v.
[735] AD Aveyron, 2 E 212, Bourg, CC 125, f° 57v.
[736] AM Millau, CC 348, f° 23r.
[737] AM Martel, BB 5, f° 89r.

Figure 47. Entrée de la barbacane de la porte Narbonnaise, à Capdenac.
La porte en elle-même est perpendiculaire, visible juste derrière, sur le côté droit.

Une barbacane permettait certes d'empêcher l'ennemi d'arriver directement au contact de la porte et de mettre en œuvre un bélier pour la défoncer, mais elle créait aussi un sas de filtrage facilitant le contrôle des allées et venues des particuliers ; de plus, en cas de prise, les assaillants qui en franchissaient l'entrée pour avancer vers la porte se retrouvaient dans un espace clos et sans abri constituant un champ de tir parfait pour les armes installées sur les superstructures de la porte en question. Très peu de barbacanes urbaines sont parvenues jusqu'à nous. Celle de la porte Narbonnaise, à Carcassonne, peut nous donner une idée de celles construites dans les grandes villes de l'aire étudiée, comme Cahors, Montauban ou Périgueux, toutefois il est probable que dans la plupart des cas, celui des localités plus modestes, elles s'apparentaient davantage à celle de la porte Narbonnaise de Capdenac[738] ; l'armorial de Guillaume Revel, bien que concernant les provinces voisines d'Auvergne et du Forez, offre de nombreuses représentations de barbacanes permettant de se faire une idée de la variété de leurs configurations[739].

Figure 48. Une porte et sa barbacane à Sury-le-Contal (dpt. 42) au XVe siècle.
BNF, Français 22297, Registre d'armes, f°463.

---

[738] Bien que la date de construction de celle-ci soit antérieure à l'époque étudiée.
[739] BNF, Français 22297, *Registre d'armes*.

Figure 49. Une porte et sa barbacane à St-Galmier (dpt. 42) au XVᵉ siècle.
BNF, Français 22297, Registre d'armes, f°454.

L'armement en place au niveau des portes était en premier lieu fonction du filtrage et du contrôle des passants qui y étaient effectués. Il s'agissait principalement d'armes blanches ou d'hast que les gardes des portes devaient avoir en permanence avec eux et dont on trouve de nombreuses mentions[740] ; elles leur servaient, quotidiennement, à assurer leur propre sécurité et à leur permettre d'être en mesure de repousser une éventuelle action offensive impromptue ; à Martel en 1355, les consuls précisèrent qu'ils devaient aussi être casqués et munis d'un haubert ou de plates[741]. La chose était logique : étant en contact physique avec les usagers qu'ils devaient contrôler, ils auraient obligatoirement dû entamer un combat au corps à corps si des ennemis avaient tenté de s'emparer de la porte après s'être dissimulés dans la foule des marchands et des

---

[740] AM Martel, BB 5, f° 127r, par exemple.
[741] *Ibid.*, f° 94r.

paysans. Quant aux arbalètes, affectés à demeure aux portes, comme à celle de l'Ayrolle à Millau[742], elles étaient prévues pour être utilisées depuis les superstructures couronnant l'ouvrage : de là, on pouvait tirer dans l'espace situé entre la porte et la barbacane ainsi qu'au devant de celle-ci. Comme le spécifiait Hugues de Cardaillac en 1346, la garde d'une porte impliquait d'avoir en permanence des hommes en bas et en haut de l'ouvrage[743] ; cette façon d'organiser le service était judicieuse, car simple et efficace : les gardiens placés sur les hauts donnaient un peu de profondeur au système en surveillant au plus loin les usagers qui s'approchaient pour rentrer en ville, tandis qu'ils pouvaient apporter un appui immédiat aux gardiens du bas si ceux-ci se retrouvaient face à des ennemis dissimulés dans la foule.

Figure 50. Représentation d'une barbacane charpentée (XVe siècle).
BNF, Français 5054 (Vigiles de Charles VII), f° 205, siège de Cherbourg (1450).

[742] AM Millau, CC 364, f° 49r.
[743] Favé (Ildefonse), *Etudes… Op. cit.*, p. II-III.

Figure 51. Porte et barbacane à Donzy (com. Salt-en-D^y, dpt. 42) au XVe siècle.
BNF, Français 22297, Registre d'armes, f°447.

L'armement des gardiens reflétait le principal danger quotidien qui menaçait les portes : les coups de main ennemis. En effet, ouvrage fortifié pouvant être tenu indépendamment du reste de l'enceinte, une porte dont l'ennemi s'emparait permettait à celui-ci de faire entrer dans une relative sécurité ses troupes directement et rapidement au cœur de la localité convoitée. Les quelques exemples de ce genre d'actions réussies montrent qu'elles étaient quasiment imparables : au cœur de l'été 1359, John Chandos, Hugh Calveley et Bertrucat d'Albret montèrent une opération nocturne pour s'emparer d'une porte du Puy-en-Velay ; ce fut un succès et, une fois l'ouvrage entre leurs mains, la herse fut levée et le pont-levis baissé pour ouvrir le passage à leurs troupes qui s'engouffrèrent dans la localité et en bousculèrent prestement les défenseurs[744]. De la même façon, dans la nuit du 6 au 7 février 1388, des soudards du célèbre Perrot le Béarnais réussirent à prendre plusieurs portes de Montferrand, en Auvergne, et les ouvrirent à leurs camarades qui purent ensuite se rendre maître de la ville sans aucune difficulté[745].

Figure 52. Une porte et sa barbacane à Néronde (dpt. 42) au XVe siècle.
BNF, Français 22297, Registre d'armes, f°446.

La situation était différente lorsque la ville était assiégée ou menacée par une forte armée. Dans ce cas de figure en effet, le pont-levis était relevé, la herse baissée, le passage éventuellement muré[746], et la porte devenait un ouvrage de flanquement presque comme les autres. Il n'était plus alors question de commencer le combat au corps à corps en bas,

---

[744] Sumption (Jonathan), *The Hundred Years War, vol. II : Trial by Fire*, Philadelphia, University of
Pennsylvania Press, 2001, p. 728.
[745] Kervyn de Lettenhove (Joseph) (éd.), *Œuvres de Froissart. Chroniques*, T. XIII, Osnabrück, Biblio Verlag, 1967 (réimpréssion de l'édition de 1867-1877), p. 52-81.
[746] Aussel (Max), *Transcriptions... Op. cit.*, reg. CC 18, p. 28, 82-84.

dans la barbacane, cette extrémité étant rejetée au moment où l'ennemi arriverait, s'il y arrivait, au niveau des superstructures charpentées.

Hugues de Cardaillac-Bioule, dans son ordonnance sur la défense de Montauban en 1346, précisait qu'en cas de siège, des arbalétriers, des frondeurs et des gens chargés de jeter des grosses pierres devaient prendre place sur les portes ; il était plus précis pour la mise en défense de son château de Bioule, pour lequel il spécifiait que la garnison de la porte extérieure devait comprendre, au premier étage, deux hommes pour servir une grande arbalète à tour et deux autres pour tirer avec les canons, tandis qu'au niveau sommital prenaient place deux arbalétriers, deux frondeurs et un homme d'armes pour diriger l'ensemble ; au total, cela faisait neuf combattants avec une grande arbalète à tour (portée de 350 mètres environ), deux arbalètes à pied (portée 60 mètres maximum), une arbalète à deux pieds (portée d'une trentaine de mètres), quatre canons et autant de fustibales, auxquels il fallait ajouter des munitions en quantités avec carreaux, projectiles de fronde et grosses pierres à jeter par les hourds. Sur la seconde porte prenaient place deux canonniers au premier étage, tandis que deux arbalétriers s'installaient au second et deux autres sur le mur adjacent, avec deux frondeurs et un homme d'arme, ce qui amenait un total de neuf combattants avec trois canons, trois arbalètes à pied, une arbalète à deux pieds et quatre fustibales, ainsi que les munitions afférentes. Sur les deux ouvrages, il était prévu que les individus postés sur les premiers étages abandonnent grandes arbalètes à tour et canons pour lancer des grosses pierres par les hourds si l'ennemi parvenait au pied de l'enceinte[747].

---

[747] Favé (Ildefonse), *Etudes… Op. cit.*, p. IX, XI.

Figure 53. Porte du castrum de Camboulit (dpt. 46).
Le placement des défenseurs sur les portes variait en fonction des choix faits au niveau de l'architecture des bâtiments. Ici, par exemple, l'assommoir et les défenses du corridor de la porte étaient placés au niveau de l'entresol charpenté dont on voit encore, de chaque côté à la base de la voute, les cordons d'appui du plancher. S'il n'était pas utile de garnir cet entresol tant que l'ennemi n'avait pas passé la porte extérieure, il était néanmoins nécessaire de le prévoir ; pour ce faire, on pouvait par exemple utiliser le personnel initialement placé dans les étages.

A Agen en 1346, on trouvait un schéma d'armement des portes similaires, chacune d'entre elles recevant une ou deux arbalètes à tour, quatre ou cinq à étrier, une ou deux à deux pieds, ainsi que, dans deux cas sur huit, deux canons[748]. De la même façon, à Millau en 1351, chaque

---

[748] Magen (Adolphe), éd., *Jurades… Op. cit.*, p. 41-45.

porte était pourvue d'une grande arbalète à tour et de quatre à pied[749], tandis que six des sept de Brive-la-Gaillarde disposaient d'un canon en plus des *balestas*[750]. Les textes sont moins précis à Périgueux en 1352[751], Albi en 1360[752] et à Gourdon en 1376 et 1386[753], néanmoins la présence d'arbalètes à tour sur les portes est clairement attestée. Dans les autres localités, comme à Cajarc en 1368 et 1376, les documents font toujours état de nombreuses armes mais nous disent pas où elles étaient placées[754].

Avec un armement moyen comprenant une bouche à feu et quatre à cinq arbalètes, une porte pouvait délivrer un coup de canon et entre quatre à cinq et quinze d'arbalètes de différentes puissances par minute. Cette affirmation est cependant à prendre pour ce qu'elle est, c'est-à-dire une valeur de base déterminée plus ou moins arbitrairement. En effet, contrairement à la plupart des armes à feu contemporaines, il est impossible de réellement évaluer une cadence de tir théorique pour les arbalètes : dans une situation idéale, avec des conditions optimales, hors de tout stress, on peut estimer, par exemple, qu'une arbalète à tour individuelle pouvait lâcher un carreau toutes les cinquante secondes, tandis qu'un modèle à pied pouvait arriver à en tirer trois en une minute ; ces données restent cependant théoriques car elles ne prennent pas en considération de nombreux facteurs, avec en premier lieu l'adresse du tireur à manier son arme et ses accessoires en période de forte tension mentale, car les incidents ralentissant le processus de tir pouvaient être

---

[749] AM Millau, CC 348, f° 23v.
[750] Lalande (Julien), « Remparts de Brive… *Op. cit.*, p. 357-359.
[751] AM Périgueux, CC 63, f° 4v, 18v.
[752] Vidal (Auguste), *Douze comptes… Op. cit.*, p. 11.
[753] Aussel (Max), *Transcriptions… Op. cit.*, reg. CC 20, p. 106 ; reg. BB 6, p. 8.
[754] AM Cajarc, CC 10, f° 49r ; CC 12, reg. III, f° 76r-77v, 92r.

nombreux : carreau qui échappait à la main et tombait à terre, pointe qui se détachait de sa hampe suite à une prise maladroite et trop rapide, etc.[755] Ensuite, il faut tenir compte de la capacité de chaque tireur placé face à l'ennemi à viser correctement et rapidement, qui est impossible à estimer. Il semble donc prudent de placer la cadence théorique, avec toute l'incertitude recouvrant cette notion, des arbalètes en général à un coup potentiellement efficace par minute.

Figure 54. Une porte et sa barbacane à Panissières (dpt. 42) au XVe siècle.
BNF, Français 22297, Registre d'armes, f°448.

---

[755] Informations données par Serge Adrover (voir note 185).

Figure 55. Une porte et sa barbacane à Feurs (dpt. 42) au XVe siècle.
BNF, Français 22297, Registre d'armes, f°449.

La question de la cadence de tir des arbalètes évoquée et quelque peu précisée, nous pouvons noter que des arbalétriers étaient généralement positionnés sur les étages sommitaux, de façon à leur permettre d'utiliser leurs armes au maximum de leur portées et avec les champs de tir les plus dégagés possibles. Si l'on en croit les documents concernant Bioule, les bouches à feu étaient quant à elles plutôt positionnées sur les deuxièmes niveaux, au-dessus du passage, ce qui leur permettait d'effectuer des tirs fichants sur les pourtours proches ; il en allait de même pour les grandes arbalètes à tour, dont la portée pratique était pourtant bien plus élevée, mais en les plaçant ainsi plutôt qu'à l'étage sommital, on réduisait leur angle mort sur les approches immédiates de la porte : il s'agissait d'être en mesure de battre intensivement une zone où l'ennemi risquait fort de concentrer ses efforts pour arriver à prendre l'ouvrage. Il est en revanche probable que, comme on l'observe dans d'autres régions[756], beaucoup d'entre-elles aient aussi été disposées sur les étages supérieurs pour pouvoir mieux profiter de leur allonge.

Les tours et les *gachiels*.

On trouvait des tours solidement bâties de maçonneries sur toutes les enceintes. Souvent implantées sur des points sensibles en raison d'angles formés par les périmètres fortifiés, ou non loin de portes, elles pouvaient être particulièrement nombreuses, comme à Agen où une vingtaine d'entre elles étaient réparties sur les quatre kilomètres de l'enceinte extérieure, soit une tous les 200 mètres environ ; toutefois, en comptant les portes qui constituaient aussi des ouvrages de flanquement, l'écart moyen entre chacun d'eux était de fait plus réduit. A Cahors, sur le front nord de l'enceinte extérieure, la distance existant entre les tours oscillait entre quarante et quarante-sept mètres, mais il s'agit là d'une exception.

Généralement, les dispositifs de défense active des tours étaient rejetés sur les niveaux supérieurs, les inférieurs étant aveugles ; elles recevaient notamment, sur leur étage sommital, des structures en encorbellement destinées à permettre les flanquements verticaux ; il pouvait indifféremment s'agir de hourds, comme on en trouve trace sur les tours du front Nord de Cahors, ou de mâchicoulis comme par exemple sur la tour Mataguerre de Périgueux[757], la tour del Mercat de Najac[758] ou la Grande Tour de Rodez[759] ; d'autre part, positionnées en

---

[756] Henrard (Paul), *Histoire... Op. cit.*, p. 43.
[757] AM Périgueux, CC 69, f° 60r.
[758] AD Aveyron, 2 E 178, Najac, Comptes consulaires 1376, f° 27r.

saillie par rapport aux courtines, ces édifices donnaient à leurs garnisons des champs de tirs de 180 degrés pour les flanquements horizontaux. Naturellement, il existait une grande variété de tailles et de formes, mais il reste que, petite ou grande, chaque tour représentait un point fort de l'enceinte.

Dans le plan de défense de son château de Bioule, Hugues de Cardaillac donnait force détails sur l'armement devant être positionné sur les tours ; même si ces dernières n'ont laissé que peu de vestiges, ce plan permet néanmoins de voir la variété qui pouvait exister dans ce domaine. Ainsi la tour Neuve recevait deux arbalétriers, deux canonniers, autant de frondeurs et d'« hommes armés », pour deux arbalètes à pied, quatre canons et autant de fustibales. La tour Coronada avait quant à elle une arbalète à tour avec deux servants, trois bouches à feu servies par deux canonniers, trois arbalétriers dont deux équipés d'un modèle à pied et un avec une à tour, ainsi que deux fustibales en sus. La tour « Devant le Four » n'abritait que quatre combattants, mais ils avaient à leur disposition une espringale, deux arbalètes à pied, autant de canons et quatre fustibales. Le Grosse Tour, enfin, était la mieux pourvue de toutes avec deux arbalètes à tour servies par deux hommes chacune, deux arbalétriers avec six arbalètes à pied, deux canonniers avec trois canons, plus deux arbalètes à deux pieds et huit fustibales[760].

A la lecture des éléments ci-dessus, on s'aperçoit qu'il y avait sur chaque ouvrage toujours plus d'armes que d'hommes pour les servir. Ainsi, sur la tour Neuve, les deux canonniers avaient quatre canons à

---

[759] *Ibid.*, 2 E 212, Bourg, CC 126, f° 44v-45v.
[760] Favé (Ildefonse), *Etudes… Op. cit.*, p. IX-XI.

servir et, sachant la lenteur du rechargement des pièces de l'époque, il est évident que cette disposition ne pouvait que ralentir la cadence de tir ; il nous faut donc en déduire que celle-ci était secondaire. En revanche, elle n'empêchait pas les pièces de tirer par salve et il faut croire que l'important était là : étant orientées face à plusieurs directions, elles pouvaient par un tir d'ensemble porter un coup d'arrêt à un assaut d'ampleur. Il en allait sensiblement de même avec la tour Coronada et la Grosse Tour, dans chacune desquelles deux artilleurs s'occupaient de trois pièces.

Figure 56. Reproduction d'un poste de combat d'artillerie du XVe siècle.
Musée de la Guerre au Moyen Age du château de Castelnaud-la-Chapelle (dpt. 24).

Si la cadence de tir des canons avait une importance secondaire en regard de la puissance que l'on pouvait obtenir en combinant le feu de plusieurs pièces sur une seule salve, il n'en allait pas de même avec les arbalètes de tous types. Chaque grande arbalète à tour avait ainsi toujours deux servants, ce qui lui permettait de délivrer son tir toutes les minutes.

Pour les arbalètes individuelles, il y avait au minimum une arme par homme, comme sur les tours Neuve et Coronda, ce qui assurait le maintien d'une cadence minimum d'un coup par minute et par arme. Sur la Grosse Tour en revanche, les deux arbalétriers disposaient de huit armes et les possibilités que cela offrait étaient nombreuses : si l'un des arbalétriers ne faisait que tirer pendant que l'autre rechargeait (en comptant 30 secondes par rechargement), il pouvait maintenir une cadence de tir d'un coup toutes les vingt secondes tant que le chargeur arrivait à remplir son office sans faiblir ; d'autre part, disposant de quatre arbalètes chacun, les deux hommes pouvaient, en cas de besoin, significativement augmenter leur rythme de tir pendant un court laps de temps, même s'il est vrai que l'opération ne pouvait ensuite être renouvelée qu'après avoir trouvé un moment suffisamment long pour recharger toutes les armes.

Enfin, qu'il y ait eu ou non des hommes spécialisés dans leur utilisation, les fustibales étaient toujours en surnombre par rapport à l'effectif de leurs utilisateurs potentiels. Notre hypothèse est, qu'hormis pour les frondeurs spécialement affectés à leur usage, ces armes d'utilisation rapide étaient posées à « disposition » et que chacun, arbalétrier, canonnier ou homme d'arme, pouvait s'en saisir d'une pour tirer si une occasion se présentait ou que le besoin s'en faisait sentir. Ainsi, par exemple, si un élément ennemi était positionné dans un espace ouvert mais masqué face à l'enceinte par une maçonnerie quelconque, il ne pouvait être atteint par un tir direct d'arbalète alors qu'il était possible de le faire avec des projectiles de fustibales lancés en cloche.

Figure 57. Les *gachiels* de Néronde (dpt. 42) au XVe siècle.
BNF, Français 22297, Registre d'armes, f°446.

Les *gachiels* étaient des sortes de grosses échauguettes placées en encorbellement sur les courtines, voire même sur les portes ou les tours ; il arrivait aussi que certains soient posés sur les portions d'enceintes extérieures faites de simples palissades[761]. Il s'agissait d'ouvrages charpentés dont les parois étaient souvent faites de planches, mais qui pouvaient être aussi à pans de bois avec des pierres ou de la terre[762] ; ils étaient couverts d'un toit pour abriter leurs occupants des éléments et des projectiles légers[763]. L'usage de ce type de construction était généralisé et, sous les noms de *bretèches*, *garites*, *chaffals* ou *eschiffes*, on le trouvait présent dans toutes les villes fortifiées du royaume de France[764], et sans doute au-delà.

---

[761] Vignoles (André), éd., *Comptes consulaires… Op. cit*, p. 33, 50.
[762] AD Aveyron, 2 E 178, Najac, Comptes consulaires 1382, f° 13v, 14r ; Vignoles (André), éd., *Comptes consulaires… Op. cit*, p. 34-35.
[763] AM Martel, CC 5, f° 6r, en particulier ; AD Aveyron, 2 E 212, Cité, CC 215, f° 32v-33r.
[764] Salamagne (Alain), *Construire… Op. cit.*, p. 78-80 ; Kersuzan (Alain), *Défendre la Bresse… Op. cit.*, p. 230-231 ; Poisson (Jean-Michel), dir., Schwien (Jean-Jacques), dir., *Le*

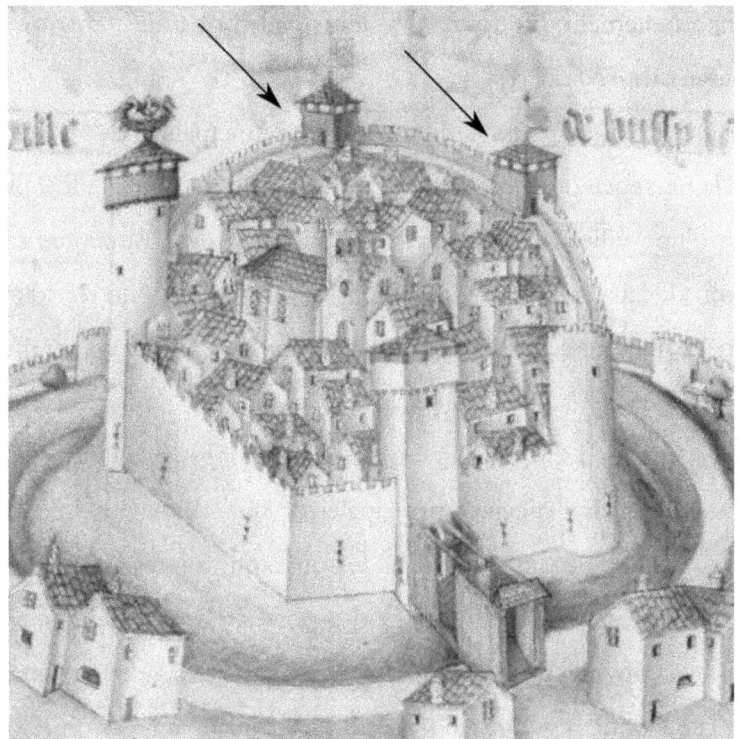

Figure 58. Les *gachiels* de Bussy (com. de Bussy-la-P^le, dpt. 21) au XVe siècle.
BNF, Français 22297, Registre d'armes, f°443.

Quelque soit leurs noms, les *gachiels* étaient destinés à assurer des flanquements verticaux et horizontaux de la muraille ou de la structure qui les supportait[765]. Dans ce cadre, ils recevaient un armement spécifique et étaient spécialement étudiés pour en permettre l'usage, disposant notamment de créneaux[766] et de hourds[767] ; il pouvait même arriver que leur base soit maçonnée et intégrée à une courtine : dans ce

---

bois dans le château de pierre au Moyen Age, Actes du colloque de Lons-le-Saulnier (23-25 octobre 1997), Besançon, Presses Universitaires Franc-Comtoises, 2003.
[765] Salamagne (Alain), *Construire… Op. cit.*, p. 78-80.
[766] AM Martel, BB 5, f° 26r.
[767] AM Cajarc, CC 8, f° 156r ; CC 9, f° 106r, 107v.

cas, les hourds pouvaient être remplacés par des mâchicoulis[768]. Quant à leur encorbellement, il donnait à leurs garnisons des champs de tir horizontaux de 180 degrés[769].

Des documents issus de toutes les municipalités de la région font état de la présence de nombreux *gachiels* sur leurs enceintes ; le « précis de défense d'une ville » des archives de Villefranche-de-Rouergue nous dit que l'on devait en poser un tous les vingt-cinq mètres d'enceinte environ[770] ; il s'agissait sans doute là d'une valeur idéale et théorique supérieure à ce qui se faisait généralement dans la pratique : à Martel, au milieu des années 1350, nous avons identifiés vingt *gachiels*[771] ; s'ils étaient tous implantés sur l'enceinte principale, ce qui n'est vraisemblablement pas le cas, il y en aurait eu un tous les quarante mètres, mais comme ils étaient intercalés entre des tours et des portes, l'espace séparant chacun de tous ces ouvrages de flanquement devait être moindre, mais sans arriver cependant à vingt-cinq mètres. A Najac, un document datant d'une vingtaine d'années plus tard permet de dénombrer vingt-six *gachiels*[772], dont l'écart moyen devait se trouver aux alentours d'une soixantaine de mètres, distance devant être réduite si l'on tient compte, comme à Martel, de la présence des tours et des portes. Quoi qu'il en soit, séparés de 25, 30 ou 50 mètres, les *gachiels* et autres ouvrages de flanquement se trouvaient toujours en mesure de s'appuyer les uns les

---

[768] Vignoles (André), éd., *Comptes consulaires... Op. cit*, p. 35.
[769] Salamagne (Alain), *Construire... Op. cit.*, p. 80.
[770] Bibliothèque Nationale de France, *Collection Doat*, vol. 147, f° 282r-287r, édité dans Ferrand (Guilhem), *Communautés... Op. cit.*, p. 519-521.
[771] AM Martel, BB 5 ; CC 3-4.
[772] AD Aveyron, 2 E 178, Najac, Comptes consulaires 1375.

autres par des tirs à l'arbalète. Un constat similaire a par ailleurs été fait pour les enceintes parisiennes[773].

L'armement des *gachiels* était prévu en conséquence. A Bioule, en 1346, celui dit « de la Tour Neuve » recevait quatre hommes, dont deux s'occupaient d'une grande arbalète à tour, un se servait de deux arbalètes à étrier, tandis que le dernier était chargé de faire tirer deux canons ; cette équipe disposait en sus de quatre fustibales. Le *gachiel* « de la Tour sur le Moulin » logeait quant à lui une garnison de cinq individus armés d'une arbalète à tour, de deux à pied, d'une à deux pieds et de quatre fustibales. Enfin, celui dit « Sur la Sonada » était plus modestement doté, avec seulement deux arbalétriers armés de deux arbalètes à pied et de quatre fustibales ; la chose n'avait sans doute rien d'exceptionnel : à Anse, sur le Rhône, on fit en 1359 construire seize *gachiels*, ici appelés *bretèches*, destinés à recevoir deux arbalétriers chacun[774].

---

[773] Andia (Béatrice, de), Bonnefoy (Laétitia), *Les enceintes de Paris*, Paris, Action artistique de la ville de Paris, 2001, p. 55.
[774] Contamine (Philippe), *Guerre, Etat… Op. cit.*, p. 40.

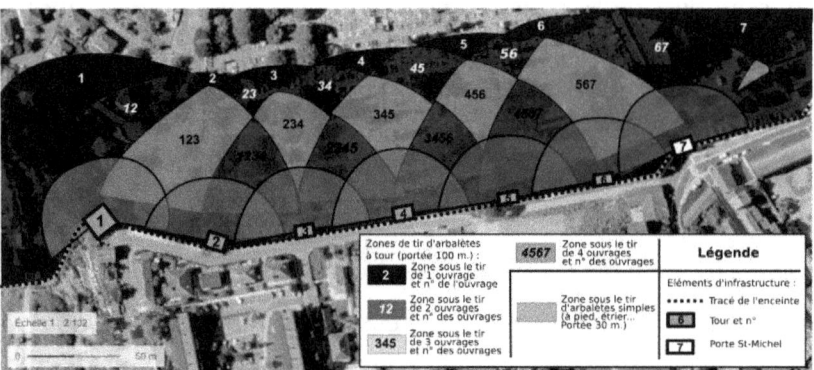

Figure 59. Les champs de tir à l'arbalète sur le front Nord de Cahors.

Fruit d'un programme ambitieux commencé en 1345, mais qui ne sera pas poursuivi, le front nord de Cahors était entièrement flanqué de tours maçonnées. Le principe du flanquement est cependant le même que si des gachiels avaient été interposés : l'important était que les tirs des arbalètes positionnées sur les différents ouvrages puissent se croiser ; on s'aperçoit ainsi que chaque point de la plus grande partie de la zone faisant face à l'enceinte était sous le tir des arbalètes à tour d'au moins trois ouvrages, tandis que les champs de tir des modèles moins puissants se recoupaient de long en long. Nous avons volontairement pris des exemples de portées minimales (100 et 30 mètres) pour les armes afin de mieux faire ressortir le fait qu'il était strictement impossible de s'approcher à moins de 100 mètres des enceintes extérieures sans être pris à partie à l'arbalète. Il en allait de même pour les enceintes intérieures mais sans doute de manière plus intense étant donné la faible largeur du glacis (30 à 40 mètres) constituant le champ de tir de toutes les arbalètes.

Aspect tactique 209

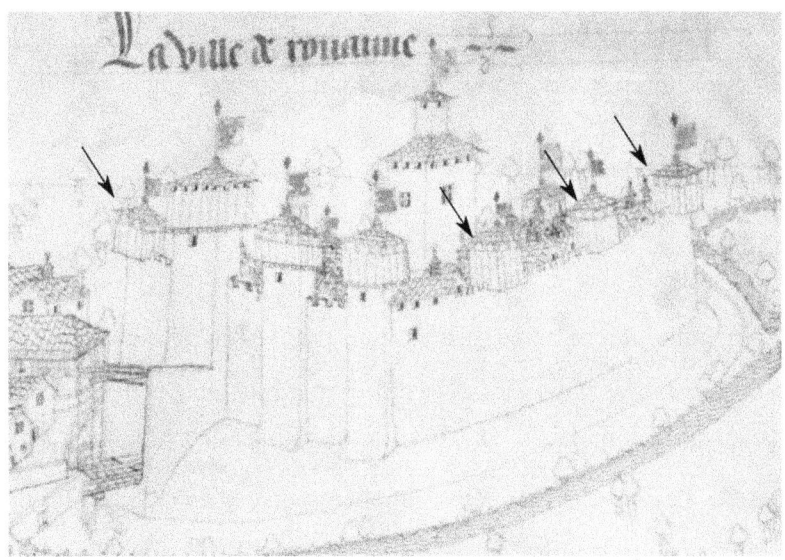

Figure 60. Les *gachiels* de Roanne (dpt. 42) au XVe siècle.
BNF, Français 22297, Registre d'armes, f°481.

La façon dont l'armement et le personnel étaient répartis sur les *gachiels* relevait ainsi de la même logique que pour les tours : grandes arbalètes à tour pourvues de deux servants pour tirer au maximum de leurs capacités ; arbalétriers munis au minimum d'une arme, parfois plus de manière à pouvoir augmenter la cadence de tir sur un court laps de temps ; fustibales en surnombre afin d'être utilisés n'importe quand par n'importe quel membre de la garnison en cas de besoin. Les effectifs affectés à certains ouvrages peuvent sembler faibles, toutefois il faut se rappeler que les capitaines devaient compter avec des ressources humaines limitées qu'ils répartissaient au mieux suivant les capacités des infrastructures ; il s'agissait d'un élément particulièrement important car il fallait absolument éviter que les défenseurs se gênent les uns les autres[775] : ainsi, si la ville n'avait eu que de quoi financer la construction d'un *gachiel* pour deux arbalétriers, il était d'inutile de le garnir avec trois qui se seraient bousculés en utilisant leurs armes.

Les courtines.

Faisant la jonction entre chaque point fort de l'enceinte, portes, tours ou *gachiels*, les courtines constituaient la plus grande portion linéaire de fortifications à défendre. Sur l'enceinte extérieure, elles étaient souvent constituées des façades des maisons reliées entre elles et surmontées d'un chemin de ronde, tandis que l'intérieure était bâtie avec de véritables murailles. Dans l'idéal, tous ces ouvrages devaient être pourvus de hourds[776] et l'on trouve effectivement de nombreux documents exposant leurs constructions, soit de façon très claire[777], soit à travers des comptes concernant l'édification de diverses superstructures charpentées. Elles étaient aussi souvent appareillées de lignes de merlons-créneaux maçonnées, dont il existe des traces écrites un peu partout[778], parfois combinées à des mâchicoulis pour remplacer les hourds[779].

A Bioule en 1347, Hugues de Cardaillac n'avait pas jugé utile de définir précisément les emplacements des 43 défenseurs affectés à la

---

[775] Favé (Ildefonse), *Etudes… Op. cit.*, p. II-III.
[776] BNF, *Collection Doat*, vol. 147, f° 282r-287r, édité dans Ferrand (Guilhem), *Communautés… Op. cit.*, p. 519-521 ; AM Millau, CC 348, f° 23r.
[777] AM Cajarc, CC 8, f° 147r, 156v ; CC 12, reg. III, f° 86r ; CC 14, reg. II, f° 34v ; AD Aveyron, 2 E 212, Bourg, CC 126, f° 84v ; Aussel (Max), *Transcriptions… Op. cit.*, reg. BB 6, p. 38, 40 ; reg. CC 18, p. 102, 106, 110, 112, 114, 120, 126, 412, 464 ; reg. CC 19, p. 182 ; reg. CC 20, p. 144, 188.
[778] Aussel (Max), *Transcriptions… Op. cit.*, reg. BB 6, p. 8 ; AM Martel, CC 3-4, f° 69v ; AM Cajarc, CC 7, f° 105r ; AD Aveyron, 2 E 178, Najac, comptes consulaires 1375, f° 18r, 18v ; AD Aveyron, 2 E 212, Bourg, CC 126, f° 45r.
[779] AM Martel, CC 3-4, f° 92v.

défense des courtines⁷⁸⁰. Cet effectif, rapporté à la longueur du périmètre à protéger, correspondait à un ratio d'un homme tous les trois à quatre mètres de muraille ; cette valeur est uniquement indicative car ces individus n'étaient pas forcément disposés de manière linéaire et uniforme sur les ouvrages : le « précis de défense d'une ville » de Villefranche-de-Rouergue spécifie en effet qu'ils devaient se grouper à trois ou quatre derrière chaque créneaux pour tirer à la fronde et lancer des pierres⁷⁸¹. Au final, la répartition des défenseurs du château de Bioule se faisait sur la base d'un homme affecté sur les points forts pour un peu moins de trois sur les courtines.

Figure 61. Hourds.
Viollet-le-Duc (Eugène), *Dictionnaire… Op. cit.*, T. VI, p. 123.

---

⁷⁸⁰ Favé (Ildefonse), *Etudes… Op. cit.*, p. XIII.
⁷⁸¹ BNF, *Collection Doat*, vol. 147, f° 282r-287r, édité dans Ferrand (Guilhem), *Communautés… Op. cit.*, p. 519-521.

Le plan de défense de Cahors de 1374 nous donne l'effectif des défenseurs pour différents secteurs d'enceinte[782] : ainsi sur le front Nord, 190 hommes tenaient la ligne située entre les tours Saint-Jean et Saint-Mari ; on y comptait deux grosses tours, cinq de taille intermédiaire, deux portes et probablement deux *gachiels*, soit onze points forts sur presque 500 mètres ; si cet ensemble était garni suivant un ratio similaire à celui de Bioule, cela donnait 63 hommes affectés sur les points forts pour 126 sur les courtines, avec en moyenne un peu moins de six hommes par ouvrage fort et un tous les trois à quatre mètres de courtine. Les données étaient vraisemblablement très proches à Martel, ou entre portes, tours et *gachiels*, il y avait au moins seize ouvrages forts sur les 800 mètres de l'enceinte principales : sept hommes auraient ainsi garni chacun d'eux pour un tous les trois à quatre mètres de courtine.

On pouvait cependant trouver des concentrations de combattants beaucoup plus élevées. A Cahors par exemple, sur les 300 mètres s'étalant entre la tour Saint-Mari (exclue) et la tour du Pal, il y aurait eu huit hommes par ouvrage fort pour un tous les deux à trois mètres de courtine ; cette densité plus élevée s'expliquait par le fait que l'enceinte n'était ici constituée que d'une levée de terre surmontée d'une palissade de pieux et précédée d'un fossé. Au sud-ouest de la ville enfin, le secteur très sensible faisant face au gué de Saint-Urcisse recevait 610 hommes pour seize ouvrages forts, dont une porte, sans doute neuf *gachiels* et un pont comptant cinq tours et une barbacane, pour un total de 435 mètres d'élongation ; si l'on reprend le ratio utilisé précédemment, on obtient une moyenne de douze hommes par ouvrage fort et d'un tous les un à deux mètres de courtine.

---

[782] Savy (Nicolas), « La défense des fortifications de Cahors pendant la deuxième moitié du XIVe siècle », dans *BSEL*, T. CXXIV (2003), p. 97-108.

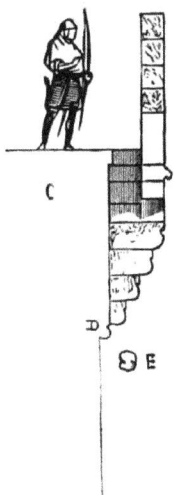

Figure 62. Mâchicoulis.
Viollet-le-Duc (Eugène), *Dictionnaire... Op. cit.*, T. VI, p. 203.

Malgré quelques anomalies, les valeurs trouvées à Bioule pour la répartition des défenseurs entre ouvrages de flanquement et courtines sont en cohérence avec ce que l'on sait d'autres systèmes fortifiés de la région : le taux de garnison d'une courtine pouvait difficilement être supérieur à un homme tous les un à deux mètres, sans quoi l'encombrement du chemin de ronde aurait largement obéré l'efficacité des défenseurs, tandis qu'inférieur à un homme tous les trois à quatre mètres, il aurait probablement entrainé la création de points faibles. Enfin, il est probable que la moyenne anormalement élevée de douze hommes par ouvrage fort évoquée *supra* pour le secteur Saint-Urcisse à Cahors ne corresponde pas à la réalité : si l'on en croit Hugues de Cardaillac, il existait un élément de réserve, fort de 60 à 100 hommes à

Montauban en 1346[783], qui n'était affecté ni aux ouvrages de flanquement, ni aux courtines mais qui se tenait prêt à intervenir pour renforcer la défense sur n'importe quel point de l'enceinte ; l'existence d'une telle réserve à Saint-Urcisse expliquerait le surnombre des défenseurs par rapport aux capacités d'accueil des infrastructures.

L'utilisation de l'artillerie à balancier.

Toutes les grosses pièces d'artillerie à balancier dont l'emplacement a pu être identifié par recoupement des documents et de la toponymie étaient placées à l'intérieur des enceintes principales. Etant donné leurs portées et le fait qu'elles étaient quasiment installées à demeure, leurs seuls champs de tir possibles étaient constitués par des faubourgs. A Martel, le grand trébuchet, muni d'un axe permettant une rotation à 360 degrés, avait la capacité de tirer sur tous les *barris* de la ville ; à Cahors, le mangonneau placé à proximité du pont Vieux envoyait ses boulets ou ses marmites incendiaires sur le faubourg Saint-Georges, de l'autre côté du Lot ; à Gourdon, l'un des trébuchets avait les *barris* de la Capela et Saint-Jean comme champs de tir ; à Périgueux enfin, la petite *brida* installée en 1397 dans le cimetière de Saint-Silain avait le faubourg Saint-Martin en ligne de mire, tout comme la grande, positionnée à côté de la salle comtale[784], mais celle-ci pouvait aussi tirer sur ceux situés au nord de l'axe reliant la cité au bourg.

En l'absence de documents, la toponymie seule permet parfois d'identifier l'ancienne position probable d'une machine de guerre. Le

---

[783] Favé (Ildefonse), *Etudes… Op. cit.*, p. III.
[784] AM Périgueux, CC 69, f° 37r, 74v ; Hardy (Michel), éd., *Ville de Périgueux… Op. cit.*, p. 92.

terme « bride », francisation de l'occitan *brida* (trébuchet), se retrouve dans certaines dénominations et l'on note que la rue de la Bride d'Aurillac, ainsi que les places de la Bride de Cordes-sur-Ciel et de Tulle (aujourd'hui disparue) correspondent toutes à des emplacements situés à l'intérieur des enceintes principales du XIVe siècle. Il en est de même avec la place du Manganel (mangonneau) à Cardaillac, d'où un tel engin n'était en mesure de tirer que devant la porte du castrum.

L'utilité de diriger le tir de toutes ces pièces sur les faubourgs ne pouvait se concevoir que dans le cas où ces quartiers auraient été aux mains de l'ennemi : dans ce cadre, il importait que ce dernier ne puisse utiliser les bâtiments pour manœuvrer, s'abriter ou se fortifier. Sur un plan purement militaire, il aurait été plus simple et moins risqué de se prémunir à l'avance de ce danger en détruisant tous les édifices, mais cela aurait signifié ruiner des pans entiers des économies urbaines dans ces quartiers périphériques où semblaient, avant-guerre, se concentrer leur dynamisme et leur capacité d'expansion ; il est cependant à noter que ce choix fut fait dans d'autres régions[785]. Il est aussi possible que ces machines aient été prévues pour effectuer des tirs de contrebatterie dans les zones constituant leurs champs de tir, mais cela ne pouvait être que secondaire : il n'était pas possible de savoir à l'avance où l'ennemi installerait ses pièces ni quelles seraient leurs portées.

---

[785] Savy (Nicolas), *Les villes… Op. cit.*, p. 116-138.

**

Les enceintes des vieux centres étaient les colonnes vertébrales des défenses de chaque localité urbaine ou quasi urbaine. Toutefois, de pair avec la puissance de leurs structures ou de leur armement, leur efficience était due au fait que leurs points forts, portes, tours et *gachiels*, constituaient, même fixes, de véritables pions micro-tactiques grâce une dévolution adaptée du commandement. Celle-ci était une chose bien établie dans les organisations défensives comme le montre l'existence de capitaines chargés de diriger les différentes composantes des systèmes de sécurité, entre gardes des portes, guet, arrière-guet et contre-guet[786]. L'échelon inférieur de responsabilité était formé par les dizainiers ou quatorzeniers qui commandaient, comme l'indique leurs noms, dix ou quatorze combattants ; ces équipes connaissaient bien leurs emplacements de combat et participaient même à leur amélioration[787]. Au niveau des plans de défense, cela se traduisait par le découpage de l'enceinte en portions plus ou moins longues, chacune étant placée sous les ordres d'un chef unique : à Cahors, les 2400 mètres de la vieille enceinte étaient divisés en onze secteurs[788], soit environ 218 mètres par capitaine. Chacun de ceux-ci était secondé dans sa tâche par des subordonnés en charge d'un seul ouvrage de flanquement, porte, tour ou *gachiel* car, comme le précisait Hugues de Cardaillac en 1346, il fallait « qu'en chacune des gardes (…) il y ait un gouverneur auquel tous les

---

[786] Savy (Nicolas), *Les villes… Op. cit.*, p. 320-329.
[787] Favé (Ildefonse), *Etudes… Op. cit.*, p. III ; AM Martel, BB 5, f° 87r, 92v, 127v.
[788] Lacoste (Guillaume), *Histoire générale… Op. cit.*, p. 241-242.

autres doivent obéir »[789]. L'existence de tels postes de commandement était indispensable : le capitaine du secteur avait le recul nécessaire pour apprécier le déroulement des opérations et donner des ordres en conséquence aux chefs d'ouvrages ; ceux-ci pouvaient alors indiquer à leurs hommes les objectifs à prendre en compte, faire appuyer le tir de leurs arbalètes d'un côté ou de l'autre, faire décliquer les canons au moment opportun, bref prendre les décisions qui s'imposaient en fonction de la situation tactique du moment dans leur zone de responsabilité.

Les différents ouvrages forts de l'enceinte principale étaient placés en saillie et séparés par des distances permettant d'obtenir plusieurs effets tactiques. Tout d'abord, les champs de tir de leurs arbalètes se recoupaient, ce qui donnait presque toujours à deux d'entre eux, et même souvent trois ou plus, la possibilité de concentrer leurs tirs sur de larges portions du glacis et des fossés. Ensuite, chacun étant à portée de ses voisins de droite et de gauche, ces derniers pouvaient l'appuyer de leurs tirs s'il faisait face à un assaut ayant réussi à atteindre la muraille, tandis que sa garnison abandonnait canons et arbalètes, désormais difficilement utilisables, pour mieux jeter chausse-trappes, pierres et mélanges irritants par les hourds ou les mâchicoulis[790] ; il en allait de même si pareille situation arrivait devant une portion de courtine. Dans ces cas-là, le couloir formé par le *pal* au pied de l'enceinte devenait particulièrement utile en gênant les mouvements ennemis et, de là, en facilitant tous les tirs de flanquement, tant verticaux qu'horizontaux.

---

[789] Favé (Ildefonse), *Etudes… Op. cit.*, p. XIII.
[790] *Ibid.*, p. IX, XI.

On note le rôle spécifique de l'artillerie à balancier. Placées à l'intérieur de l'enceinte principale, les pièces n'agissaient pas au profit d'un ouvrage particulier, mais venaient en appui de la défense d'un secteur en interdisant à l'ennemi l'utilisation de parties entières des faubourgs lui faisant face.

3/ Une défense bien pensée et cohérente.

Les dispositions prises pour obtenir le meilleur rendement possible de toutes les armes, en aménageant les ouvrages fortifiés et en modifiant le paysage urbain, bâti ou naturel, permirent la mise en place de défenses solides ; elles se caractérisaient par une intensité progressive de l'extérieur vers l'intérieur atteignant son paroxysme au niveau de l'enceinte principale. Cette dernière formait autour de la ville comme un puissant anneau de feu et de fer qu'il était indispensable de rompre à un endroit si l'on voulait le rendre inopérant.

Un système à l'intensité progressive.

Les schémas tactiques des défenses urbaines découlaient d'une réflexion basée sur plusieurs faits. Le premier était que les finances municipales ne permettaient pas d'enclore de solides fortifications la totalité de chaque localité : les moyens étaient donc concentrés sur les enceintes principales, qui ceinturaient les vieux cœurs urbains, tandis que les faubourgs n'étaient souvent protégés que par des ouvrages de fortune. Le second était que la population en mesure de porter les armes n'était pas assez nombreuse pour garnir la totalité des enceintes, et notamment l'extérieure. Il découlait de ces faits un postulat général : l'enceinte extérieure pouvait résister à une agression limitée, mais elle serait rapidement prise si une forte armée venait à investir la ville pour l'attaquer ou l'assiéger ; la résistance devrait alors avoir lieu sur l'enceinte principale et, dans tous les cas, il fallait au mieux éviter, au pire retarder au maximum le moment du corps à corps pour lequel les troupes urbaines de marchands, artisans et paysans étaient nettement inférieures aux guerriers professionnels.

De ce postulat découlait le schéma tactique de défense et, de là, l'utilisation de l'armement. La longue distance était le domaine réservé des arbalètes à tour et notamment des plus grandes[791], dont la portée pratique atteignait les 350 mètres. Ces pièces d'artillerie étaient les seules qui pouvaient être placées sans trop de risques sur les enceintes extérieures car, relativement faciles à mouvoir, on pouvait en cas de besoin les évacuer très rapidement vers l'enceinte principale pour les soustraire à l'ennemi. Ces armes bénéficiaient de champs de tir dégagés, arbres et broussailles des abords de chaque localité ayant étés coupés ; d'autre part, afin de profiter au mieux de leur portée sur des tirs repérés, les cheminements les plus favorables à l'ennemi étaient barrés par des dispositifs divers, barrières et chausse-trappes, afin de le ralentir et de faciliter sa prise à partie. Plus près, vers 200 mètres environ, le relai était pris par les arbalètes à tour individuelles, dont l'action était ensuite progressivement renforcée par celle des autres types d'arbalètes à partir d'une soixantaine de mètres.

---

[791] Favé (Ildefonse), *Etudes… Op. cit.*, p. XIII.

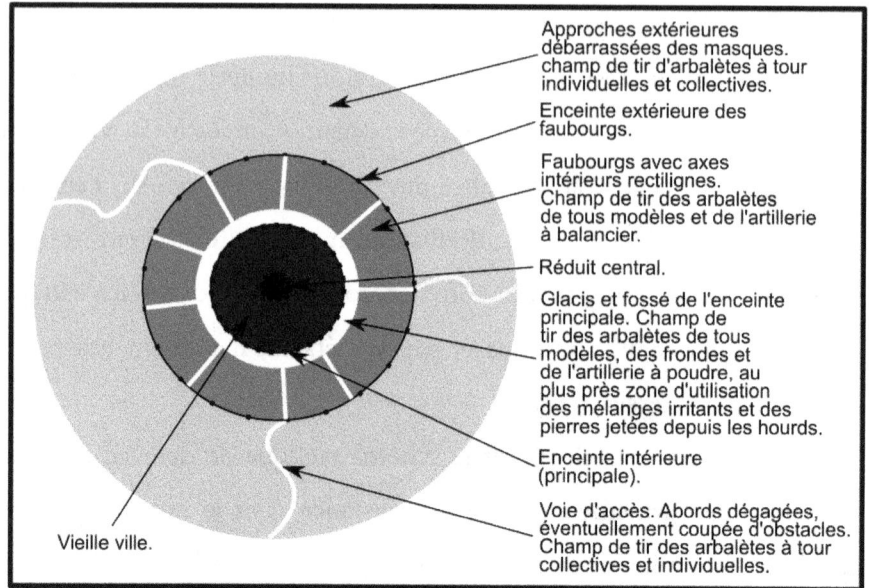

Figure 63. Schéma de principe d'une défense fortifiée.

Toutefois, même avec de telles armes, on ne pouvaient espérer empêcher un fort parti d'ennemi de s'emparer de l'enceinte extérieure, généralement constituée d'ouvrages médiocres. L'exemple de Martel où, en 1356, la municipalité disposait de 365 hommes capables de porter les armes pour garnir les 1600 mètres de l'enceinte extérieure et les 800 de l'intérieure, le démontre bien. En effet, en supposant que tous les effectifs disponibles aient été déployés sur l'enceinte extérieure, ce qui est peu vraisemblable, il y aurait eu en moyenne un combattant tous les quatre mètres environ ; en supposant encore, de manière tout aussi peu vraisemblable, que les consuls aient accepté de dégarnir les autres portions du périmètre pour disposer cent combattants armés d'arbalètes à tour sur les 130 mètres du front ouest entre les portes de Brive et de Souillac, ils n'auraient alors disposé que d'une puissance de tir de 100 carreaux à la minute dans ce secteur : si 600 hommes y avait mené une attaque frontale sur les 200 mètres précédant l'enceinte, ils auraient été incapables d'empêcher, même avec 100 % de coups au but, la majeure partie d'entre eux d'arriver au pied des murailles et de les escalader pour arriver au corps à corps.

La démonstration ci-dessus est purement théorique et ne tient pas compte des boucliers et mantelets dont auraient pu se servir les assaillants, des fascines avec lesquelles ils auraient pu combler les fossés[792], ni des fagots d'épineux et autres chausse-trappes qui auraient éventuellement ralenti leur progression ; elle ignore aussi le pourcentage réel de coups au but qu'auraient pu obtenir les défenseurs en tirant sur des cibles mobiles. Un exemple réel permet cependant d'avoir une idée plus juste du résultat de ce genre d'engagement : en mai 1369, une partie de l'armée de John Chandos vint s'en prendre à Cahors[793] ; on ne connaît pas l'effectif de ce détachement qui attaqua la ligne du Pal, longue de 300 mètres et défendue par 160 hommes environ[794]. On ne sait combien de ces derniers étaient équipés d'arbalètes, mais il est probable, étant donné la sensibilité du secteur, que la plupart en disposaient : cette partie de l'enceinte était en effet particulièrement faible car constituée d'un simple merlon de terre précédé d'un fossé et surmonté d'une palissade de pieux, avec une petite tour et au moins trois *gachiels*. Lorsque les Anglais montèrent à l'assaut, il est visible que les Cadurciens ne s'accrochèrent pas à la position au fait qu'aucun d'entre eux ne fut tué ou fait prisonnier ; ils se contentèrent de faire ce que l'on attendait d'eux, c'est-à-dire lancer une ou plusieurs volées de carreaux sur les assaillants avant de

---

[792] Contamine (Philippe), *La guerre… Op. cit.*, p. 208-209.
[793] AM Cahors, *Livre Tanné*, f° 79r. Document aujourd'hui presque illisible mais cité dans Lacoste (Guillaume), *Histoire générale… Op. cit.*, p. 206-207.
[794] Lacoste (Guillaume), *Histoire générale… Op. cit.*, p. 141-143.

se replier rapidement vers l'enceinte principale pour éviter un corps à corps meurtrier et être en mesure de continuer le combat[795]. De fait, alors qu'ils étaient sans doute en large infériorité numérique et avaient donc le choix de leurs objectifs, que leur champ de tir était bien dégagé et parsemé de chausse-trappes gênant les mouvements ennemis, ils ne parvinrent qu'à tuer huit hommes et, nous dit le texte, à en blesser un « grand nombre »[796] : en l'absence de données plus précises, il est impossible d'estimer, même prudemment, le pourcentage moyen de coups aux buts dont ils furent capables ; il reste qu'il semble avoir été particulièrement bas et, dans tous les cas, nettement insuffisant pour empêcher les Anglais de parvenir au pied de l'enceinte. Le fait n'est pas surprenant et, en nous gardant de tout anachronisme, nous pouvons évoquer les pourcentages particulièrement bas de coups au but en situation de combat – parfois 5 % dans des conditions optimales ! – dans les armées modernes et contemporaines équipées de fusils ; le colonel Goya voit là les effets du stress conjugués aux mouvements de l'ennemi, qui fait tout pour ne pas être touché, et à la peur des tireurs d'être touchés à leur tour par les coups adverses[797].

Les infrastructures et la puissance de tir des enceintes faubouriennes étaient en revanche suffisantes pour décourager les compagnies de routiers de les attaquer de jour. En effet, ces troupes avaient des effectifs relativement modestes, oscillant entre trente et cent individus la plupart du temps ; ils pouvaient monter jusqu'à trois cent hommes, et même plus si plusieurs troupes se regroupaient pour réaliser

---

[795] Savy (Nicolas), « La défense des fortifications… *Op. cit.*, p. 97-108.
[796] AM Cahors, *Livre Tanné*, f° 79r.
[797] Goya (Michel), *Sous le feu : la mort comme hypothèse de travail*, Paris, Tallandier, 2014.

une action particulière, mais cela restait assez peu fréquent. La chose était différente de nuit car l'armement des défenseurs n'était alors opérant qu'à très courte distance, tandis que les courtines, souvent de qualité médiocre, pouvaient être assez facilement escaladées et ce d'autant plus qu'elles étaient mal gardées : les autorités ne disposaient pas des moyens humains suffisants pour y faire monter le guet de la même façon que sur l'enceinte principale, aussi, plutôt qu'une multitude de postes de veille fixes, on n'y trouvaient généralement qu'un dispositif de patrouilles[798]. Il en résultait une certaine perméabilité dont on avait cependant pleinement conscience ; pour y parer, des individus étaient chargés d'aller reconnaître et fouiller les faubourgs tous les matins avant l'ouverture des portes de l'enceinte principale afin de vérifier qu'aucun élément ennemi ne s'y était embusqué pendant la nuit[799].

Au final, il apparaît que l'utilité des enceintes faubouriennes se limitait à, d'une part, assurer une sécurité minimum aux habitants contre les bandes de pillards ou de routiers et, d'autre part, face à une armée qui aurait attaqué la ville, à permettre de lui donner un coup d'arrêt et à lui causer des pertes avant qu'elle ne s'empare des faubourgs ; ce n'est qu'après cette première phase de combat que la défense devenait fixe et ferme sur l'enceinte principale.

Toute la zone bâtie située entre l'enceinte extérieure et le glacis précédant l'intérieure était aménagée de façon à gêner les mouvements de l'ennemi et à faciliter sa prise à partie par les fustibales, peut-être les canons, et surtout les arbalètes à tour : les ruelles permettant les

---

[798] Savy (Nicolas), *Les villes… Op. cit.*, p. 328-329.
[799] Savy (Nicolas), *Les villes… Op. cit.*, p. 137 ; AM Millau, CC 371, f° 15v – 16r ; Vidal (Auguste), *Douze comptes… Op. cit.*, p. 97.

défilements étaient murées tandis que l'on essayait de canaliser les circulations vers des axes rectilignes pouvant être pris en enfilade. Quant aux secteurs bâtis situés en face des portes, ils étaient soumis au tir de grosses pièces d'artillerie, trébuchets ou mangonneaux, afin d'y empêcher les regroupements d'éventuels éléments d'assaut. Toutefois, comme le montre l'exemple de Martel, il pouvait arriver que ces machines soient en mesure de tirer sur la totalité des quartiers périphériques.

Plus près, un glacis s'étalant sur une largeur d'une trentaine de mètres minimum permettait à tous les types d'arbalètes disposées sur l'enceinte principale de tirer au maximum de leur puissance et de leur précision, tout comme les fustibales et les canons. Là, la disposition de l'armement sur les différents ouvrages de flanquement, avec tours, *gachiels* et portes, autorisait la mise en place de tirs soutenus, croisés ou concentrés, sur tout le périmètre. Les tirs d'arbalètes effectués depuis les ouvrages de flanquement étaient renforcés par ceux délivrés depuis les courtines, ce qui permettait de disposer d'une véritable force d'arrêt : à Martel, sur la face ouest de la ville, en supposant que chacun des quatre ouvrages de flanquement était autant armé que la Grosse Tour de Bioule et que cinquante arbalétriers étaient disposés sur les courtines, il était possible de délivrer environ 186 coups d'arbalètes, dont 36 croisés ou concentrés, en trois minutes sur 150 mètres de front ; il fallait y ajouter les projectiles de fronde et de fustibales, ceux des canons et grandes arbalètes à tour, ainsi que les boulets du grand trébuchet de la ville ; il ne faut pas oublier non plus que toutes ces armes pouvaient lancer des projectiles incendiaires, carreaux enflammés ou récipients en terre cuite remplis de mélange à base de poix, pour détruire les mantelets et autres dispositifs d'assaut charpentés derrières lesquels les assaillants s'abritaient pour avancer.

On ne peut ici aussi évaluer le taux de coups au but des tirs d'arbalètes, toutefois il devait être nettement supérieur à celui constaté lors de la défense du *Pal* de Cahors en 1369, évoquée *supra* : en effet, dans ce dernier cas, l'ennemi arrivant de la campagne avait pu se déployer pour attaquer, tandis qu'à Martel il aurait dû déboucher groupé en empruntant les axes rectilignes des faubourgs ; d'autre part, à Cahors les défenseurs savaient que leur position était facilement franchissable et qu'ils devraient se replier rapidement pour éviter le corps à corps, tandis que ceux de Martel pouvaient tirer depuis de hautes murailles bien appareillées et abrités par des lignes de merlon-créneaux. Une peur moindre, un stress atténué, une position plus confortable et des cibles à l'itinéraire canalisé avaient obligatoirement un impact positif sur la justesse des tirs.

Cette précision devait encore s'accroître lorsque l'ennemi ralentissait ses mouvements pour franchir les fossés remplis d'épineux puis la palissade qui longeait l'enceinte principale. Cet obstacle passé, il arrivait dans la zone des flanquements verticaux, hourds et mâchicoulis, par lesquels on lui lançait pierres et mélanges irritants, sans qu'il cesse pour autant d'être la cible des arbalètes : en effet, si l'angle de tir négatif et la disposition des ouvertures rendaient peut-être difficile le tir des arbalétriers maintenant quasiment placés à la verticale des assaillants, ceux disposés sur les ouvrages voisins pouvaient toujours le prendre à partie sans aucun problème.

On peut se représenter la dure position des hommes qui parvenaient au pied de l'enceinte principale : sous une pluie de carreaux, de projectiles de fronde et de canons, ils venaient d'effectuer une course effrénée le long de rues puis sur un billard sans aspérité pour se cacher, s'étaient abrités derrière des mantelets en flammes vibrant sous les coups, étaient descendus dans les fossés, s'étaient empêtrés dans les épineux et avaient escaladé l'escarpe et la palissade ; maintenant, ils se bousculaient dans un étroit couloir dont le sol était parsemé de chausse-trappes en essayant d'éviter les pierres et l'eau chaulée qu'on leur jetait dessus alors que les arbalétriers des ouvrages situés à proximité continuaient de leur tirer dessus avec une précision décuplée par la réduction de la distance. Or, parvenir au pied de la muraille n'était pas une fin en soi : il fallait maintenant la franchir. On imagine sans peine la difficulté qu'il y avait alors pour eux à mettre en place des échelles ou jeter des grappins pour ensuite tenter l'escalade, surtout que cette éventualité était prévue par les défenseurs : le « précis de défense d'une ville » des archives de Villefranche-de-Rouergue nous dit qu'ils devaient disposer de grands maillets de bois avec de longs manches, ainsi que des gros marteaux de forgeron pour frapper à la tête ceux qui, montant les échelles, arrivaient à portée ; ils devaient aussi avoir des gaffes pour les déséquilibrer en les tirant par le cou ou par le pied[800] ; enfin, ils pouvaient naturellement utiliser les armes blanches dont ils disposaient, avec épées, glaives, etc..

Rompre la ligne ?

Pour l'assaillant, il y avait cependant plusieurs solutions pour attaquer l'enceinte principale en augmentant les chances de succès tout en limitant ses pertes. Toutes reposaient sur le même principe : rompre en

---

[800] BNF, *Collection Doat*, vol. 147, f° 282r-287r, édité dans Ferrand (Guilhem), *Communautés... Op. cit.*, p. 519-521.

un ou plusieurs points la ligne continue formée par l'enceinte principale dans le but d'engager le combat au corps à corps avec les défenseurs le plus rapidement possible.

La plus simple à mettre en œuvre consistait à faire écrouler une portion de muraille à l'aide de pièces d'artillerie à balancier, trébuchets ou mangonneaux. C'est le choix que fit le maréchal de France Boucicaut lors du siège de Montignac, en 1398. Le 5 août, il arriva devant la ville tenue par Archambaud de Périgord avec une centaine de soldats professionnels et les habitants de la ville en âge de porter les armes ; son armée comptait 800 hommes d'armes, 200 arbalétriers et 105 combattants de la milice communale de Périgueux, auxquels s'ajoutèrent ensuite 50 maçons ou tailleurs de pierre, 100 charpentiers ainsi que 500 manœuvres affectés à la logistique et notamment à celle des pièces d'artillerie à balancier. Parmi celles-ci deux, les plus puissantes probablement, appartenaient au consulat de Périgueux : démontées entre le 8 et le 9 août, elles furent ensuite transportées à Montignac où l'on put les remettre en batterie le 21 ; ce n'est toutefois que vers le 1er septembre que la plus grosse put commencer à régler son tir avec précision. Son service devait sans doute être particulièrement difficile, car la première équipe de douze servants quitta son poste vers le 10 septembre sans autre forme de procès et dut être remplacée par un nouveau groupe d'artilleurs, qui ne fut opérationnel que quatre ou cinq jours plus tard[801] ; de fait, si les positions de ces pièces d'artillerie étaient hors d'atteinte des arbalètes à étrier ou « à deux pieds » et que l'on ne trouve pas de mention de tirs de contrebatterie de la part des défenseurs, il reste qu'elles étaient à portée de tous les types

---

[801] AM Périgueux, CC 69, f° 31v, 32r, 32v, 33v, 34r, 35r.

d'arbalètes à tour, collectives et individuelles. Cela n'empêcha pas le trébuchet de tirer sur le château dont il ruina deux tours, des murailles et plusieurs autres bâtiments, tandis que la seconde pièce, un couillard, envoya ses boulets sur la ville basse où elle détruisit une tour, des portions de muraille et plusieurs maisons. Face à ces destructions, Archambaud de Périgord se rendit avant que l'armée française ne tente un assaut[802].

Les grandes pièces d'artillerie, en créant des brèches dans les enceintes, ouvraient aux assaillants des itinéraires leur permettant d'arriver rapidement au corps à corps avec les défenseurs en faisant jouer un effet de masse sur des points précis dont l'efficience défensive se trouvait alors réduite à peu de choses. Ce moyen était sans doute le plus sûr pour s'emparer d'une localité fortifiée, car il ne pouvait que difficilement être contré : les positions des pièces étaient certes à portée des arbalètes à tours de la défense, mais elles pouvaient être protégées par différentes structures charpentées, comme des mantelets par exemple[803], tandis que très peu de localités disposaient de pièces similaires ayant une portée autorisant des tirs de contrebatterie depuis l'intérieur des enceintes. Il convient cependant de ne pas être catégorique en la matière : en 1378, lors du siège de Cherbourg, en Normandie, les redoutables trébuchets mis en œuvre par les Français furent insuffisants à faire céder les défenses anglaises durant les six mois que durèrent les opérations[804].

---

[802] AM Périgueux, BB 13, *Petit Livre Noir*, f° 47v.
[803] Boudet (Marcellin), *Registres consulaires… Op. cit.*, p. 173.
[804] Voisin-la Hougue (Jean), *Histoire de la ville de Cherbourg*, Cherbourg, Boulanger, 1835, p. 68-69 ; Allmand (Christopher T.), éd., *Society at War, The Experience of England and France during the Hundred Years War*, Woodbridge, Boydell Press, 1998, p.64 ; Viollet-le-

La plupart du temps, seules les armées royales avaient la possibilité d'utiliser de puissantes machines à balancier en mode offensif. En effet, leur coût, avec le prix de l'engin lui-même, celui de son transport et de son service au combat, était particulièrement élevé. D'autre part, les engins disponibles n'étaient pas nombreux et se trouvaient généralement détenus par des municipalités. Pour le siège de Castelmary, début 1369, le comte d'Armagnac et le sénéchal de Toulouse utilisèrent le trébuchet d'Albi[805] ; pour celui de Montignac, cité *supra*, sur les sept pièces utilisées par le maréchal Boucicaut, une seule fut construite par un *bridier* de son armée, tandis que deux furent fournies par le consulat de Périgueux et une par celui de Sarlat[806]. Ainsi, pour une localité fortifiée donnée, la probabilité d'avoir à subir des tirs d'artillerie à balancier restait globalement peu élevée, mais cela ne signifiait pas, bien au contraire, qu'un tel risque devait être négligé. Peu de choses pouvaient cependant être faites une fois que les boulets commençaient à fracasser les infrastructures, sinon essayer de les réparer ou de renforcer les parties touchées pour maintenir tant bien que mal le dispositif défensif. C'est sans doute la raison pour laquelle Hugues de Cardaillac, dans son ordonnance de 1346 sur la défense de Montauban, voulait qu'en cas de siège la ville puisse disposer d'un maximum de maçons, charpentiers et forgerons, avec des planches en suffisance pour pouvoir faire des barrières et des *gachiels*, ainsi que du fer et de l'acier en quantité[807].

Duc (Eugène), *Dictionnaire raisonné du mobilier français de l'époque carolingienne à la Renaissance*, T. V, Paris, Morel & Cie, 1874, p. 232.
[805] Vidal (Auguste), *Douze comptes… Op. cit.*, p. 68-69, 95.
[806] Tarde (chanoine), *Chroniques… Op. cit.*, p. 149-151.
[807] Favé (Ildefonse), *Etudes… Op. cit.*, p. VI, VII.

Toujours dans l'idée de créer des brèches dans les enceintes pour ouvrir des itinéraires leur permettant d'arriver rapidement au corps à corps, les assaillants pouvaient aussi tenter de creuser une mine, ou sape. Le principe était simple : il s'agissait d'ouvrir une galerie sous une tour ou une portion de muraille en l'étayant de solides poutres de bois ; une fois la profondeur et la longueur nécessaires atteintes, on la remplissait de fagots, de poix et de diverses matières inflammables avant d'y mettre le feu. Lorsque les poutres étaient consumées, la mine s'écroulait en entraînant la tour ou la muraille avec elle : il ne restait plus à l'élément d'assaut qu'à s'élancer et à franchir en masse la brèche ainsi créée pour y submerger les défenseurs.

Dans son ordonnance sur la défense de Montauban en 1346, Hugues de Cardaillac prévoyait une série de mesures à prendre pour contrer le danger représenté par les mines. Il fallait tout d'abord savoir si l'ennemi creusait et, si oui, où. Pour cela, il recommandait de placer des bassines remplies d'eau sur les tours ou les courtines menacées : si la surface de l'eau frémissait, cela voulait dire que l'on était en train de creuser sous l'ouvrage concerné ; il fallait alors immédiatement ouvrir une contre-mine pour rejoindre la galerie ennemie. Il s'agissait cependant de le faire correctement, sans affaiblir les fondations de l'ouvrage déjà mises à mal par les travaux adverses : c'est sans doute pour cette raison qu'Hugues de Cardaillac souhaitait que des mineurs figurent au sein de la garnison en cas de siège. Un fois que le boyau de contre-mine avait rejoint la sape, les défenseurs pouvaient s'attaquer au dispositif ennemi de plusieurs manières : si la galerie n'avait pas encore entamé les fondations, on pouvait y mettre le feu afin qu'elle s'écroule et devienne inopérante ; si elle les avait attaqué, il était alors préférable d'y jeter de grandes quantités d'eau bouillante afin d'humidifier les étais grâce à la vapeur afin de les rendre moins inflammables, et accessoirement d'ébouillanter les mineurs. Enfin, il existait naturellement une autre possibilité : aller combattre les sapeurs l'épée à la main[808].

Figure 64. Creusement d'une mine sous une muraille surmontée de hourds.
Viollet-le-Duc (Eugène), *Dictionnaire… Op. cit.*, T. I, p. 360.

L'exemple du siège de Limoges, en septembre 1370, montre bien l'ampleur du coup qu'une mine réussie pouvait porter à la défense d'une localité. Le prince d'Aquitaine Edouard de Woodstock vint avec une armée assiéger la cité, qui était largement pourvue en combattants, et

[808] Favé (Ildefonse), *Etudes… Op. cit.*, p. V, VI.

ordonna de faire saper une muraille du côté de la tour Alérésia ; les assiégés tentèrent bien de creuser une contre-mine, mais ce fut sans succès : en s'écroulant, la sape entraîna avec elle une large portion d'enceinte et la défense perdit pied sitôt que l'élément d'assaut s'engouffra dans la brèche ainsi créé[809].

Figure 65. Tour d'assaut en action.
Viollet-le-Duc (Eugène), *Dictionnaire… Op. cit.*, T. I, p. 364.

La dernière solution visait à enlever aux défenseurs la supériorité que leur donnait le tir des arbalètes et à directement mener le combat au corps à corps. Il s'agissait du beffroi, ou tour d'assaut sur roues, qui

---

[809] Kervyn de Lettenhove (Joseph) (éd.), *Œuvres… Op. cit.*, T. VIII, p. 25-38.

permettait de faire avancer une troupe à l'abri des projectiles jusqu'à l'enceinte et de l'amener directement au contact des défenseurs au niveau du chemin de ronde ; toutefois, la mise en œuvre d'un tel engin impliquait de combler les fossés à l'endroit où l'on souhaitait qu'il avance jusqu'à la muraille, et donc des travaux de terrassement à effectuer sous le tir violent des défenseurs. Là encore, seules les importantes armées royales avaient les moyens, tant humains que financiers, nécessaires à une telle opération, aussi ne fut-elle qu'assez peu fréquemment mise en œuvre : en 1377, à Bergerac, le duc d'Anjou fit venir une telle tour, appelée la Truie, mais elle n'eut pas à servir, les assiégés s'étant rendu à sa seule vue[810].

Pour contrer une tour d'assaut, il convenait en premier lieu d'empêcher l'ennemi de combler une portion de fossé pour lui créer un cheminement. Toutefois, malgré l'intensité du tir que les défenseurs étaient capables de délivrer, il pouvait arriver que les assaillants arrivent à leur fin. Dans ce cas, si l'engin parvenait devant les murailles, la seule solution consistait à l'incendier. Hugues de Cardaillac, toujours dans son ordonnance de 1346 sur la défense de Montauban, prévoyait ce cas de figure et préconisait de faire chauffer au rouge des barres de fer bien pointues et mesurant une brasse et demie de long pour les jeter sur l'ouvrage ; il indiquait aussi, de manière beaucoup plus pratique, qu'il fallait lui lancer des barils remplis de mélange incendiaire[811].

Si, malgré tous leurs efforts, les défenseurs ne parvenaient pas à empêcher l'ennemi de prendre pied sur l'enceinte, il ne leur restait plus qu'à se battre quasi exclusivement à l'arme blanche. Si jamais ils cédaient,

---

[810] *Ibid.*, T. IX, p. 4-12.
[811] Favé (Ildefonse), *Etudes… Op. cit.*, p. V-VI.

laissant leurs adversaires s'emparer d'une portion de muraille, l'effet était quasiment le même que lorsqu'une brèche était crée sous l'action d'une mine ou d'un trébuchet : une entrée directe vers le cœur de la ville était désormais à disposition des assaillants sans qu'il soit possible de les y atteindre par des tirs coordonnés et croisés à l'arbalète.

Surtout, quel que soit le moyen par lequel l'enceinte aurait été franchie, les distances d'engagement se seraient considérablement réduites : en effet, une fois passé à l'intérieur du périmètre fortifié, l'ennemi se serait progressivement répandu dans le dédale des rues et ruelles de la vieille ville et il n'aurait plus alors été question de glacis ou d'axes rectilignes : la défense aurait donc été désorganisée et une série de corps à corps se seraient engagés ; les troupes assiégeantes étant majoritairement composées de professionnels de la guerre et les assiégées de combattants d'occasion plus ou moins bien entraînés, l'avantage serait vraisemblablement allé aux premiers. De plus, même s'il est impossible de l'apprécier pleinement, ils auraient aussi pris l'ascendant moral : en effet, malgré leur défense aussi intense qu'acharnée et les pertes qu'ils leurs auraient causées, les citadins n'auraient pu qu'être ébranlés d'avoir désormais à les contrer en désordre, tout à leur fureur, à l'intérieur de la localité ; d'autre part, il ne faut pas oublier que les attaquants avaient aussi des espringales, des arbalètes et des arcs et donc que les assiégés, même s'ils disposaient initialement de positions plus favorables, subissaient aussi leurs coups depuis bien avant que la mêlée à l'arme blanche ne s'engage.

Enfin, les citadins avaient conscience de se battre pour protéger leurs familles et leurs biens : si cela devait contribuer à leur ardeur tant que l'ennemi était contenu, il est probable que cela ne faisait qu'accentuer le chaos lorsqu'il prenait le dessus, chacun cherchant à sauver ce qui pouvait l'être sans souci des ordres. Hugues de Cardaillac prévoyait aussi cette éventualité, en ordonnant que « nul homme ne s'écarte de son poste, même s'il entend que les ennemis sont entrés [en ville] par un autre endroit »[812], mais il ne s'agissait sans doute là que d'un vœu pieux.

Une fois l'enceinte principale franchie par l'ennemi, il restait souvent aux défenseurs la possibilité de se battre dans un dernier réduit comme, en Quercy, le château des seigneurs à Gourdon, celui de l'Hébrardie à Cajarc, celui de la Raymondie à Martel ou le *Barri* Vieux des Soubirous à Cahors[813]. Cette dernière extrémité avait cependant peu de chance d'être mise en œuvre : la défense d'une enceinte principale bien conçue, bien garnie et correctement pourvue en armement ne pouvait être réduite que par une forte armée correctement équipée en moyens de siège.

En fait, il y eu très peu de grandes armées qui, venues dans la région, s'attaquèrent de manière frontale à des localités d'importance : on note une seule utilisation de tour d'assaut, par les Français à Bergerac en 1377, mais elle n'eut pas à être mise en action car sa seule vue amena les défenseurs à déposer les armes. D'ailleurs, il était assez peu fréquent que les municipalités attendent une telle extrémité pour se rendre lorsqu'elles estimaient un combat perdu d'avance ou inutile, ainsi que le montrent, par exemple, les prises effectuées par John Chandos et Robert Knolles durant leur chevauchée du printemps 1369[814]. Une reddition permettait

---

[812] Favé (Ildefonse), *Etudes... Op. cit.*, p. III.
[813] Savy (Nicolas), *Les villes... Op. cit.*, p. 150.
[814] Savy (Nicolas), « The Chevauchée of John Chandos and Robert Knolles : Early March to Early June, 1369 », dans *Journal of Medieval Military History* n° 7 (2009), p. 38-56.

en effet de négocier avantageusement, préservait l'arrière-pays alimentant les activités économiques et éliminait le risque d'une mise à sac totale, comme ce fut le cas à Limoges, prise d'assaut grâce à une mine en septembre 1370.

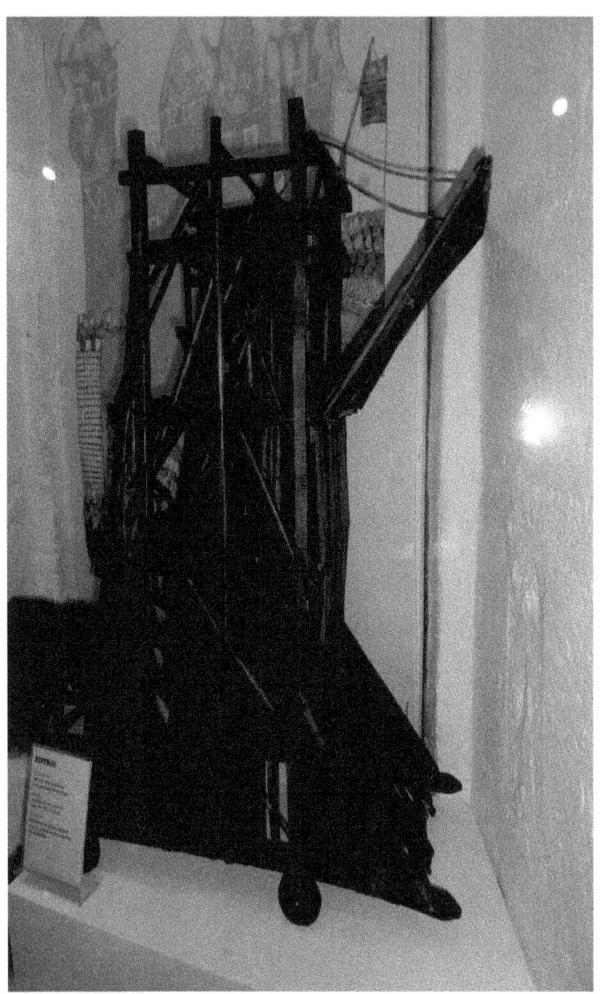

Figure 66. Maquette de tour d'assaut.
Musée de la Guerre au Moyen Age du château de Castelnaud-la-Chapelle (dpt. 24).

Conclusion

A l'exception des gardiens des portes et des hommes envoyés aux armées royales, les autorités municipales étaient peu regardantes sur la qualité et la quantité des équipements défensifs portés par leurs habitants ; si ce n'est les casques, pour lesquels des efforts d'achat étaient parfois faits, on laissait chacun s'équiper comme il le pouvait en fonction de ses moyens, ce qui explique les grandes disparités que l'on pouvait trouver d'un individu à l'autre. Il en allait de même pour les armes blanches car le combat au corps à corps n'était pas une option défensive prévue dans les plans de défense, mais une extrémité à laquelle on serait contraint si tous les modes de confrontation à distance échouaient. Les municipalités préféraient concentrer leurs ressources sur l'acquisition d'arbalètes, seules armes capables de donner un véritable avantage à la défense d'un système fortifié à la condition d'être détenues en grandes quantités. Dans le même esprit, d'importants crédits étaient alloués à tous les types d'artillerie : grandes arbalètes à tour pour leur portée, trébuchets et autres mangonneaux pour leur capacité à interdire des secteurs entiers, canons pour leur pouvoir d'arrêt à moyenne distance. Cela ne signifiait pas que l'on négligeait les dispositifs les plus simples, comme les chausse-trappes, les mélanges irritants ou les pierres à jeter depuis les hourds : le combat au pied des murailles restait une confrontation à distance d'autant plus importante qu'elle était la dernière avant le corps à corps.

En ce qui concerne l'évolution des activités économiques liées à l'armement, la production et l'entretien de l'équipement défensif et des armes blanches ne semblent pas avoir connus de grands changements :

ils restèrent aux mains des artisans non spécialisés pour les pièces de qualité commune ou médiocre et des armuriers pour celles de prix ; en effet, la faible usure et le recyclage aisé de ces matériels firent qu'après une période initiale de demande assez forte, les besoins se stabilisèrent à un niveau probablement assez peu élevé. Il en alla différemment avec les arbalètes, qui servaient beaucoup et se détérioraient avec le temps, obligeant leurs propriétaires à les faire entretenir ou remplacer. Les spécialistes furent ainsi fortement mis à contribution, mais leur offre étant souvent inférieure à la demande, des artisans communs, forgerons ou autres, purent s'immiscer dans le marché et y prendre une part de plus en plus importante jusqu'à, dans certaines localités, le détenir plus ou moins totalement sans pour autant abandonner leurs activités traditionnelles. Il en alla de façon sensiblement identique avec l'armement collectif, bien que de façon moins générale et surtout moins systématique : la conception des machines à balanciers resta apparemment un savoir peu répandu tandis que l'augmentation des parcs de bouches à feu nécessita de plus en plus l'emploi de professionnels à temps plein par les municipalités. Le rôle de ces dernières fut d'ailleurs déterminant dans l'évolution de tout le secteur économique de l'armement. En obligeant leurs habitants à s'armer, elles participèrent à maintenir la demande, mais c'est leur implication directe qui eut le plus d'effet dans ce domaine : elles veillèrent à ce que des artisans en mesure d'assurer l'offre en armes blanches soient toujours présents sur place, tandis qu'elles se préoccupèrent en permanence de la satisfaction des importants besoins, publics ou privés, en matière de fabrication ou d'entretien d'arbalètes et d'armes collectives.

Conclusion

Les inventaires, les revues de détails que les magistrats municipaux faisaient régulièrement réaliser n'avaient cependant pas uniquement pour but de préparer le maintien en condition de l'armement : ce qui comptait avant tout, c'était de savoir si l'on disposait bien de quoi armer correctement toutes les défenses suivant le plan établi. Celui-ci partait d'un postulat tactique simple : les habitants ne pouvant rivaliser, en tant que combattants individuels, avec les redoutables guerriers professionnels formant la plus grande partie des armées royales, il fallait autant que possible mener le combat en maintenant l'ennemi à distance tout en profitant au maximum de l'avantage défensif donné par les fortifications.

Tout était fait pour rentabiliser l'usage des armes permettant cette confrontation à distance. Des champs de tir des espringales et autres arbalètes à tour dégagés au plus loin aux corridors édifiés au plus près pour mieux se servir des hourds, c'est tout ce qui était devant l'enceinte principale qui était aménagé au profit de la défense de cette dernière. De là, les différents ouvrage étaient garnis selon les besoins de façon à permettre une utilisation optimum de tous les types d'armes et à leur donner la capacité de s'appuyer les uns les autres de proche en proche. Cette façon de faire n'avait rien de nouveau : déjà, au Ve siècle, Végèce précisait qu'il fallait « élever des tours qui se flanquaient réciproquement, de sorte que l'assiégeant qui osait s'approcher des murs avec des échelles, ou d'autres machines, se trouvait attaqué au front, en flanc, et presque en queue ; en un mot, embarrassé comme dans une espèce de golfe »[815] ; toutefois, on peut voir que ce principe était, grâce aux perfectionnements

---

[815] Végèce, *Traité… Op. cit.*, livre quatrième, chapitre II.

de l'armement et des arbalètes en particulier, poussé à un très haut niveau de rentabilité.

Logiquement, partant des extérieurs, cette défense gagnait en intensité au fur et à mesure que l'on s'approchait du vieux centre, pour atteindre son maximum au pied de l'enceinte principale : là, l'assaillant devait affronter les tirs de tous les types d'arbalètes, de la simple « à deux pied » à la grande à tour, des canons, des engins à balanciers, tout en recevant des projectiles de fronde, des mélanges irritants et des grosses pierres jetées depuis les hourds.

Pour attaquer frontalement de tels dispositifs avec un minimum de chances de succès, il était nécessaire de disposer soit d'une tour d'assaut, soit de puissantes pièces d'artillerie à balancier, soit d'être en mesure de faire creuser une mine ; ces moyens étaient très coûteux et ne pouvaient être mis en œuvre que par des armées bénéficiant d'un puissant soutien financier. D'autre par, ils n'étaient pas des garanties absolues de victoire car leurs utilisations et leurs parades étaient prévues par les défenseurs : le rapport de force, même s'il était contingent et difficile à quantifier dans tous les cas, ne pouvait que difficilement être à l'avantage des assaillants. On comprend ainsi la prééminence du simple siège comme tactique principale pour prendre une localité et le faible nombre de réelles tentatives de prises d'assaut au cours de ceux-ci, tout au moins dans la région étudiée. En fait, par les énormes moyens qu'elle nécessitait, la prise d'une ville par siège, avec ou sans assaut frontal, ne se justifiait pas dans le champ tactique, mais dans le domaine stratégique, contrairement à un simple château qui, même de belle taille, ne pouvait avoir au maximum qu'une importance que l'on qualifierait aujourd'hui d'opératique : avec la ville, on ajoutait les intérêts politiques et économiques aux affaires strictement militaires.

Politique, car les élites consulaires avaient non seulement le pouvoir sur la population de leurs localités, mais aussi parce qu'elles étaient liées entre elles par de puissants intérêts communs et qu'elles correspondaient activement, formant un ensemble cohérent capable de soutenir efficacement un projet étatique dans l'environnement régional. Ainsi, s'emparer d'une ville et soumettre son pouvoir dirigeant, par la contrainte mais surtout, ensuite, par la persuasion et l'adhésion, c'était fracturer la cohésion politique du monde urbain à l'échelle d'une province. Economique, car une agglomération était un centre d'activités secondaires et tertiaires générant de la richesse à partir des matières premières provenant d'une large aire de production : s'en rendre maître, c'était non seulement s'assurer des rentrées financières importantes, mais aussi et surtout pouvoir influer sur tout le tissu économique local dont elle constituait la pièce centrale. C'est ainsi à travers leurs intérêts stratégiques, découlant de leurs potentiels militaires et politico-économiques, réels ou supposés, qu'il faut comprendre les grandes attaques menées contre les villes de la région : Duravel, Domme ou Figeac en 1369, Bergerac en 1377 ou aussi, un peu en dehors du champ d'étude, Limoges en 1370.

Il existait une autre solution pour se rendre maître d'une ville : le coup de main. Reposant sur l'effet de surprise ainsi que des savoir-faire tactiques et techniques spécifiques, nécessitant une discrétion dont seules de petites troupes étaient capables, il s'agissait d'un mode d'action correspondant à d'autres objectifs que ceux pour lesquels d'importantes armées étaient mises en branle. De fait, les prises d'agglomérations importantes par les compagnies de routiers anglo-gascons se firent généralement assez loin des grands théâtres d'opérations du moment, comme le montrent les exemples de Figeac, en Quercy, par Bertrucat d'Albret et Bertrand de Lasale en 1371, et de Montferrand, en Auvergne, par Perrot de Béarnais en 1388. Le manque d'intérêt stratégique de la première au moment de sa prise est visible au fait que le roi d'Angleterre s'en désintéressa totalement et laissa les deux capitaines qui s'en étaient rendus maîtres en son nom en faire ce qu'ils voulaient[816] : de toute évidence, la localité étant isolée en pays ennemi et éloignée de plus de cent kilomètres des territoires solidement tenus par ses troupes, il lui était difficile de lui trouver une utilité rentable dans son dispositif stratégique.

Utilisant toutes les ressources technologiques de l'époque, la défense d'une ville ou d'un bourg de la deuxième partie du XIVe siècle apparaît donc ainsi, pour la région étudiée, particulièrement performante, efficace et dissuasive. Ces qualités sont à mettre en rapport avec la position stratégique que pouvaient occuper les centres urbains lorsqu'ils étaient placés par les événements dans les grandes zones de confrontation franco-anglaises

.

---

[816] Savy (Nicolas), *Bertrucat d'Albret, ou le destin d'un capitaine gascon du roi d'Angleterre pendant la guerre de Cent Ans*, Pradines, Archeodrom, 2015, p. 237.

Sources et bibliographie

1/ Sources manuscrites.

Archives Municipales de Cahors (dpt. 46).

Déposées aux Archives Départementales du Lot (dpt. 46).

- *Livre Tanné* (Registre consulaire XIIIe-XVIe siècles).

Archives Municipales de Cajarc (dpt. 46).

Déposées aux Archives Départementales du Lot (dpt. 46).

- CC 4 : comptabilité consulaire 1348.
- CC 6 : comptabilité consulaire 1350 et 1369.
- CC 7 : comptabilité consulaire 1352.
- CC 8 : comptabilité consulaire 1356.
- CC 10 : comptabilité consulaire 1373.
- CC 12 : comptabilité consulaire 1376.
- CC 14 : comptabilité consulaire 1377.
- Registre CC sans côte, année 1387 : comptabilité consulaire 1387.
- Registre CC sans côte années 1396-1405 : comptabilités consulaires 1396 à 1405.

Archives Municipales de Conques (dpt. 12).

Déposées aux Archives Départementales de l'Aveyron (dpt. 12).

- 2 E 67 : comptabilité consulaire 1393.

Archives Municipales de Gourdon (dpt. 46).

- BB 3 : délibérations consulaires 1350-1351.
- BB 4 : délibérations consulaires 1353-1354.
- CC 18 : comptabilité consulaire 1355-1356.
- CC 20 : délibérations et comptabilité consulaires 1376-1377.

Archives Municipales de Martel (dpt. 46).

Déposées aux Archives Départementales du Lot (dpt. 46).

- BB 5 : déliberations consulaires 1344-1359.
- CC 3-4 : comptabilités consulaires 1349-1362.
- CC 5 : comptabilités consulaires 1371-1398.

- CC 6 : comptabilité consulaire 1382-1383.
- EE 1 : correspondances diverses du consulat.

Archives Municipales de Millau (dpt. 12).

- CC 347 : comptabilité consulaire 1345-1346.
- CC 348 : comptabilité consulaire 1351-1352.
- CC 350 : comptabilité consulaire 1356-1357.
- CC 352 : comptabilité consulaire 1358-1359.
- CC 354 : comptabilité consulaire 1360-1361.
- CC 358 : comptabilité consulaire 1363-1364.
- CC 361 : comptabilité consulaire 1364-1365.
- CC 364 : comptabilité consulaire 1345-1346.
- CC 367 : comptabilité consulaire 1368-1369.
- CC 368 : comptabilité consulaire 1372-1373.
- CC 371 : comptabilité consulaire 1375-1376.
- CC 373 : comptabilité consulaire 1379-1380.
- CC 375 : comptabilité consulaire 1384-1385.
- CC 395 : comptabilité consulaire 1412-1413.

Archives Municipales de Najac (dpt. 12).

Déposées aux Archives Départementales de l'Aveyron (dpt. 12).

- 2 E 178 8 : comptes consulaires 1356.
- 2 E 178 8 : comptes consulaires 1375.
- 2 E 178 8 : comptes consulaires 1382.

Archives Municipales de Périgueux (dpt. 24).

Déposées aux Archives Départementales de la Dordogne (dpt. 24).

AM Périgueux, BB 13, *Petit livre Noir*.
AM Périgueux, CC 41 : comptabilité consulaire 1314-1315.
AM Périgueux, CC 51 : comptabilité consulaire 1331-1332.
AM Périgueux, CC 55 : comptabilité consulaire 1336-1337.
AM Périgueux, CC 57 : comptabilité consulaire 1338-1339.
AM Périgueux, CC 58 : comptabilité consulaire 1339-1340.
AM Périgueux, CC 59 : comptabilité consulaire 1340-1341.
AM Périgueux, CC 60 : comptabilité consulaire 1346-1347.
AM Périgueux, CC 61 : comptabilité consulaire 1345-1347.
AM Périgueux, CC 63 : comptabilité consulaire 1352-1353.
AM Périgueux, CC 66 : comptabilité consulaire 1371-1372.
AM Périgueux, CC 67 : comptabilité consulaire 1375-1376.
AM Périgueux, CC 68 : comptabilité consulaire 1382-1383.
AM Périgueux, CC 69 : comptabilité consulaire 1397-1398.
AM Périgueux, CC 69 bis : comptabilité consulaire 1398-1399.
AM Périgueux, CC 70 : comptabilité consulaire 1400-1401.

Archives Municipales de Rodez (dpt. 12).

Déposées aux Archives Départementales de l'Aveyron (dpt. 12).

1/ Bourg de Rodez.

- 2 E 212, Bourg, CC 125 : comptabilité consulaire 1342.
- 2 E 212, Bourg, CC 126 : comptabilités consulaires 1360-1365.
- 2 E 212, Bourg, CC 128 : comptabilité consulaire 1383-1384.

2/ Cité de Rodez.

- 2 E 212, Cité, CC 216 : comptabilité consulaire 1391-1392.

Archives du comté d'Armagnac.

Déposées aux Archives Départementales de l'Aveyron (dpt. 12).

- C 1335 : comptabilités comtales 1378-1382.
- C 1336 : comptabilités comtales 1382-1384.
- C 1347 : comptabilités comtales 1417-1418.

Autres archives.

1/ Archives Départementales du Lot.

- III E, 1/3 : liasses notariales XIVe-XVe siècles.
- III E, 1/4 : liasses notariales XIVe-XVe siècles.

2/ Bibliothèque Nationale de France.

- *Collection Doat*, vol. 147.
- Français 22297, *Registre d'armes*.

2/ Sources imprimées.

- Aussel (Max), *Transcriptions et traductions des Archives Municipales de Gourdon*, se., sd.
- Boudet (Marcellin), *Registres consulaires de Saint-Flour (1376-1405)*, Paris, Champion & Riom, Jouvet, 1900.

- Charrier (Gustave), *Les jurades de la ville de Bergerac tirées des registres de l'hôtel de ville*, T. I, Bergerac, Sud-Ouest, 1892.

- Combarieu (Louis), « Analyse de quelques actes concernant Cajarc », dans *BSEL*, T. XXXIX (1914).

- De la Fons (Alphonse), *De l'artillerie de la ville de Lille aux XIVe, XVe et XVIe siècles*, Paris, Victor Didron, 1855.

- Favé (Ildefonse), *Etudes sur le passé et l'avenir de l'artillerie*, T. IV, Paris, Dumaine, 1863.

- Ferrand (Guilhem), *Communautés et insécurité en Rouergue à la fin du Moyen Age*, thèse de doctorat soutenue à l'Université de Toulouse-Le Mirail en 2009.

- Forestié (Edouard), *Les livres de comptes des frères Bonis, marchands montalbanais du XIVe siècle*, T. I, Paris, Champion & Auch, Cocharaux, 1890.

- Garnier (Joseph), *L'artillerie des ducs de Bourgogne d'après les documents conservés aux Archives de la Côte-d'Or*, Paris, Champion, 1895.

- Hardy (Michel), éd., *Ville de Périgueux, inventaire sommaire des Archives Communales antérieures à 1790*, Périgueux, Delage & Jouclas, 1894.

- Lacoste (Guillaume), *Histoire générale de la province de Quercy*, T. III, Cahors, Girma, 1885.

- Laforge (Fabien), *Les armées des trois premiers Valois, entre héritage et modernisation progressive*, 2 volumes (texte et annexes), mémoire de maîtrise soutenu en 2009 à l'Université de Nantes.

- Lalande (Julien), « Remparts de Brive », dans *Bulletin de la Société Scientifique, Historique et Archéologique de la Corrèze*, T. XXX (1908).

- Magen (Adolphe), éd., *Jurades de la ville d'Agen (1345-1355)*, Auch, 1894.

- Noël (R.P.R), *Town Defenses in the French Midi during The Hundred Years War (1337-1453)*, PhD thesis, University of Edinburgh, 1977.

- Tarde (Jean), *Chroniques*, Paris, Houdin & Picard, 1887.

- Vidal (Auguste), « Les délibérations du conseil communal d'Albi de 1372 à 1388 », dans *Revue des Langues Romanes*, 5e série, T. VIII (1905).

- Vidal (Auguste), *Comptes consulaires d'Albi (1359-1360)*, Toulouse, Privat, 1900.

- Vidal (Auguste), *Douze comptes consulaires d'Albi du XIVe siècle*, T. I, Paris, Picard et Toulouse, Privat, 1906.

- Vignoles (André), éd., *Comptes consulaires de Saint-Antonin-Noble-Val*, T. I, Saint-Antonin-Noble- Val, Société des Amis de Saint-Antonin-Noble-Val, 2003.

- Viollet-le-Duc (Eugène), *Dictionnaire raisonné de l'architecture française*, 9 tomes, Paris, Morel, 1854-1868.
- Viollet-le-Duc (Eugène), *Dictionnaire raisonné du mobilier français de l'époque carolingienne à la Renaissance*, 10 tomes, Paris, Morel, 1873-1874.

3/Bibliographie.

- Allmand (Christopher T.), éd., *Society at War, The Experience of England and France during the Hundred Years War*, Woodbridge, Boydell Press, 1998.
- Andia (Béatrice, de), Bonnefoy (Laétitia), *Les enceintes de Paris*, Paris, Action artistique de la ville de Paris, 2001.
- Arbelet, (François), « *Justice et société urbaine à Gourdon au temps de Philippe le Bel* », dans BSEL, T. CXXXV (2014).
- Bachrach (Bernard S.), Bachrach (David), *Warfare in Medieval Europe (400-1453)*, Abington, Routledge, 2016 (rééd.).
- Beffeyte (Renaud), *L'art de la guerre au Moyen Age*, Rennes, Ouest-France, 2005.
- Beffeyte (Renaud), *Les machines de guerre au Moyen Age*, Rennes, Ouest-France, 2000.
- Benoit (Paul), « Artisans ou combattants ? Les canonniers dans le royaume de France à la fin du Moyen Age », dans *Le combattant au Moyen Age, Actes du colloque de la Société des historiens médiévistes de l'enseignement supérieur public* (Montpellier, 1987).
- Bottée (Jean-Joseph), Riffault (Jean), *Traité de l'art de fabriquer la poudre à canon*, Paris, Leblanc, 1811.
- Bousquet (Henri), *Comptes consulaires de la cité et du bourg de Rodez, 1ᵉ partie : cité*, T. II (1358-1388), Rodez, P. Carrère, 1943.
- Bradbury Jim, *The Medieval Siege*, Woodbridge, Boydell, 1992.
- Charrière (Ernest), éd., *Chronique de Bertrand du Guesclin par Cuvelier*, T. I, Paris, Firmin-Didot Frères, 1839.
- Compayré (Clément), *Etudes Historiques et documents inédits sur l'Albigeois, le Castrais et l'ancien diocèse de Lavaur*, Albi, Maurice Papailhiau, 1841.

- Contamine (Philippe), *Guerre, Etat et société à la fin du Moyen Age*. T. I : *Etudes sur les armées des rois de France (1337-1494)*, Paris, Editions de l'Ecole des Hautes Etudes en Sciences Sociales, 2004 (rééd.).

- Contamine (Philippe), *La guerre au Moyen Age*, Paris, PUF, 1999 (5ᵉ édition corrigée).

- Corvis (Ivy A.), éd.,Wolfe (Michael), éd., *The Medieval city under Siege*, Woddbridge, Boydell, 1995 & 1999.

- Crosby (Everett U.), *Medieval Warfare : a Bibliographical guide*, New-York, Garland, 2000.

- Daymard (Joseph), « Le vieux Cahors », dans *BSEL*, T. XXX (1905).

- Du Fresne du Cange (Charles), *Glossarium mediae et infimae latinitatis*, T. I, Paris, Firmin Didot, 1840.

- Duc-Lachapelle, *Métrologie française ou traité du système métrique décimal à l'usage du département du Lot*, Montauban, Imp. P.A. Fontanel, 1807.

- Ferrand (Guilhem), *Communautés et insécurité en Rouergue à la fin du Moyen Age*, thèse de doctorat soutenue à l'Université de Toulouse-Le Mirail en 2009.

- Finò (José-Federico), « Le feu et ses usages militaires », dans *Gladius*, vol. IX (1970).

- Finò (José-Federico), *Origine et puissance des machines à balancier médiévales*, publication de la *Société des Antiquités Nationales*, nouvelle série n° 11, s.d.

- Gaier (Claude), *L'industrie et le commerce des armes dans les anciennes principautés belges du XIIIᵉ à la fin du XVᵉ siècle*, Paris, Droz, 1973.

- Goya (Michel), *Sous le feu : la mort comme hypothèse de travail*, Paris, Paris, Tallandier, 2014.

- Hanley (Catherine), *War and combats, 1150-1270 : The Evidence from Old French Literature*, Cambridge, Brewer, 2003.

- Hébert (Michel), « Une population en armes : Manosque au XIVᵉ siècle », dans *Le combattant au Moyen Age*, Paris, 1991.

- Henrard (Paul), *Histoire de l'Artillerie en Belgique*, Bruxelles, C. Muquardt, 1865.

- Higounet-Nadal (Arlette), dans *Les comptes de la taille et les sources de l'histoire démographique de Périgueux au XIVᵉ siècle*, Paris, SEVPEN, 1965.

- Jal (Auguste), *Archéologie navale*, T. II, Paris, Arthus-Bertrand, 1840.

- Jouglar (Bertrand-Adolphe), *Monographie de l'abbaye du Mas-Grenier, Toulouse*, Delboy, 1864.

- Keen (Maurice), éd., *Medieval Warfare : a History*, Oxford, Oxford University Press, 1999.

- Kersuzan (Alain), *Défendre la Bresse et le Bugey, les châteaux savoyards dans la guerre contre le Dauphiné (1282-1355)*, Lyon, Presses Universitaires de Lyon, 2005.

- Kervyn de Lettenhove (Joseph) (éd.), *Œuvres de Froissart. Chroniques*, 25 tomes, Osnabrück, Biblio Verlag, 1967 (réimpréssion de l'édition de 1867-1877).

- Laforge (Fabien), *Les armées des trois premiers Valois, entre héritage et modernisation progressive*, 2 volumes (texte et annexes), mémoire de maîtrise soutenu en 2009 à l'Université de Nantes.

- Lartigaut (Jean), « Les moulines à fer du Quercy (vers 1440 - vers 1500) », dans *Annales du Midi*, vol. 81 (1969), n° 93.

- Loppe (Frédéric), « Construire en terre pendant la guerre de Cent Ans : les fortifications de Castelnaudary (Aude) vers 1355 – 1450 », dans *Archéologie du Midi médiéval*. Supplément, vol. 7 (2010).

- Mesqui (Jean), *Provins, la fortification d'une ville au Moyen Age*, Genève, Droz, 1979.

- Nicolas (Nathalie), *La guerre et les fortifications du Haut-Dauphiné, étude archéologique des travaux des châteaux et des villes à la fin du Moyen Age*, Aix-en-Provence, Presses Universitaires de Provence, 2005.

- Noël (R.P.R), *Town Defenses in the French Midi during The Hundred Years War (1337-1453)*, PhD thesis, University of Edinburgh, 1977.

- Norris (John), *Medieval siege Warfare*, Stroud, Tempus, 2007.

- Payne-Gallway (Ralph), *The book of the Crossbow*, New-York, Dover Publications, 1995.

- Péchal (abbé), « Corn et ses environs (suite), chapitre IV : la commune de Corn au Moyen-Age », dans *BSEL*, T. XXXIX (1914).

- Pépin (Guilhem), « Towards a rehabilitation of Froissart's credibility », dans Bell (Adrian Robert), éd., Curry (Anne), éd., King (Andy), éd., Chapman (Adam John), éd., *The Soldier Experience in the Fourteenth Century*, London, Boydell & Brewer, 2011.

- Poisson (Jean-Michel), dir., Schwien (Jean-Jacques), dir., *Le bois dans le château de pierre au Moyen Age, Actes du colloque de Lons-le-Saulnier (23-25 octobre 1997)*, Besançon, Presses Universitaires Franc-Comtoises, 2003.

- Poitrineau (Abel), dir., *Les anciennes mesures locales du Sud-Ouest d'après les tables de conversion*, Clermont-Ferrand, Institut d'Etudes du Massif Central, 1996.

- Prouteau (Nicolas), éd., De Crouy-Chanel (Emmanuel), éd., Faucherre (Nicolas), éd., *Artillerie et fortification, 1200-1600*, Rennes, Presses Universitaires de Rennes, 2011.

- Purton (Peter), *A History of the Late Medieval Siege, 1200-1500*, Woddbridge, Boydell, 2010.

- Rathgen (Bernhard), *Pulver und salpeter. Schießpulver, Kunstsalpeter, Pulvermühlen im frühen Mittelalter*, München, Barbara Verlag, 1926.

- Richelet (Pierre), *Dictionnaire de la langue françoise ancienne et moderne*, T. II, Lyon, Aimé Delaroche, 1758.

- Roth (Eric), *With a Bended Bow : Archery in Medieval and Renaissance Europe*, Brimscombe Port Stroud, The History Press, 2011.

- Rouquette (Joseph), *Le Rouergue sous les Anglais*, Millau, Artières et Maury, 1887.

- Rousset (Pierre), « par le fer et par le feu, elles ont fait l'Histoire », dans *L'Histoire et les historiens au XVIe siècle, études réunies et présentées par Marie Viallon-Schoneveld*, Saint-Etienne, Publications de l'Université de Saint-Etienne, 2001.

- Salamagne (Alain), *Construire au Moyen Age, les chantiers de fortification de Douai*, Lille, Septentrion, 2001.

- Salamagne (Alain), *Les villes fortes au Moyen Age*, Paris, Jean-Paul Gisserot, 2002.

- Savy (Nicolas), « The Chevauchée of John Chandos and Robert Knolles : Early March to Early June, 1369 », dans *Journal of Medieval Military History* n° 7 (2009), p. 38-56.

- Savy (Nicolas), « La défense des fortifications de Cahors pendant la deuxième moitié du XIVe siècle », dans *BSEL*, T. CXXIV (2003).

- Savy (Nicolas), « La prise de Fons en 1356. Cajarc face à la menace anglaise », dans *BSEL*, T. CXXVII (2006).

- Savy (Nicolas), « Les procédés tactiques des compagnies anglo-gasconnes entre Garonne et Loire (1350-1400) », dans Pépin (Guilhem), éd., Lainé (Françoise), éd., Boutoulle (Frédéric), éd., *Routiers et mercenaires pendant la guerre de Cent Ans*, Bordeaux, Ausonius, 2016.

- Savy (Nicolas), « Un chantier de fortification à Martel en 1355-1356 », dans *BSEL*, T. CXXV (2005).

- Savy (Nicolas), *Bertrucat d'Albret, ou le destin d'un capitaine gascon du roi d'Angleterre pendant la guerre de Cent Ans*, Pradines, Archeodrom, 2015.

- Savy (Nicolas), *Les villes du Quercy en guerre*, Pradines, Savy AE, 2009.

- Serdon (Valérie), *Armes du Diable : arcs et arbalètes au Moyen Age*, Rennes, Presses Universitaires de Rennes, 2005.

- Sumption (Jonathan), *The Hundred Years War, vol. II : Trial by Fire*, Philadelphia, University of Pennsylvania Press, 2001.
- Thomas (Antoine), « Nouvèles variétés étimologiqes », dans *Romania*, T. 44 (1916).
- Végèce, *Traité de l'art militaire, traduction nouvelle par Victor Develay*, Paris, Corréard, 1859.
- Viollet-le-Duc (Eugène), *Dictionnaire raisonné de l'architecture française*, 9 tomes, Paris, Morel, 1854-1868.
- Viollet-le-Duc (Eugène), *Dictionnaire raisonné du mobilier français de l'époque carolingienne à la Renaissance*, 10 tomes, Paris, Morel, 1873-1874.
- Voisin-la Hougue (Jean), *Histoire de la ville de Cherbourg*, Cherbourg, Boulanger, 1835.

Table des figures

Figure 1. Arbalétrier portant un bouclier (fin XIVe siècle). 14
Figure 2. Homme d'armes portant un petit bouclier sur l'épaule, ...15
Figure 3. Individu portant une cervelière. 16
Figure 4. Bacinet "à bec de passereau" du début du XVe siècle. 17
Figure 5. Barbute du XVe siècle. 18
Figure 6. Salade du XVe siècle. 19
Figure 7. Gantelets. 22
Figure 8. Gorgerin et casque du XVe siècle. 24
Figure 9. Haubert du XVe siècle. 25
Figure 10. Haubert du XVe siècle : détail de la maille. 26
Figure 11. Homme équipé d'un plastron de plates posé sur son haubert. 27
Figure 12. Braconnière de plates du XVe siècle fixée sous un plastron. ...30
Figure 13. Homme portant un jaque (XIIIe siècle). 32
Figure 14. Pointe de lance du XIVe siècle. 35
Figure 15. Faisceau d'armes d'hast présentant la variété des fers. 39
Figure 16. Guisarme du XVe siècle. 40
Figure 17. Dagues du XIVe siècle. 43
Figure 18. Epées et dagues du XIVe siècle. 46
Figure 19. Ceinture d'arbalétrier avec croc de rechargement. 54
Figure 20. Chargement d'une arbalète à pied avec crochet et étrier. 57
Figure 21. Arbalète individuelle à tour et son moufle de rechargement. 58
Figure 22. Arbalète individuelle à tour et son moufle de rechargement. 59
Figure 23. Arbalète à étrier. 61
Figure 24. Fers de carreaux d'arbalètes. 64
Figure 25. Carreau d'arbalète. 65
Figure 26. Arbalète à deux pieds. 67
Figure 27. Arbalétriers au combat en rase-campagne. 69
Figure 28. Archers au combat en rase-campagne. 71
Figure 29. Fustibale (en haut) et fronde (en bas), ...74
Figure 30. Canon de la seconde moitié du XIVe siècle. 79
Figure 31. Bombarde du XVe siècle. 81
Figure 32. Mantelet. 86
Figure 33. Trébuchet. 89
Figure 34. Fronde de trébuchet. 98
Figure 35. Maquette de couillard. 101
Figure 36. Mangonneau. 102
Figure 37. Espringale. 105
Figure 38. Grande arbalète à tour. 107
Figure 39. Pierrière. 110
Figure 40. Chausse-trappe. 112
Figure 41. Défenseurs d'un château jetant des pierres sur des assaillants. ..120
Figure 42. Ancien emplacement de palissades à Cahors. 177
Figure 43. Palissade élevée devant l'enceinte d'un château. 180
Figure 44. Défenses de l'abbaye de la Bénisson-Dieu (dpt. 42) au XVe siècle. 182

Figure 45. La porte Narbonnaise et sa barbacane, à Carcassonne. 187
Figure 46. Une porte et sa barbacane au Crozet (dpt. 42) au XVe siècle. 188
Figure 47. Entrée de la barbacane de la porte Narbonnaise, à Capdenac. 189
Figure 48. Une porte et sa barbacane à Sury-le-Contal (dpt. 42) au XVe siècle. 190
Figure 49. Une porte et sa barbacane à St-Galmier (dpt. 42) au XVe siècle. 191
Figure 50. Représentation d'une barbacane charpentée (XVe siècle). 192
Figure 51. Porte et barbacane à Donzy (com. Salt-en-D^y, dpt. 42) au XVe siècle....193
Figure 52. Une porte et sa barbacane à Néronde (dpt. 42) au XVe siècle. 194
Figure 53. Porte du castrum de Camboulit (dpt. 46). 196
Figure 54. Une porte et sa barbacane à Panissières (dpt. 42) au XVe siècle. 198
Figure 55. Une porte et sa barbacane à Feurs (dpt. 42) au XVe siècle. 199
Figure 56. Reproduction d'un poste de combat d'artillerie du XVe siècle. 202
Figure 57. Les *gachiels* de Néronde (dpt. 42) au XVe siècle. 204
Figure 58. Les *gachiels* de Bussy (com. de Bussy-la-P^{le}, dpt. 21) au XVe siècle.....205
Figure 59. Les champs de tir à l'arbalète sur le front Nord de Cahors. 208
Figure 60. Les *gachiels* de Roanne (dpt. 42) au XVe siècle. 209
Figure 61. Hourds. 211
Figure 62. Mâchicoulis. 213
Figure 63. Schéma de principe d'une défense fortifiée. 220
Figure 64. Creusement d'une mine sous une muraille surmontée de hourds. 231
Figure 65. Tour d'assaut en action. 232
Figure 66. Maquette de tour d'assaut. 236

Table des cartes et plans

Carte 1. Principales localités citées 6
Carte 2. Le pont Saint-Blaise et le gué de la Besse à Najac. 159

Plan 1. Ligne de tir possible dans la rue du faubourg Saint-Cyrice à Rodez. 165
Plan 2. Ligne de tir possible dans la rue du Barry à Millau. 164
Plan 3. Ligne de tir possible dans la rue du faubourg de Souillac à Martel. 166
Plan 4. Ligne de tir possible dans la rue du faubourg de Brive à Martel.................166
Plan 5. Ligne de tir possible dans la rue centrale du Barri Nuo à Cajarc. 167
Plan 6. Ligne de tir possible dans les deux rues du faubourg Neuf des Soubirous à Cahors. 168
Plan 7. Extrait du plan cadastral de Millau (sud de la vieille ville). 172
Plan 8. Extrait du plan cadastral de Cahors (ouest de la vieille ville). 174
Plan 9. Extrait du plan cadastral de Rodez (nord de la vieille ville). 175
Plan 10. Extrait du plan cadastral de Brive-la-G^{de} (nord de la vieille ville). 173
Plan 11. Extrait du plan cadastral de Gourdon (sud-ouest de la vieille ville)..........176

Table des matières

REMERCIEMENTS 5
INTRODUCTION 7
I. L'ARMEMENT 11
   1/ L'équipement défensif du combattant. *11*
      Bouclier (*bloquier*), taloche (*taulacho*), targe (*targa, targeta*), pavois (*paves*) 12
      Casques : bacinet (*bacinet*), cervelière (*serveliera*), barbute (*barbuda*). 16
      Gantelet (gantelet, gan de fer). 21
      Protection du cou : gorgerin (*gorgiera, guolar*), camail (*cap malh*). 23
      Protections du tronc en mailles (*malhas*). 25
      Protections du tronc en plates (*platas*). 27
      Protections du haut du corps en tissu : pourpoint (*perponcha*), jupon (*jupo*), jaque (*jaqueta*). 31
   2/ Les armes blanches. *34*
      Armes d'hast : lance (*lansa*), glaive (*glavi*), guisarme (*gazarma*), dard (*darda, dart*). 34
      Couteau (*cotel, penar*), dague (*dagua*) et coutelas (*cotela*). 41
      Epées (espazas, espasas). 45
   3/ Armes de trait individuelles. *51*
      Arbalète (*balesta*). 51
      Arc (*arc*). 70
      Fronde (*fonda*), fustibale (*flagelada*). 73
   4/ L'armement collectif. *76*
      Canon (*cano*). 76
      Trébuchet (*Brida*). 87
      Couillard (*colhard*) 100
      Mangonneau (*manganel*) 102
      Espringales (*espingola*s, *espingalas*), grandes arbalètes à tour (*grandas balestas del / de torn*). 104
   5/ Dispositifs divers. *110*
      Chausse-trappes (*calcatrepas*). 111
      Mélanges incendiaires et irritants. 112
      Pierres (*peyras, peiras*). 117
II. L'ACTIVITE ECONOMIQUE DE L'ARMEMENT 121
   1/ Armes blanches et armement défensif. *121*
   2/ Arbalètes et espringales. *125*
   3/ Machines à balancier. *135*
   4/ Artillerie à poudre. *142*
   5/ La gestion municipale de l'armement. *147*
III. ASPECT TACTIQUE 155
   1/ Améliorer le rendement général de l'armement. *155*
      Tirer au plus loin. 156
      Canaliser l'ennemi et concentrer les tirs. 161

    Etablir des glacis. 170
    Contraindre les mouvements au pied des murailles. 176
  2/L'armement des ouvrages. 186
    Les portes. 186
    Les tours et les *gachiels*. 200
    Les courtines. 210
    L'utilisation de l'artillerie à balancier. 214
  3/ Une défense bien pensée et cohérente. 218
    Un système à l'intensité progressive. 218
    Rompre la ligne ? 226
Conclusion 237
Sources et bibliographie 243
  1/ Sources manuscrites. 243
  2/ Sources imprimées. 245
  3/Bibliographie. 247
Table des figures 252
Table des cartes et plans 253
Table des matieres 255

www.ingramcontent.com/pod-product-compliance
Lightning Source LLC
Chambersburg PA
CBHW071152160426
43196CB00011B/2062